**7**

# 最新 社会福祉士養成講座

一般社団法人 日本ソーシャルワーク教育学校連盟　編集

# ソーシャルワーク演習

［社会専門］

中央法規

# 刊行にあたって

　このたび、新カリキュラムに対応した社会福祉士と精神保健福祉士養成の教科書シリーズ（以下、本養成講座）を一般社団法人日本ソーシャルワーク教育学校連盟の編集により刊行することになりました。本養成講座は、社会福祉士・精神保健福祉士共通科目13巻、社会福祉士専門科目8巻、精神保健福祉士専門科目8巻の合計29巻で構成されています。

　社会福祉士の資格制度は、1987（昭和62）年に制定された社会福祉士及び介護福祉士法により創設されました。後に、精神保健福祉士法が制定され、精神保健福祉士の資格制度が1997（平成9）年に創設されました。それから今日までの間に両資格のカリキュラムは2度の改正が行われました。本養成講座は、2019（令和元）年度の両資格のカリキュラム改正に伴い、刊行するものです。

　新カリキュラム改正のねらいは、地域共生社会の実現に向けて、複合化・複雑化した課題を受けとめる包括的な相談支援を実施し、地域住民等が主体的に地域課題を解決していくよう支援できるソーシャルワーカーを養成することにあります。地域共生社会とは支援する者と支援される者が一体となり、誰もが役割をもって生活していくことができる社会です。こうした社会を創り上げる担い手として、社会福祉士や精神保健福祉士が期待されています。

　そのため、本養成講座の制作にあたって、❶ソーシャルワーカーとしてアセスメントから支援計画、モニタリングに至るPDCAサイクルに基づく支援ができる人材の養成、❷個別支援と地域支援を一体的に対応でき、児童、障害者、高齢者等のさまざまな分野を横断して包括的に支援のできる人材の養成、❸「講義―演習―実習」の学習循環をつくることで、実践現場に密着した人材養成をする、を目的にしています。

　社会福祉士および精神保健福祉士になるためには、ソーシャルワークに必要な五つの科目群について学ぶことが必要です。具体的には、①社会福祉の原理・基盤・政策を理解する科目、②複合化・複雑化した福祉課題と包括的な支援を理解する科目、③人・環境・社会とその関係を理解する科目、④ソーシャルワークの基盤・理論・方法を理解する科目、⑤ソーシャルワークの方法と実践を理解する科目です。それぞれの科目群の関係性と全体像は、次頁の図のとおりです。

　これらの科目を本養成講座で学ぶことにより、すべての学生がソーシャルワークの基盤を修得し、社会福祉士ならびに精神保健福祉士の国家資格を取得し、さまざまな領域でソーシャルワーカーとして活躍され、ソーシャルワーカーに対する社会的評価を高めてくれることを願っています。

## 社会福祉士養成教科書の全体像

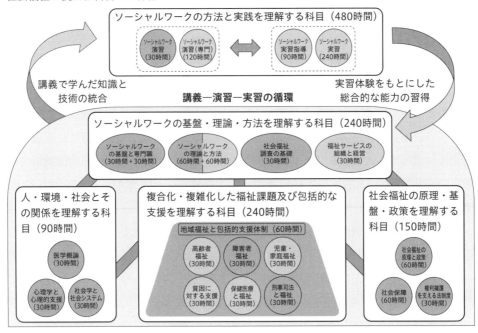

出典：厚生労働省「〔別添〕見直し後の社会福祉士養成課程の全体像」（https://www.mhlw.go.jp/content/000604998.pdf）
より本連盟が改編

## 精神保健福祉士養成教科書の全体像

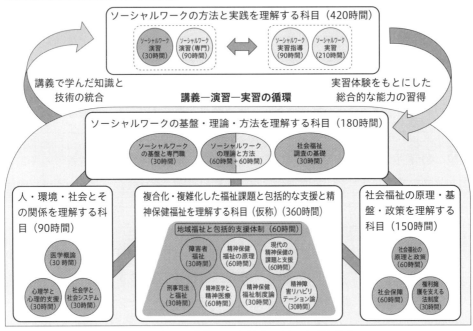

出典：厚生労働省「〔別添〕見直し後の社会福祉士養成課程の全体像」を参考に本連盟が作成

2020（令和2）年12月1日

一般社団法人日本ソーシャルワーク教育学校連盟
会長　白澤政和

# はじめに

　ソーシャルワーク専門職であり国家資格である社会福祉士には、社会的に求められている役割や機能がある。そうした役割や機能を発揮することができる実践能力を身につけられるよう、養成教育におけるカリキュラムの検討や社会経済状況の変化のなかで必要な改革がこれまでも行われてきた。そして、2021（令和3）年度より、ソーシャルワーカーの養成は新カリキュラムに移行する。

　今回のカリキュラム改正の背景には、ソーシャルワークの支援対象となる人たちが抱える問題の複雑化・多様化がある。いわゆる8050問題や、ダブルケア、障害・介護問題、経済的な困窮といった複数の課題を抱える人たちや世帯の困難な状況、そして近隣や親族等、またさまざまなサポートとつながることができず、社会的孤立を深めている状況については、従来の社会福祉のシステムでは十分に把握すること、対応することができていない実情があった。

　こうした状況に対して、社会保障審議会福祉部会福祉人材確保専門委員会は「ソーシャルワーク専門職である社会福祉士に求められる役割等について」（2018（平成30）年3月27日）をまとめ、社会福祉士に求められる力量や働きを整理した。そこでは「地域共生社会」の実現に向けて、❶複合化・複雑化した課題を受けとめる多機関の協働による包括的な相談支援体制や、❷地域住民等が主体的に地域課題を把握して解決を試みる体制の構築を進めていくことが求められ、その取り組みのなかで社会福祉士がソーシャルワーク機能を発揮することを求めている。

　本養成講座において、社会福祉士については、ソーシャルワークの講義科目、実習科目、演習科目で、学習者が、コンピテンシー（社会福祉士がソーシャルワーク実践を遂行する能力）に着目して学べるように構成しており、演習は、共通⑬『ソーシャルワーク演習［共通科目］』と本書『ソーシャルワーク演習［社会専門］』の2巻で学ぶ。2巻とも社会福祉士として必要な実践能力を身につけることを目指して、「何を学びとるのか」「どういった実践能力を身につけるのか」を学習者が意識して学べるようにしている。

　本書では、具体的には、事例演習の到達目標として、コンピテンシーの一部を強調して取り上げている。ソーシャルワークのコンピテンシー（アメリカのソーシャルワークの学部および修士課程教育プログラムの認証に用いられる『学士および修士課程でのソーシャルワークプログラムの教育政策と認証基準』（Council on Social Work Education 2015：CSWE）が示した九つのコンピテンシー）と、日本で多職

種連携を進めるために協働による実践能力が整理された「医療保健福祉分野の多職種連携コンピテンシー」を援用している。地域共生社会の実現を目指し、利用者や地域住民、ほかの専門職らと協働する力の獲得と発揮に向けて、事例を活用して学びを進めよう。

　第1章では社会福祉士養成におけるソーシャルワーク演習の意義と目的、目標、内容について確認する。社会福祉士に求められている役割と機能、それらを発揮するうえで必要なコンピテンシーを知り、その習得を意識して、講義科目（理論）や実習と連動した演習の学び方を理解しよう。

　そして、第2章では一つの事例を通してソーシャルワークの展開について具体的に学ぼう。第3章では七つの事例を活用して学びを深めよう。取り上げる事例は、社会的孤立への地域におけるアプローチ、服役を繰り返す福祉ニーズのあるクライエントへの支援、メンタルヘルスの課題への社会福祉士による支援、子ども・家族のレジリエンスを高める支援、ケアマネジメント、災害支援とソーシャルワーク、地域ニーズに応じたサービスや事業開発などにかかわるソーシャルワークなど多岐にわたる。講義科目、実習での学びを、演習での学びにつなげよう。

　学びの到達目標は、次のとおりである。❶ソーシャルワークの価値に基づいて実践で何を目指すべきかを述べることができる、❷ソーシャルワークの基本的な視点と知識に基づいて、クライエントの状況を多面的に理解し、他者がわかるように説明することができる、❸ミクロ、メゾ、マクロのそれぞれのレベルでの介入について理解しており、基本的な介入スキルを身につけている、❹ソーシャルワーク実践の評価について理解しており、実践についての自己評価ができ、それを実践の改善に役立てることができる。

　しっかりと目標は描けただろうか。それでは演習での学びを始めよう。

編集委員一同

# 目次

第 **3** 章 実践的にソーシャルワークを学ぶ

本書では学習の便宜を図ることを目的として、以下の項目を設けました。

・学習のポイント……各節で学習するポイントを示しています。
・重要語句……………学習上、特に重要と思われる語句を色文字で示しています。
・用語解説……………専門用語や難解な用語・語句等に★を付けて側注で解説しています。
・補足説明……………本文の記述に補足が必要な箇所にローマ数字（ⅰ、ⅱ、…）を付けて脚注で説明しています。

# 第1章

## ソーシャルワーク
## 演習の意義と目的

　本章では、社会福祉士養成課程における「ソーシャルワーク演習（専門）」の意義と目的を踏まえて、その到達目標および学習内容を確認するとともに、本書の特徴であるコンピテンシー（実践能力）を基盤とした学習、そしてアクティブ・ラーニングによる事例演習の学び方を理解する。

　とりわけ、社会福祉士が習得を目指すコンピテンシーとして、ソーシャルワークのコンピテンシーと多職種連携コンピテンシーを理解することは重要であり、事例演習の出発点となる。

　また、あらかじめ事例演習における学びのプロセスを理解しておくことによって、ソーシャルワーカーの疑似体験を積み重ねながら、段階を踏んでコンピテンシーを習得することができる。

# 社会福祉士養成における演習の意義と目的

学習のポイント

- これからの社会福祉士に求められる役割およびソーシャルワーク実践能力を理解する
- 新たなカリキュラムにおける「ソーシャルワーク演習（専門）」のねらいを理解する

## 1 社会福祉士に求められる役割

　社会福祉士は、1987（昭和62）年制定の社会福祉士及び介護福祉士法に定められた名称独占の国家資格である。同法第2条第1項において、「専門的知識及び技術をもって、身体上若しくは精神上の障害があること又は環境上の理由により日常生活を営むのに支障がある者の福祉に関する相談に応じ、助言、指導、福祉サービスを提供する者又は医師その他の保健医療サービスを提供する者その他の関係者（第47条において「福祉サービス関係者等」という。）との連絡及び調整その他の援助を行うこと（第7条及び第47条の2において「相談援助」という。）を業とする者」と規定されている。

　このように、社会福祉士は「福祉に関する相談援助を業とする者」と法的に規定されているが、その役割は社会の変化、人々の生活および生活課題の変化によって影響を受けながら、常に問い直され、変化し続けている。

　2018（平成30）年3月、社会保障審議会福祉部会福祉人材確保専門委員会は「ソーシャルワーク専門職である社会福祉士に求められる役割等について」をとりまとめ、これからの社会福祉士に求められる役割として「地域共生社会の実現を推進し、新たな福祉ニーズに対応する」ことを示した。特に、❶「複合化・複雑化した課題を受け止める多機関の協働による包括的な相談支援体制」および❷「地域住民等が主体的に地域課題を把握して解決を試みる体制」の構築や運営推進において「中核的な役割」を担うことが期待されている。そして、このような役割を担うために、社会福祉士は「ソーシャルワーク機能を発揮できる実践能力」を身につける必要があるとして、社会福祉士養成課程におけるカリキュ

ラムの見直し、実習および演習の充実などの方向性を示した。

　これらを踏まえて社会福祉士養成課程における教育内容等の見直しが行われ、2021（令和3）年4月から新たなカリキュラムがスタートする。

## 2 「地域を基盤としたソーシャルワーク」の展開

　社会福祉士が「地域共生社会の実現を推進し、新たな福祉ニーズに対応する」役割を担うということは、言い換えれば、地域を基盤としたソーシャルワークを展開するということである。

　「地域を基盤としたソーシャルワーク」とは、「ジェネラリスト・ソーシャルワークを基礎理論とし、地域で展開する総合相談を実践概念とする、個を地域で支える援助と個を支える地域をつくる援助を一体的に推進することを基調とした実践理論の体系」である[1]。

　岩間伸之は、「地域を基盤としたソーシャルワーク」を二つの理念、四つの特質、八つの機能によって説明する。まず、二つの理念として、❶「クライエントを援助の中核に置き、その個々の状況に合わせた援助システムによって援助を展開すること」、❷「クライエントを中心に据えた援助システムに地域住民等のインフォーマルサポートが積極的に参画すること」を置く。これらの理念は、①「本人の生活の場で展開する援助」、②「援助対象の拡大」、③「予防的かつ積極的アプローチ」、④「ネットワークによる連携と協働」の四つの特質に反映され、❶「広範なニーズへの対応」、❷「本人の解決能力の向上」、❸「連携と協働」、❹「個と地域の一体的支援」、❺「予防的支援」、❻「支援困難事例への対応」、❼「権利擁護活動」、❽「ソーシャルアクション」の八つの機能として発揮される[2]（**表1-1**）。

　このような「地域を基盤としたソーシャルワーク」の理念・特質・機能は、基礎理論であるジェネラリスト・ソーシャルワークの特質および基本的視点、①ケースワーク、グループワーク、コミュニティオーガニゼーション（コミュニティワーク）の「3方法の完全融合と実践への適用」、②「主体としてのクライエント本人の強調」、③「ポジティブなものの見方とその実践の強調」の土台に立つ[3]。

　また、現在の日本における社会状況、そして多様化・複合化する生活課題を踏まえれば、社会福祉士は「地域を基盤としたソーシャルワーク」と地域福祉の基盤づくりを一体的に展開していく必要がある。「地域福

**表1-1 「地域を基盤としたソーシャルワーク」の八つの機能**

| | 機　能 | 概　要 |
|---|---|---|
| 1 | 広範なニーズへの対応 | 社会福祉六法等の従来の枠組みに拘泥しない援助対象の拡大。地域生活上の「生活のしづらさ」という広範なニーズへの対応。先駆的・開発的機能の発揮。 |
| 2 | 本人の解決能力の向上 | 個人、家族、地域住民等の当事者本人を課題解決やニーズ充足の主体とする取り組み。地域における生活主体者としての視座の尊重。問題解決能力、ワーカビリティ、エンパワメントの重視。 |
| 3 | 連携と協働 | 地域における複数の機関の連携と協働による課題解決アプローチの重視。チームアプローチ及びネットワークによる対応。地域におけるケースカンファレンスの重視。 |
| 4 | 個と地域の一体的支援 | 個を地域で支える援助と個を支える地域をつくる援助の一体的推進。個への支援と地域力の向上の相乗効果の志向。「一つの事例が地域を変える」という積極的展開。 |
| 5 | 予防的支援 | 地域住民・組織による早期発見機能と予防的プログラムの重視。状況が安定してからの見守り機能による継続的支援の展開。発見から見守りまでの長期的対応。 |
| 6 | 支援困難事例への対応 | 深刻化と複雑化の様相を呈する支援困難事例への適切な対応。専門職による高度なアプローチ。連携と協働のためのケースカンファレンスの活用。適切な社会資源の活用。 |
| 7 | 権利擁護活動 | 権利侵害事例に対する権利擁護の推進。成年後見制度等の権利擁護のための制度の積極的活用。セーフティネットの拡充と地域における新しいニーズの掘り起こし。権利擁護の担い手の養成。 |
| 8 | ソーシャルアクション | 個別支援から当事者の声を代弁したソーシャルアクションへの展開。社会資源の開発と制度の見直し。住民の参画と協働による地域福祉計画等の策定。ソーシャルインクルージョンの推進。 |

出典：岩間伸之「地域を基盤としたソーシャルワークの特質と機能──個と地域の一体的支援の展開に向けて」『ソーシャルワーク研究』第37巻第1号，p. 11，2011.

祉の基盤づくり」とは、「共に生き、相互に支えあうことができる地域」、すなわち「ケアリングコミュニティ」をつくることであり、❶「当事者性（ケアエンパワメント）」、❷「地域自立生活支援（コミュニティケア）」、❸「参加・協働（パートナーシップ）」、❹「ケア制度・政策（ソーシャルインクルージョン）」、❺「地域経営（ローカルマネジメント）」の五つの要素からなる。[4]

　つまり、「地域を基盤としたソーシャルワーク」とは、クライエントの生活全体を捉え、クライエント本人を主体として、さまざまな専門職や地域住民が連携・協働しながら、総合的かつ包括的な援助を展開するこ

とを志向するソーシャルワークであり、これからの社会福祉士が立脚する実践基盤であるといえる。すでに一般社団法人日本ソーシャルワーク教育学校連盟では、現任の社会福祉士、精神保健福祉士等を対象とする「コミュニティに強いソーシャルワーカーを養成する研修」のプログラムおよびテキストを開発し、試行的に研修を実施している。

## 3 「ソーシャルワーク演習 (専門)」のねらい

社会福祉士養成課程における「ソーシャルワーク演習 (専門)」では、社会福祉士および精神保健福祉士養成課程における共通科目「ソーシャルワーク演習」を基礎として、次のようなねらいを掲げ、社会福祉士に求められるソーシャルワーク実践能力の習得を図る。

❶ ソーシャルワークの実践に必要な知識と技術の統合を行い、専門的援助技術として概念化し理論化し体系立てていくことができる能力を習得する。

❷ 社会福祉士に求められるソーシャルワークの価値規範を理解し、倫理的な判断能力を養う。

❸ 支援を必要とする人を中心とした分野横断的な総合的かつ包括的な支援について実践的に理解する。

❹ 地域の特性や課題を把握し解決するための、地域アセスメントや評価等の仕組みを実践的に理解する。

❺ ミクロ・メゾ・マクロレベルにおけるソーシャルワークの対象と展開過程、実践モデルとアプローチについて実践的に理解する。

❻ 実習を通じて体験した事例について、事例検討や事例研究を実際に行い、その意義や方法を具体的に理解する。

❼ 実践の質の向上を図るため、スーパービジョンについて体験的に理解する。

「ソーシャルワーク演習 (専門)」では、講義科目と実習科目をつなぐ模擬的体験学習を通して学びを深めていく。

「ソーシャルワーク実習」前には、個別指導および集団指導による実技指導を通して、「虐待 (児童・障害者・高齢者等)、ひきこもり、貧困、認知症、終末期ケア、災害時、その他の危機状態にある事例 (権利擁護活動を含む)」および「地域福祉の基盤整備と開発に係る事例」など、具体的なソーシャルワーク実践事例を用いて、「支援を必要とする人が抱

える複合的な課題に対する総合的かつ包括的な支援について実践的に習得する」ことを目指す。

そして、「ソーシャルワーク実習」後には、事例検討やスーパービジョンを通して、「ソーシャルワークに係る知識と技術について個別的な体験を一般化し、実践的かつ学術的な知識及び技術として習得できる」ように、ソーシャルワーク実践能力の習得をより確かなものにしていく。

◇引用文献
1）岩間伸之「地域を基盤としたソーシャルワークの特質と機能——個と地域の一体的支援の展開に向けて」『ソーシャルワーク研究』第37巻第1号，p. 7，2011.
2）同上，pp. 7-11
3）岩間伸之「ジェネラリスト・ソーシャルワーク No. 1」『ソーシャルワーク研究』第31巻第1号，pp. 57-58，2005.
4）原田正樹「地域福祉の基盤づくりの視点」岩間伸之・原田正樹『地域福祉援助をつかむ』有斐閣，pp. 139-140，2012.

◇参考文献
・社会保障審議会福祉部会福祉人材確保専門委員会「ソーシャルワーク専門職である社会福祉士に求められる役割等について」（平成30年3月27日）
・日本ソーシャルワーク教育学校連盟『地域共生社会の創造に向けたコミュニティソーシャルワーカー養成研修の基盤構築事業 報告書（平成30年度赤い羽根福祉基金助成事業）』2019.
・日本ソーシャルワーク教育学校連盟「ソーシャルワーク演習のための教育ガイドライン」2020.
・厚生労働省社会・援護局福祉基盤課福祉人材確保対策室「社会福祉士養成課程のカリキュラム（令和元年度改正）」（令和2年3月6日）

# 第2節 ソーシャルワーク演習[社会専門]の目標

**学習のポイント**

● ソーシャルワークのコンピテンシーについて理解する

● 多職種連携コンピテンシーについて理解する

● コンピテンシーを身につけ発揮できるようにするために、自分自身のコア・クオリティにも着目し、それを伸ばすための省察（リフレクション）の考え方について理解する

## 1 コンピテンシーを基盤とした教育・学習

　社会福祉士を目指しているあなたは、どんな社会福祉士になりたいのだろうか。あなたが思い描く、また目指すソーシャルワーカーは、どんな力を発揮しているのだろうか。そしてあなたは今、どんな力をソーシャルワーカーとして身につけようとしているのだろうか。その力はあなたのなかで明確になっているだろうか。

　社会には、ソーシャルワーク以外にも多くの専門職業がある。それぞれの専門職業人が業務を遂行する能力をコンピテンシーというが、そうした専門職の養成教育や現任者研修、また評価においてコンピテンシーに基づいたカリキュラムが開発・実施されている。

　一般社団法人日本ソーシャルワーク教育学校連盟による演習教育ガイドラインでは、アメリカのソーシャルワークの学部および修士課程教育プログラムの認証に用いられる『学士および修士課程でのソーシャルワークプログラムの教育政策と認証基準』（Council on Social Work Education 2015：CSWE）に記載されているコンピテンシーが示されている（p. 10 の**表 1-2** 参照）。

　ソーシャルワークにおけるジェネラリスト、すなわち、ミクロ・メゾ・マクロレベルにかかわることができる実践の力として、全体が 1 から 9 までの要素に分けられている。各コンピテンシーについて、ジェネラリストレベルの実践でコンピテンシーを構成する知識・価値・スキル・認知および情緒的なプロセスについての記述があり、次にこれらを統合した行動が示されている。これらの行動は観察可能なもので、その前に記述されていることは、行動を起こすための基礎となる内容とプロセスと

して示されている。

　第1節で示したように、日本におけるソーシャルワーク実践においても、ジェネラリストアプローチを基本としたソーシャルワークの展開と、そのための養成教育や研修が進められているところである。日本の文脈に応じた精査は今後必要であると考えるが、ジェネラリストレベルでのコンピテンシーとして整理され、アメリカでのソーシャルワーク教育で活用されているものを本書の演習教育・学習においても活用することとしたい。

## 2　コンピテンシーを習得することの意義

　コンピテンシーの定義、捉え方は、研究や活用目的により、若干の違いがみられる。またコンピテンス（competence）とコンピテンシー（competency）は、日本では区別されずに使われることが少なくないが、コンピテンスは全体的能力であり，コンピテンシーはそれらを構成する下位項目であるとみることができる。

　そうした違いについての詳細な説明はほかに譲るとして、ここでは、春田淳志が引用・翻訳しているテン（Ten Cate, O.）による定義を見てみよう。[1]

　　専門職業人がある状況で専門職業人として業務を行う能力であり、そこには知識、技術の統合に加えて倫理観や態度も求められる。もって生まれた能力ではなく、学習により習得し、第三者が測定可能な能力である。コンピテンシーは専門職活動に密接に関連し、さらに個々のコンピテンシー同士は関連しあっている。

　このようにコンピテンシーは、学習により習得できるものであるとされている。

　コンピテンシーに基づく教育は、成果志向のカリキュラムデザインのアプローチである。「何を教えたか」ではなく、「結果的に何が習得できたか」に着目した教育である。

---

i　松下佳代「〈新しい能力〉による教育の変容──DeSeCo キー・コンピテンシーと PISA リテラシーの検討」『日本労働研究雑誌』第 641 号，pp. 39-49，2011．で詳しく示されている。

　そのためコンピテンシーに基づく教育では、カリキュラムをつくる際は、まず到達目標としてコンピテンシーが示される。そしてコンピテンシー習得を可能とする教育方法等が用いられる。到達目標が明確化されることにより、学習者視点においても、自分自身の学習目標を立てて進めることや、到達度を測るということに、より意識的に取り組める可能性がある。

## 3　社会福祉士として習得したいコンピテンシー

### 1　ソーシャルワークのコンピテンシー

　CSWE は、以下のようにソーシャルワークのコンピテンスを定義している[2]。

　　ソーシャルワークのコンピテンスは、人とコミュニティのウェルビーイングの促進のために、ソーシャルワークの知識、価値、そしてスキルを、目的にむかって、意図的に、専門性を発揮して、実践の状況に統合し、適用することができる能力である。

　そしてソーシャルワークのコンピテンシーを示すにあたり、コンピテンスをホリスティック（包括的）なものとして認識していると明示し、コンピテンシーは多次元的であること、示されているコンピテンシーは互いに関連していること、個々のソーシャルワーカーのコンピテンスは発達するもの、ダイナミックな動的なものであり、継続的な学習の時間の経過のなかで変化するものと捉えている[3]。

　ここでは、アメリカのソーシャルワークの学部および修士課程教育プログラムの認証に用いられる『学士および修士課程でのソーシャルワークプログラムの教育政策と認証基準』（Council on Social Work Education 2015）に記載されているコンピテンシーを示す（**表 1-2**）。

　本書の第 2 章、第 3 章では、事例を活用してこれらのコンピテンシーの習得を目指すため、より意識して学べるよう、1 から 9 までのコンピテンシーに、それぞれ【SW1】から【SW9】までの番号をつけて示すこととする。

**表1-2　ソーシャルワークのコンピテンシー**

**（1）　倫理的かつ専門職としての行動がとれる【SW1】**

　ソーシャルワーカーは、専門職の価値基盤と倫理基準とともに、ミクロ・メゾ・マクロレベルでの実践に影響を及ぼす可能性のある関連法令について理解している。ソーシャルワーカーは、倫理的な意思決定の枠組みと、クリティカル・シンキングの原則を実践・調査・政策の各分野の枠組みに適用する方法を理解している。ソーシャルワーカーは、個人的な価値と、個人的な価値と専門職の価値との区別について認識している。また、個人的な経験や情緒的な反応が専門職としての判断や行動にどのように影響するかも理解している。ソーシャルワーカーは、専門職の歴史・使命・役割と責任について理解している。多職種チームで働く際には、他の専門職の役割も理解している。ソーシャルワーカーは、生涯学習の重要性を認識し、適切で効果的な実践ができるように常にスキルの向上に努める。また、ソーシャルワーク実践のなかで起こっている新しい技術と、その倫理的な使用についても理解している。

　ソーシャルワーカーは：
○倫理綱領や関連法令、倫理的な意思決定モデル、調査の倫理的な実施等にもとづいて、倫理的な意思決定をする
○実践場面で自身の個人的な価値に気づき、専門職としてのあり方を維持するために振り返りと自己規制を行う
○行動、外見、口頭・書面・メールでのコミュニケーションで、専門職としての態度を示す
○実践結果を促進するために、技術を倫理的かつ適切に使う
○専門的な判断と行動となるように、スーパービジョンとコンサルテーションを活用する

**（2）　実践において多様性と相違に対応する【SW2】**

　ソーシャルワーカーは、多様性と相違がいかに人間の経験を特徴づけ、形成するか、そしてアイデンティティの形成にとって重要かを理解している。多様性の次元は、年齢、階級、色、文化、障害と能力、民族、ジェンダー、ジェンダーの意識と表現、移民ステータス、配偶者の有無、政治的イデオロギー、人種、宗教／スピリチュアリティ、性別、性的指向、部族の主権の状態などを含む複数の要因の交差性として理解されている。相違の結果として、特権、権力、称賛や抑圧、貧困、疎外が人生経験のなかに起こることをソーシャルワーカーは理解している。ソーシャルワーカーは、また抑圧と差別の形態とメカニズムを理解し、社会的・経済的・政治的・文化的な排除などの文化の構造や価値がどれほど抑圧や疎外を起こしたり、特権や権力を生み出しているかを認識している。

　ソーシャルワーカーは：
○人生経験をかたちづくるうえで多様性や相違が重要であることを、実践のミクロ・メゾ・マクロレベルにおいて適用し、伝える
○自分自身を学習者として提示し、クライエントや関係者には彼ら自身の経験のエキスパートとして関わる
○多様なクライエントや関係者とともに取り組む際には、自分の偏見や価値観の影響を抑えるために、自己覚知や自己規制（自らの気づきを高め、自身をコントロールする）を行う

**（3）　人権と社会的・経済的・環境的な正義を推進する【SW3】**

　ソーシャルワーカーは、すべての人が社会的な地位に関係なく、自由、安全、プライバシー、適切な生活水準、医療、教育といった基本的人権をもっていることを理解している。ソーシャルワーカーは、抑圧と人権侵害の世界的な相互関係を理解しており、人のニーズと社会正義についての理論と社会経済的な正義や人権を促進するための戦略についての知識をもっている。ソーシャルワーカーは、社会財、権利、責任が公平に分配され、市民的・政治的・環境的・経済的・社会的・文化的な人権が守られるようにするために、抑圧的な構造をなくすための戦略を理解している。

　ソーシャルワーカーは：
○個別およびシステムレベルにおける人権擁護のために、社会的・経済的・環境的な正義についての理解を適用する
○社会的・経済的・環境的な正義を擁護する実践を行う

**（4）　「実践にもとづく調査」と「調査にもとづく実践」に取り組む【SW4】**

　ソーシャルワーカーは、ソーシャルワークの科学の進歩と実践の評価における量的および質的な調査方法とそれぞれの役割を理解している。ソーシャルワーカーは、論理の原則、科学的な調査、文化的に適切で倫理的なアプローチを知っている。ソーシャルワーカーは、実践に役立つ根拠は、学際的な情報源から複数の探求方法で引き出されることを理解している。また、ソーシャルワーカーは、研究結果を効果的な実践に変換するプロセスについて理解している。

　ソーシャルワーカーは：
○科学的な研究と調査のために、実践経験や理論を活用する
○量的・質的な調査方法や調査結果を分析する際には、クリティカル・シンキングを行う
○実践や政策、サービス提供について情報提供したり、改善したりするために、調査による根拠を使用したり、わかりやすく伝えたりする

**（5） 政策実践に関与する【SW5】**

　ソーシャルワーカーは、人権と社会正義、および社会福祉とサービスが、連邦・州・地方のそれぞれのレベルでの政策とその実施によって取りなされて（媒介されて）いることを理解している。ソーシャルワーカーは、社会政策とサービスの歴史および現在の構造、サービス提供における政策の役割、政策開発における実践の役割を理解している。ソーシャルワーカーは、ミクロ・メゾ・マクロレベルでの自身の実践現場のなかで政策の開発と実施における自身の役割を理解し、そのなかで効果的な変化に向けて政策実践に積極的に取り組んでいる。ソーシャルワーカーは、社会政策に影響する歴史的・社会的・文化的・経済的・組織的・環境的・世界的な影響について認識し理解する。また、政策の策定・分析・実施・評価についての知識をもっている。

　ソーシャルワーカーは：

○福利、サービス提供、社会サービスへのアクセスに影響する地方・州・連邦レベルでの社会政策を特定する

○社会福祉と経済政策が社会サービスの提供とアクセスにいかに影響するか評価する

○クリティカル・シンキングを適用して、人権と社会的・経済的・環境的な正義を促進する政策を分析、策定、擁護する

**（6） 個人、家族、グループ、組織、コミュニティと関わる【SW6】**

　ソーシャルワーカーは、エンゲージメント（関係構築および取り組みの合意形成）が多様な個人、家族、グループ、組織、コミュニティとともに、またそれらに代わって行うソーシャルワーク実践の力動的で相互作用的なプロセスのなかの継続的な要素だということを理解している。ソーシャルワーカーは、人間関係の重要性を重視している。ソーシャルワーカーは、人間行動と社会環境についての理論を理解し、この知識をクリティカルに評価して、個人、家族、グループ、組織、コミュニティといったクライエントや関係者とのエンゲージメントを促進するために適用する。ソーシャルワーカーは、実践の効果を高めるために、多様なクライエントや関係者との間で関係づくりをする戦略について理解している。ソーシャルワーカーは、自身の個人的な経験と情緒的な反動が多様なクライエントや関係者に関わる能力にどのように影響するかを理解している。ソーシャルワーカーは、クライエントや関係者、また必要に応じて他の専門職とのエンゲージメントを促進するために、関係構築や多職種間連携の原則を重視する。

　ソーシャルワーカーは：

○クライエントや関係者に関わるために、人間行動や社会環境、環境のなかの人、そしてその他の学際的な理論的枠組の知識を適用する

○多様なクライエントや関係者に効果的に関わるために、共感、反射、対人スキルを活用する

**（7） 個人、家族、グループ、組織、コミュニティのアセスメントを行う【SW7】**

　ソーシャルワーカーは、アセスメントが多様な個人、家族、グループ、組織、コミュニティとともに、またそれらに代わって行うソーシャルワーク実践の力動的で相互作用的なプロセスのなかの継続的な要素だということを理解している。ソーシャルワーカーは、人間行動と社会環境についての理論を理解し、この知識をクリティカルに評価して、個人、家族、グループ、組織、コミュニティといった多様なクライエントや関係者のアセスメントに適用する。ソーシャルワーカーは、実践の効果を高めるために多様なクライエントや関係者のアセスメントを行う方法を理解している。ソーシャルワーカーは、アセスメントプロセスのなかでより広い範囲で実践することの意味を認識し、そのプロセスにおいて専門職間の連携・協働の重要性を重視する。ソーシャルワーカーは、自身の個人的な経験や情緒的な反応がどのようにアセスメントや意思決定に影響する可能性があるかを理解している。

　ソーシャルワーカーは：

○データを収集・整理し、クリティカル・シンキングによってクライエントや関係者からの情報を解釈する

○クライエントや関係者からのアセスメントデータを分析する際には、人間行動や社会環境、環境のなかの人、その他の学際的な理論的枠組の知識を活用する

○クライエントと関係者のストレングス、ニーズ、困難についての重要なアセスメントにもとづいて、相互に合意できる介入目標と課題を設定する

○アセスメントや調査による知見、クライエントと関係者の価値と選好にもとづいて、適切な介入の戦略を選ぶ

**（8） 個人、家族、グループ、組織、コミュニティに介入する【SW8】**

　ソーシャルワーカーは、介入が多様な個人、家族、グループ、組織、コミュニティとともに、またそれらに代わって行うソーシャルワーク実践の力動的で相互作用的なプロセスのなかの継続的な要素だということを理解している。ソーシャルワーカーは、個人、家族、グループ、組織、コミュニティを含むクライエントと関係者の目標を達成するための根拠にもとづく介入について知識をもっている。ソーシャルワーカーは、人間の行動と社会環境についての理論を理解しており、この知識を評価し、クライエントと関係者に効果的に介入できるように活用する。ソーシャルワーカーは、クライエントと関係者の目標を達成するための根拠にもとづく介入を特定し、分析し、実施する方法を理解している。ソーシャルワーカーは、介入において専門職間のチームワークとコミュニケーションを重視

し、良い結果を得るためには学際的、専門職間、組織間の協働が必要になる可能性があることを認識している。
　ソーシャルワーカーは：
○実践目標を達成し、クライエントや関係者の能力を強めるために、注意深く介入を選んで実施する
○クライエントや関係者に介入する際には、人間行動や社会環境、環境のなかの人、その他の学際的な理論的枠組についての知識を活用する
○有益な実践結果を得るために、必要に応じて専門職間で連携・協働する
○多様なクライエントや関係者と、そして彼らに代わって、交渉、仲介、代弁をする
○相互に合意した目標に向かって進めるような効果的な移行と終結を促進する

**（9）　個人、家族、グループ、組織、コミュニティへの実践を評価する【SW9】**

　ソーシャルワーカーは、評価が多様な個人、家族、グループ、組織、コミュニティとともに、またそれらに代わって行うソーシャルワーク実践の力動的で相互作用的なプロセスのなかの継続的な要素だということを理解している。ソーシャルワーカーは、実践、政策、サービス提供を効果的に向上させるためにプロセスと結果を評価することの重要性を認識している。ソーシャルワーカーは、人間行動と社会環境についての理論を理解しており、この知識を評価し、結果を評価する際に活用する。ソーシャルワーカーは、結果と実践の効果を評価するための量的・質的な方法について理解している。

　ソーシャルワーカーは：
○結果評価のために、適切な方法を選んで使う
○結果評価の際には、人間行動や社会環境、環境のなかの人、その他の学際的な理論的枠組についての知識を活用する
○介入およびプログラムのプロセスと結果を注意深く分析し、モニターし、評価する
○評価で発見したことを、ミクロ・メゾ・マクロレベルにおける実践効果を改善するために活用する

出典：日本ソーシャルワーク教育学校連盟「ソーシャルワーク演習のための教育ガイドライン」pp. 6-9, 2020. を一部改変

## ２ 多職種連携コンピテンシー

　これからの地域共生社会の実現に資する「包括的な相談支援体制の構築」や「住民が主体的に地域課題を把握して解決を試みる体制づくり」の推進にあたり、社会福祉士に期待されている役割や機能は少なくない。しかし、ここで重要なことは、ソーシャルワーカーが一人ですべてを担うことはできないし、抱え込むことでもないという理解と認識である。

　自分の職場内、そして地域のなかで、他機関、他職種、関係者、地域住民等と連携・協働すること、チームやネットワークの力を発揮して取り組んでいくこと、そうした協働を通じて、求められているこれらの機能をいかに果たし得るかということも、今後の社会福祉士のあり方として重要である。

　そこで、本書ではソーシャルワークのコンピテンシーとともに、多職種連携コンピテンシー開発チームによる「医療保健福祉分野の多職種連携コンピテンシー」についても、社会福祉士に必要なものとして学習する（**図1-1**）。これは、日本において専門職連携が必要とされる背景と専門職連携教育と現場での連携協働の現状を踏まえ、養成教育から現任者の研修・訓練の基盤となることを目指して開発されたものである。[4]

　もちろん、CSWEによるソーシャルワークのコンピテンシーにも、連携・協働は含まれている。それに加えて多職種連携コンピテンシーを

**図1-1　医療保健福祉分野の多職種連携コンピテンシー**

協働的能力としての多職種連携コンピテンシーモデル

職種役割を全うする

職種間コミュニケーション

自職種を省みる

患者・利用者・家族・コミュニティ中心

他職種を理解する

関係性に働きかける

多職種連携コンピテンシーの対象者：医療保健福祉に携わる職種

●コア・ドメイン

**患者・利用者・家族・コミュニティ中心：Patient-/Client-/Family-/Community-Centered【IP1】**
　患者・サービス利用者・家族・コミュニティのために、協働する職種で患者や利用者、家族、地域にとっての重要な関心事/課題に焦点を当て、共通の目標を設定することができる。

**職種間コミュニケーション：Interprofessional Communication【IP2】**
　患者・サービス利用者・家族・コミュニティのために、職種背景が異なることに配慮し、互いに、互いについて、互いから職種としての役割、知識、意見、価値観を伝え合うことができる。

○コア・ドメインを支え合う４つのドメイン

**職種としての役割を全うする：Role Contribution【IP3】**
　互いの役割を理解し、互いの知識・技術を活かし合い、職種としての役割を全うする。

**関係性に働きかける：Facilitation Relationship【IP4】**
　複数の職種との関係性の構築・維持・成長を支援・調整することができる。また、時に生じる職種間の葛藤に、適切に対応することができる。

**自職種を省みる：Reflection【IP5】**
　自職種の思考、行為、感情、価値観を振り返り、複数の職種との連携協働の経験をより深く理解し、連携協働に活かすことができる。

**他職種を理解する：Understanding for Others【IP6】**
　他の職種の思考、行為、感情、価値観を理解し、連携協働に活かすことができる。

出典：多職種連携コンピテンシー開発チーム「医療保健福祉分野の多職種連携コンピテンシー　第1版」2016. を一部改変

意識的に学ぶ理由は、社会福祉のみならず、ほかの専門職も、専門職間や、利用者、患者、家族、地域との間で連携・協働の力を育て、発揮していることを知っておく必要があるからである。

　多職種連携コンピテンシーは、特に協働的能力に焦点を当て開発されている。協働的能力は、本来は単独の専門職で学べる能力ではなく、複数の職種との連携・協働を通じて学ぶことができる能力である。

　連携・協働の力が発揮できるということは、それぞれの専門性を活か

しあえるということでもある。連携・協働を通じて、あらためて各専門職の専門性が問われるのである。

第2章、第3章では、図1-1に示したように、二つのコア・ドメインとコア・ドメインを支えあう四つのドメインにそれぞれ【IP1】から【IP6】までの番号をつけて、着目して学ぶコンピテンシーを示している。

ソーシャルワークのコンピテンシーと多職種連携コンピテンシーとを併せてみていくことで、パーフェクトな社会福祉士が一人で支援を切り盛りしているのではないことを把握し、当事者、住民、ほかの支援者らとともに有機的な関係やコミュニティを形成するイメージをもち、そのなかでソーシャルワーカーが発揮する役割や機能、コンピテンシーについて学んでほしい。

 **「専門性の核」となるもの**

### 1 経験とリフレクションによる学び

ソーシャルワークは「アート（art）」であると表される。「アート」にはもともと「人の手によるもの」という意味がある。つまりソーシャルワークは人がするものであり、その人の感性や何に価値を置いているか、その人のありようそのものが、その人の実践に影響する。

時に、初学者や経験の浅い実践者は、整理されたコンピテンシーをみて、自分に足りないものに目を向けて、それを埋めることだけを必要なこととみてしまうことがないだろうか。「ねばならない」で頭がいっぱいになっていないだろうか。

「足りない」ものだけではなく、（自分が）できることにも焦点が当てられるだろうか。「自己」と「自分の強み」にも着目できているだろうか。それを伸ばして実践に活かしているだろうか。

人のポジティブな面に着目したセリグマン（Seligman, M.）らのポジティブ心理学の影響を受けつつ、オランダのコルトハーヘン（Korthagen, F.）は、経験による学びを重要視し、省察（リフレクション）をより精緻化するなかで、「あり方」を探っていくためのリフレクション（玉ねぎモデル）を提案し実践している。彼は教師の養成や研修についての研究者であるが、彼の提案は、教師だけでなくソーシャルワーカーやその他のヒューマンサービスにかかわる専門職の経験による学び、省察（リフレクション）においても活用できるだろう。

## 2 自己を見つめて行動の変化に結びつける深い気づきを得る

玉ねぎモデル（**図1-2**）は、複数の層からなり、中心には「コア・クオリティ（中核的な資質）」がある。人としての好い資質のことである。そして「コア・クオリティ」にまで及んで省察（リフレクション）が行われることを「コア・リフレクション」と定義している。各層に描かれていることは相互に影響を及ぼしながら、最終的には自分（その人）が周りの環境にどのように接するかを定める。つまり、人間の内的な決定が外的な行動に影響していくという前提である。しかし、実際はその反対の力で環境からの圧力（こうあるべきなど）も働く。「理想としている状況」と「自分自身を制限している事柄」を同時に探求することで、行為や能力、信念における課題が明確化される。そして「理想的な状況」に接近していくために自分を活かす方法に気づいていく、というものである。

玉ねぎモデルの中心のレベルからの自分自身への問いかけはたとえばこのようになる。

コア・クオリティ：自分のコア・クオリティは何か？　どのコア・クオリティを伸ばし、発揮させたいか？
使命：自分のコア・クオリティを活かして、どのようなことを成し遂げ

**図1-2　玉ねぎモデル**

出典：学び続ける教育者のための協会（REFLECT）編『リフレクション入門』学文社，p. 26，2019.

ようとしているか？

アイデンティティ：そのミッションを担おうとしている自分は、何者か（どのような役割を担おうとしているか）？

（自分について）信じていること：どのようなことを自分自身が成すことができると信じているか？

コンピテンシー：自分にはどのようなコンピテンシーがあると思うか？

行動：どのような行動をとっているか？

環境：それらは自分の環境にどのような影響を及ぼしていると考えるか？

　ソーシャルワーカーがその役割と機能を果たすためには、ソーシャルワークの専門性を構成する価値、知識、技術について理解したうえで、それらを統合して実践に応用できることが必要である。そのために、ソーシャルワーカーが共有する価値に基づき、多様な知識と技術を活用して、適切な支援のあり方や方法を考え、それらを自らの態度や行動を通して具現化することとなる。そこでは、自己覚知のなかで、自分自身がもつ力、強み、伸ばしていきたいところにも着目してほしい。

　「こうありたい」という自分の目指すソーシャルワーカーになれるよう、そして求められる機能や力を発揮できるよう、成長し続けるソーシャルワーカーであってほしい。

　そのための演習の学び方については、本章第3節で具体的に取り上げる。

◇引用文献
　1）春田淳志「日本の連携コンピテンシーとソーシャルワーカーに期待する役割」『ソーシャルワーク研究』第42巻第3号，p. 36，2016．（春田は，Ten Cate, O. 'Entrustability of professional activities and competency-based training', *Medical Education*, 39 (12), pp. 1176-1177, 2005．を引用している）
　2）Council on Social Work Education, 'Educational Policy and Accreditation Standards for Baccalaureate and Master's Social Work Programs', 2015.
　　https://www.cswe.org/getattachment/Accreditation/Standards-and-Policies/2015-EPAS/2015EPASandGlossary.pdf.aspx
　3）同上
　4）前出1），p. 40

◇参考文献
　・松下佳代「〈新しい能力〉による教育の変容――DeSeCo キー・コンピテンシーと PISA リテラシーの検討」『日本労働研究雑誌』第614号，2011．
　・日本ソーシャルワーク教育学校連盟「ソーシャルワーク演習のための教育ガイドライン」2020．
　・多職種連携コンピテンシー開発チーム「医療保健福祉分野の多職種連携コンピテンシー 第1版」2016．
　・Korthagen, F. A. J. & Vasalos, A., 'Levels in reflection: core reflection as a means to enhance professional growth', *Teachers and Teaching : theory and practice*, 11 (1), 2005.
　・学び続ける教育者のための協会（REFLECT）編『リフレクション入門』学文社，2019．

ソーシャルワーク演習
[社会専門] の内容
本書の事例演習の特徴

学習のポイント

● 事例演習が、アクティブ・ラーニングを目指した学習教材であることを確認する
● 事例演習がコンピテンシーの習得を意図して構成されていることを確認する
● 事例演習をはじめとした経験が、今後の学びの出発点となることを理解する

## 1 アクティブ・ラーニングを目指した学習教材として

本書の事例演習は、学習者の主体性を促進するアクティブ・ラーニングの要素を取り入れて作成し、コンテンツ（内容）ベースからコンピテンシーベースへの転換を意識している。

1、2、3段と学習活動の階段を一歩一歩上りながら、講義科目での学びを思い出し、理解し、活用（応用）することはもとより、実習に行ったあとも本書に戻り、学んだ内容を関連づけて区別・整理し、確認・評価をしたうえで、講義―演習―実習で学んだ内容を活用して実践の創造ができるように、探求への学習活動の階段を4、5、6段と上っていくことを意識した構成としている。学習者が上っていく、タキソノミーを考慮した学びの階段を確認してほしい（**図1-3**）。

## 2 事例演習を通して実践能力を習得する

### 1 第2章および第3章の構成

第2章および第3章各節は、コンピテンシーの習得を目標として事例演習を構成している。そのため事例は、複雑で状況的で、よりリアルに福祉的課題を描き出すように心がけた。また、理論やアプローチを解説するにとどまらない事例演習となるよう、事例の世界のソーシャルワーカーの立場に我が身を置き換え、主要な知識やスキル、有効な方法を統合して活用する練習を積めるよう組み立てている。

第2章は、一つの事例を通してソーシャルワークの展開過程とソーシャルワークのコンピテンシーを関連づけた学習ができるように構成し

★タキソノミー
教育目標の分類学を意味し、教育に含まれるべき基本事項を示したものである。学びの目標を定める際に、タキソノミーを考慮することで、教育方法や評価方法が明らかとなる。医学教育においてはすでに採用されており、「教育方略や教育評価を検討する際に再度一般目標や学習者のニーズをも含めて検討する時に威力を発揮する」（大西弘高『新医学教育学入門――教育者中心から学習者中心へ』医学書院, p.76, 2005.）としている。ここで示している学習の階段は、石井英真の示している改訂版タキソノミーに関する知見を参考に作成した。

**図1-3　学びの階段**

部分を組み合わせて
新たなものを生み出す

確認
批評

部分が全体とどう
関係しているか
（区別、整理、原因解明）

理解
（解釈、例証、要約、
推測、比較、説明）

応用

認識
想起

6　学んだ内容を活用して創造できる

5　学んだ内容を評価できる

4　学んだ内容を分析できる（区別・整理する）

3　学んだ内容を活用・実践できる（応用する）

2　学んだ内容を理解している

1　学んだ内容を記憶している

注：改訂版ブルーム・タキソノミーの認知過程次元を参考に作成した。
出典：石井英真『現代アメリカにおける学力形成論の展開──スタンダードに基づくカリキュラムの設計』東信堂, p.91, 2011.
　　　を参考に筆者作成

ている。第3章への導入にもなるこの章では、共通⑬『ソーシャルワー
ク演習』でも扱われているソーシャルワークの展開過程において、どの
ような実践能力が求められているのか、俯瞰的に考えることができる。

　そして第3章は、支援を必要とする人が抱える複合的な課題に対する
総合的かつ包括的な支援について、七つの節でそれぞれ事例を取り上げ、
ソーシャルワークのコンピテンシーと多職種連携コンピテンシーを実践
的に習得できるよう構成している。

## ■2 第3章各節の構成

　各節は、「本演習のねらい」「事例演習のポイント」「事例の基本情報」
「事例演習」「多角的に考えてみよう──別の可能性もないだろうか」「解
説（総括）」で成り立っている。

　まず、「本演習のねらい」では、各節での事例演習を通じて習得を目指
すソーシャルワークのコンピテンシーと多職種連携コンピテンシーを、
複数示している。

　「事例演習のポイント」では、事例演習に取り組むにあたっての事例の
学び方（学習活動）や着眼点を示している。

　「事例の基本情報」は、事例演習の導入部であり、事例の主人公となる
ソーシャルワーカー（主に社会福祉士）の活動場所を示すとともに、ク

ライエントや地域の状況を示している。

「事例演習」は複数設け、事例の区切りごとに「事例を検討するための知識」「演習課題」「ミニレクチャー」を設定している。

学習者が「事例演習のポイント」で事例を読み解く視点を明確にし、「事例を検討するための知識」という演習のための道具を持ち備えていることを確認したうえで、それを用いて「演習課題」に取り組み、パフォーマンス（実演）することを意図している。「ミニレクチャー」で、演習課題から何を学び取ることができるのかを確認してほしい。

その後、「多角的に考えてみよう――別の可能性もないだろうか」では、類似事例などを紹介し、事例演習を通して習得を目指すコンピテンシーについて、別の視点から取り上げている。自分の思考を広げたり、思考プロセスを振り返ったりしてみてほしい。

「解説（総括）」では、事例演習全体を通して、どのような実践能力を発揮・習得できるのかについて、ソーシャルワークのコンピテンシーと、多職種連携コンピテンシーとに分けて解説している。

## 3 経験を学びの出発点とする

学習者が主人公のソーシャルワーカーの立場に身を置き換え、思考し、パフォーマンス（実演）することを想定した本書の事例演習では、ソーシャルワーカーの葛藤や迷い、気持ちなどをあえて描いている。これは、「価値、理論、方法などに加え、実践者の経験そのものや、その経験に対する実践者の受け止め方を出発点として実践を学ぶことが重要である」[1]とするコルトハーヘン（Korthagen, F）の理論からヒントを得ている。

ソーシャルワーク実践者としての成長には、演習課題に取り組みパフォーマンス（実演）する疑似体験から、学習者である学生が、その場で引き起こされる心象、感情、ニーズ、行動の傾向に気づき、省察することが重要となる（図1-4）。

事例演習の経験を学習者が振り返ることによって、ソーシャルワークの専門的な知識・技術・態度の統合を図ることを目指している。

事例教材を用いた学習において、ソーシャルワークのコンピテンシーと多職種連携コンピテンシーを発揮するとともに、省察のスキルを発揮する一連のプロセスを意識化することは、実習に出た際、あるいは将来

**図1-4　省察の理想的なプロセスを説明する
ALACT モデル**

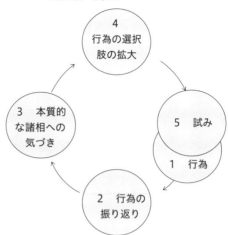

出典：F. コルトハーヘン編著，武田信子監訳『教師教育学
　　　──理論と実践をつなぐリアリスティック・アプ
　　　ローチ』学文社，p. 54，2010.

ソーシャルワーカーとなったときに、同じような経験に直面した際の予
行演習となるだろう。[2]

◇**引用文献**
1 ）F. コルトハーヘン編著，武田信子監訳『教師教育学──理論と実践をつなぐリアリスティック・
　アプローチ』学文社，p. 36，2010.
2 ）同上，pp. 57-59

◇**参考文献**
・奥川幸子『身体知と言語──対人援助技術を鍛える』中央法規出版，2007.
・阿部幸恵編著『看護のためのシミュレーション教育──臨床実践力を育てる！』医学書院，2013.
・E. B. ゼックミスタ，J. E. ジョンソン，宮元博章ほか訳『クリティカルシンキング 入門編──あな
　たの思考をガイドする40の原則』北大路書房，1996.
・空閑浩人『MINERVA 社会福祉叢書45 ソーシャルワークにおける「生活場モデル」の構築──日
　本人の生活・文化に根ざした社会福祉援助』ミネルヴァ書房，2014.
・内田樹『街場の教育論』ミシマ社，2008.
・F. コルトハーヘン編著，武田信子監訳『教師教育学──理論と実践をつなぐリアリスティック・ア
　プローチ』学文社，2010.
・石井英真『現代アメリカにおける学力形成論の展開──スタンダードに基づくカリキュラムの設
　計』東信堂，2011.
・田尻信壹「探究型授業での評価を可視化するための方法──コンテンツ・ベースからコンピテン
　シー・ベースへのカリキュラム設計のための一考察」『人と教育』第13号，2019.
・大西弘高『新医学教育学入門──教育者中心から学習者中心へ』医学書院，2005.

# 第2章

## ソーシャルワークの展開過程と社会福祉士のアクション（活動）

　ソーシャルワークの過程は、ケースの発見とエンゲージメント、アセスメント、プランニング、支援の実施とモニタリング、そして支援の終結と結果評価、アフターケアと展開される。

　本章では、一つの事例を通して、ソーシャルワークの展開過程とそこでの社会福祉士のアクション（活動）について学ぶ。

　具体的には、それぞれの過程において社会福祉士がどのような活動を行っているのか、どのようなソーシャルワークの価値や技術が必要とされているのかについて演習課題の取り組みを通して実践的に理解することを目指す。

※　本章の事例に登場する人物はすべて仮名である。

# 演習のねらいと事例の基本情報

## 1 演習のねらい

❶ ケースの発見から支援の終結に至るまでのソーシャルワークの一連の展開過程について一つの事例を通して学ぶ。

❷ 各過程において社会福祉士がどのような活動を行っているのかを学ぶ。

❸ 各過程においてみえてくるクライエントのニーズや思いなどに対して社会福祉士はどのように対応すべきなのかについて学ぶ。

❹ 各過程における社会福祉士の活動がどのようなソーシャルワークの価値に依拠しているのか、またどのようなコンピテンシーを発揮しているのかについて学ぶ。

## 2 事例の基本情報

### 1 社会福祉士はどこにいる？

　社会福祉士の横田美智子（30歳）は、社会福祉法人X内の相談支援事業所Qの相談支援専門員である。社会福祉法人Xに勤めて2年目で、以前は、社会福祉法人Xが行っているグループホームの職員として勤務していた。相談支援専門員として勤務して半年が経過した。

　横田は、相談支援事業所で計画相談業務を行うなど、障害のある人が自立した日常生活または社会生活を送れるよう支援しているが、最近、一人で支援を任されるようになった。

　横田が所属する社会福祉法人Xは、障害のある人の家族の声をきっかけに設立された法人である。障害のある人の社会参加を目指して、就労支援やグループホームなどの事業を展開している。

## 2 クライエントのいる場所・状況

生田秀雄さん（50歳）は、Y市で生まれ育った。脳性麻痺があり、身体障害者手帳1級と療育手帳Aを持っている。高校まではY市の特別支援学校に通っていた。

卒業後は、半年ほどY市の中心部にある商店街近くの作業所に通っていたが、ほかの利用者との関係がうまくいかず、しだいに作業所へ通うことを嫌がるようになった。当初は、両親や作業所のスタッフが秀雄さんを説得していたが、秀雄さんは拒み続け、そのまま家で過ごすことが多くなり、ほとんど家にひきこもっている状況である。

家の中では自分ではって移動し、外出では車いすを利用している。車いすへの移乗は自分でできる。読み書きや計算は苦手であるが、単純な会話はできる。身振りや「うん」「いや」といった短い言葉で意思を示している。

## 3 クライエント家族の状況

秀雄さんは、現在、母親の一子さん（75歳）と二人で暮らしている。父親の正彦さんと一子さんは商店街で洋品店を営んでいたが、正彦さんは10年前に病気で亡くなった。

正彦さんと一子さんは、高校の同級生で23歳のときに結婚した。二人が結婚する際、一子さんの両親からは強く反対を受けていた。一子さんの家は代々続く酒屋を営んでおり、一子さんは長女であったため、後継ぎのことでもめることとなった。婿養子の話も出たが、正彦さんの実家が反対した。最終的には二人の結婚は認められたが、その後、両家の折り合いが悪くなり、一子さんは自分の実家とは疎遠にならざるを得なかった。

一子さんには二つ下の妹の文子さんがいる。文子さんは一子さんを心配して、電話をかけてきてくれたり、秀雄さんが生まれたときには、頻繁に家に来てくれたり、子育てを手伝ってくれていた。そのため、一子さんは文子さんを頼っている。

妹の文子さんには娘が2人いるが、文子さんの夫が一子さん家族と付き合うことをあまりよく思っておらず、文子さんの娘と秀雄さんの交流はこれまでほとんどなかった。

正彦さんの実家とは、正彦さんが亡くなるときまでは年末年始の挨拶や、手紙のやりとりなどしていたが、正彦さんの死後は、ほとんど連絡をとっておらず、音信不通の状態である。

一子さんは商店街の人とは今でも付き合いがあり、電話で話すなどしている。また近所の人たちとも町内会活動を一緒にするなどして交流をもっている。

図2-1　生田さん家族のエコマップ

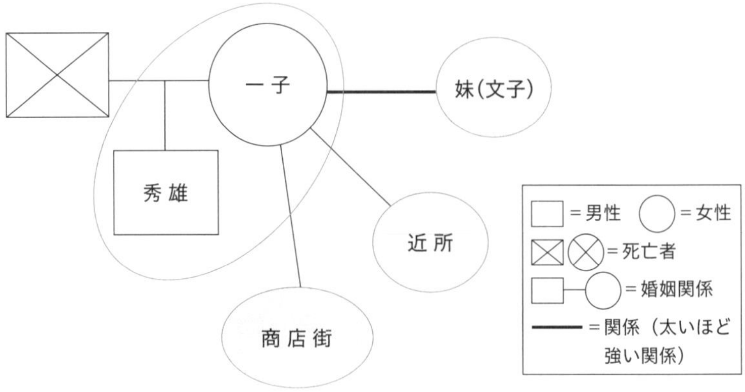

## ■4 地域の状況

生田さん家族の住むP県Y市は、人口30万人ほどのまちである。交通の便が非常によく、電車に15分ほど乗ればP県の中心部に行くことができる。また、5年前に大きなショッピングモールができたことで、子育て世代にも人気が出て、人口が増加傾向にある。そのため、新しいマンションも多く建つようになり、小学校の教室の増築なども行われている。

高齢化率は22％で、P県全体の平均の高齢化率よりも低い。新たな住民が増えているが、長年住み続けている住民も多く、新旧の住民が混在している。

地域の福祉活動としては、子育てサロンが活発に行われている。その一方で、高齢者や障害のある人を対象とした地域活動は、あまり活発ではない。高齢者や障害のある人は、公的な制度の福祉サービスを利用することは多いが、外出したり、地域で交流したりする機会は乏しい状況である。

## 3 ▶ 本事例の展開と 社会福祉士のアクション（活動）

　本章において取り扱う事例の展開と社会福祉士の活動について、ソーシャルワークの展開過程と並列させる形で、**表2-1** に一覧で示した。生田さん家族がソーシャルワークの各過程においてどのようなニーズや思いを表出しているのか、そしてそれらに対して社会福祉士がどのような活動をしているのかについて、次節以降で学んでもらいたい。

　なお、本章は共通⑬『ソーシャルワーク演習』で学ぶ部分とも重なるところがあるため、第3章の各節で示されている「事例を検討するための知識」については提示していない。特に事例および演習課題の理解に必要となる知識については、「ミニレクチャー」において補足する。

**表2-1　事例の展開と社会福祉士のアクション（活動）**

| 展開過程 | 課題認識 | 社会福祉士のアクション（活動） | |
|---|---|---|---|
| ケースの発見とエンゲージメント（インテーク）【第2節】 | 一子さんから電話がかかってきた 一子さんが抱えている問題は何か | 横田美智子 | ・支援を求めている人をキャッチし、援助関係づくりに着手する ・一子さんに共感を示しながら情報収集をする |
| アセスメント【第3節】 | 秀雄さんの望む暮らしに迫っていく | | ・秀雄さんの思いを確かめる |
| プランニング【第4節】 | 秀雄さんの望む暮らしに近づくために | | ・秀雄さんと一子さんと一緒に目標を立てる |
| 支援の実施とモニタリング【第5節】 | 一子さんの状況に変化がみられた | | ・二人の生活状況の確認とこれからを考える ・秀雄さんと一子さんの考え／気持ちを再確認する |
| 支援の終結と結果評価 アフターケア【第6節】 | 秀雄さんの新しい生活と新たな支援が始まる | | ・これまでの支援を振り返る |

# ケースの発見と エンゲージメント（インテーク）

## 1 事例の課題認識

### ■ 一子さんから電話がかかってきた

事例

**支援を求めている人をキャッチし、援助関係づくりに着手する**

● Y市への相談

　一子さんは、正彦さんが亡くなったあと、店の整理等の関係でお金がかかり、生活に困ることがあった。そこで、Y市の生活保護の相談窓口を訪ね、金銭面の相談をした。しかし、預貯金が残っていたことから、生活保護受給には至らなかった。ただ、一子さんは、秀雄さんのことも含めて生活保護の相談窓口で話をしたため、その窓口の担当職員は、一子さんに障害福祉課の相談員を紹介した。

　障害福祉課の相談員が一子さんから話を聞くと、一子さんは、25年以上、自宅からほとんど出ていない秀雄さんがいること、夫の死後、一人で秀雄さんの世話をすることへの不安があることなどを語った。

　そこで、障害福祉課の相談員は、一子さんの自宅から近い相談支援事業所を紹介した。一子さんは、障害福祉課の相談員から相談支援事業所の電話番号を教えてもらい、翌日電話をかけ、その電話に横田が出た。

● 横田の電話対応

横田：こちら相談支援事業所Q、相談員の横田でございます。

一子：もしもし、生田と申します。役所のほうからこちらの電話番号を教えてもらい、かけたんですが……。

横田：そうでしたか。お電話ありがとうございます。役所ではどのようなことを聞かれましたか？

一子：ちょっと困ったことがあって、それで役所に行ったんだけど……。そのなかで、子どもの話をしたら、障害福祉課ってところを紹介されて。それでそちらの電話番号を知ったんです。子どもの相談をしたほうがいいって言われまして……。

横田：そうだったんですね。役所では、どのようなお話をされたんですか？

一子：実は、50歳になる息子がいて、脳性麻痺なんです。ずっと家にいてね。私も年で、お父さんも亡くして。今、二人で暮らしているんですけど、その不安もあって。それで役所に行ったんです。

横田：息子さんが脳性麻痺で、ずっと家におられると。

一子：そうなんです。なかなかほかの人と会ったりするのが苦手な子でして。

横田：今、お電話はご自宅からされてるんでしょうか。

一子：そうです。

横田：息子さんはお部屋にいらっしゃるんですか？

一子：息子は、自分の部屋にいます。ご飯のときは居間に来ますが、基本的には自分の部屋でずっと横になってますね。テレビを見たりしてますけど。

横田：そうですか。生田さん、もしよろしければ、直接会ってお話を聞かせてもらえないでしょうか。

一子：いいですが、どうしましょうか。

横田：ご自宅へ伺ってもよろしければ伺わせていただきます。私どもの事務所へ来ていただいてもかまいません。

一子：そうしたら、家に来てもらえますか？　足腰の調子があまりよくなくて。この前、役所へ行ったときはタクシーを使ったんですが、あまりお金も使いたくなくて。

横田：わかりました。そうしましたら、お伺いさせていただきます。息子さんは私がお家へお邪魔しても問題ないでしょうか。

一子：大丈夫です。私から伝えておきますから。

横田：ありがとうございます。それでは、明日の午後など、お時間いかがでしょうか。

一子：明日の午後3時くらいなら大丈夫です。

横田：わかりました。では、明日の午後3時にお伺いします。1時間程度お時間いただければと思います。

一子：わかりました。

　横田は、一子さんとの電話を終えたあと、訪問面接に伺うことを上司へ報告した。上司からは、明日の面接で何を話すのかなどの準備をしておくようにとアドバイスを受けた。

演習課題

❶　本や映画などを参考に、障害のある人やその家族がどのようなこと
　を感じ、経験しながら生活しているのかを考え、話しあってみよう。
❷　一子さんと横田とのやりとりと演習課題❶で話しあったことを踏ま
　え、一子さんの抱える心配事はどのようなものであるのか検討してみ
　よう。
❸　明日の面接で、横田は一子さんとどのようなことを話しあう必要が
　あるのか考えてみよう。

3 ミニレクチャー

●波長合わせをする
　社会福祉士は最初からすべての情報を手にできているわけではない。
限られた情報のなかから支援を始めていくことが求められる。その際
に、波長合わせはとても重要となる。
　波長合わせとは、個人やグループと面接等を行うにあたって、クライ
エントがどのような思いや感情をもってやってくるのか、どのようなと
ころが問題だと考えているのかといったことを、事前に考えたり、予測
しておいたりすることをいう。事前に準備しておくことで、面接等の場
面で適切にクライエントに対して共感等を示すことができ、信頼関係の
構築につなげることができる。
　波長合わせには、自分自身の知識やこれまでの経験、同僚やスーパー
バイザーからのアドバイスが参考になる。また、演習課題❶で扱った映
画や小説、当事者の人たちの体験談や手記といったものも、クライエン
トの気持ちや思いを考えていくうえでの参考になる。
　演習課題❷については、秀雄さんが幼少の頃は、福祉サービスは現在
のように多く存在していたわけではなく、また社会的な関心も低かった
といえる。そのような状況があるなかで、母である一子さんはどのよう
な思いで秀雄さんを育てていたのかについて考えるとよい。たとえば、
「家族で秀雄さんを守っていくしかない」と思っていたかもしれない。
また、頼るところがなく、家族のなかで生活の困りごとなどを抱えてし
んどい思いをしていたのかもしれない。

　ただし、あくまでも波長合わせは、事前にクライエントがどのような思いや感情をもっているのかを予測しておくもので、実際の思いや感情は、クライエント自身からきちんと聞かなければならない。思い込みをもったままクライエントの話を聞いてしまうと、事実がみえてこないこともあるので気をつける必要がある。

　演習課題❸については、事前に予測しておいたクライエントの思いや感情、困りごとを念頭に置いて、横田は、明日の面接に臨むことになる。当然のことながら、その面接では、一子さんや秀雄さんが主体となって話してもらうことが大切である。そのため、まずは一子さんや秀雄さんが話したい内容から話してもらうこととする。そのうえで、事前に予測しておいた一子さんや秀雄さんの思いや感情、困りごとを確認していくことになる。たとえば、困りごとに関して、一子さんは「あまりお金を使いたくなくて」「（一子さんの）足腰の調子が悪くて」といった経済面と体調面に不安を感じているのではと思わせる発言をしている。今後の支援を考えていくうえで見逃すことができない発言であるので、経済面や体調面について話しあうことが必要であると考えられる。

　また、一子さんは秀雄さんが「ほかの人と会ったりするのが苦手」と話しているが、横田は秀雄さんの支援者として援助関係を構築していかなくてはならない。どうすれば秀雄さんは横田を受け入れてくれるのかを検討するために、なぜほかの人と会ったりするのが苦手であるのかという理由について確認することが必要であると考えられる。

## ▶ 4 ▷ 事例の課題認識

### ▌一子さんが抱えている問題は何か

**一子さんに共感を示しながら情報収集をする**

#### ・訪問して一子さんの話を聞く

　横田は、一子さんの家に伺った。一子さんの家は、平屋であった。昔からの知り合いに安く住まわせてもらっているとのことであった。

横田：お邪魔します。

一子：どうぞお入りください。来ていただいてありがとうございます。年をとってきて、動くのがおっくうで。

横田：こちらこそありがとうございます。お体はどうですか？

一子：最近、胸がしんどくてね。そのうち病院に行こうと思っているんだけど。

横田：胸ですか……。

一子：ええ。

横田：心配ですね。病院はいつも行っておられる病院へ行かれるんですか？

一子：そうです。

横田：一子さんの体調にかかわることもお手伝いできることがあると思いますので、遠慮なくおっしゃってくださいね。

一子：ありがとうございます。

横田：それで、今日は、息子さんのことをお聞かせください。

一子：はい。秀雄なんですけど。もう人見知りがひどくて。なかなか外に出ようとしないんです。私がまだ若かったら今のままでもいいんだけど、年をとってきているので、どこか施設で世話になったほうがいいのかと思ったりして。役所の人には、そうしたことも含めて一度話を聞いてもらったらどうかと言われたんです。

横田：秀雄さんですね。外へ出ていないのはどのくらいですか？

一子：高校までは特別支援学校に通ってて、卒業してから少し作業所に行かせたんです。私と夫が経営していた洋品店の近くにあった作業所です。ただ、どうも作業所に来る人たちとうまくいかなかったみたいで、行くのをひどく嫌がって。なんとかなだめすかして行かせていたんですけど、そのうち、勝手に作業所から出ていくようになってしまって、それで作業所のほうから断られてしまってそのままです。

横田：初めての人との間で、居心地が悪かったんでしょうかね。作業所に断られてからは、

秀雄さんはどのように過ごされていたんですか？

一子：ずっと家ですね。たまに「外にご飯でも食べに行こう」って声をかけても、嫌がって
しまって。

横田：それでは、これまで福祉サービスはほとんど利用されていなかったということで
しょうか。

一子：そういえばそうですね。でも、父親が病気になって亡くなるまでの短い間でしたけ
ど、施設にショートステイをお願いしたことがありました。そのときも大変でした。

横田：大変だったんですね。

一子：もう本当に大変だった。秀雄も父親の状況はわかってて、施設に行かないといけな
いのも理解してたみたいなんだけど、それでもどうしても家に帰りたくなったのか
しら。勝手に施設を出たりして。そのたびに呼び出されて、へとへとだった記憶が
あります。

横田：ご主人のことと息子さんのことで、いろいろ大変でしたね。ご親族の方など、その
間、助けてくださる方はいたのですか？

一子：私の妹は気にかけてくれましたね。助けてくれました。それ以外はあまり……。結
婚当初から実家同士の関係はあまりよくなくて……。

横田：そうでしたか。

一子：妹には本当に感謝してます。頼りにしてますね。

横田：何か相談されたりするのは、妹さんが多いですか？

一子：そうですね。妹には何でもよく話してます。

横田：わかりました。それでですね、息子の秀雄さんともお話させてもらいたいのですが
……。

一子：もちろんです。どうぞお願いします。それで、施設にお願いするか、どうするか考
えないといけないんだけど。費用ってどのくらいかかるのかしら。

横田：そうですね。福祉サービスを利用するかどうかがわかってからしかはっきりとした
ことは言えないんですけど、費用が気になりますか？

一子：実は、役所に行ったのは、秀雄のことよりも生活費のことが心配で。生活保護の話
を聞こうと思って行ったんです。

横田：そうだったんですね。もし差し支えなければ、生活費のどのようなことで悩まれて
いるのか、聞かせていただけませんか。

一子：実は……。

　一子さんは、その後、生活費に関することを横田に話してくれた。年金はもらっている
が、洋品店を経営していた時代に国民年金の保険料をほとんど払うことができなかったた
め、わずかしかもらえていないこと、秀雄さんが障害基礎年金1級として月8万円ほども

らっていること、そのお金と預金を崩しながら生活していることを話してくれた。また、秀雄さんの将来のためのお金として秀雄さん名義で300万円ほど定期預金をしていることも話してくれた。

　さらに一子さんは、親戚との付き合いもなく、自分が亡くなったあとは、秀雄さん一人になることがわかっているので、自分がまだ元気なうちに秀雄さんの将来のことを決めて安心しておきたいということも話された。

### ● 秀雄さんとかかわり始める

　そして、横田は一子さんと話をしたあと、一子さんから秀雄さんに紹介してもらった。

一子：秀雄。こちら横田さん。秀雄のこと、この人に相談しようと思ってるの。

秀雄：（無言）

横田：はじめまして。相談支援事業所の横田と申します。よろしくお願いします。

秀雄：（下を向く）

横田：一子さん。もしよろしければ秀雄さんと二人で話をさせてもらってもいいですか？

一子：わかりました。お願いします。秀雄、ちゃんと返事してね。

秀雄：（下を向く）

〈一子さんが退席する〉

横田：あらためまして。横田です。

秀雄：（下を向く）

横田：お母様から私が来ることは聞いていましたか？

秀雄：（うなずく）

横田：聞いておられたんですね。

秀雄：（うなずく）

横田：お母様が役所に行かれて、生活のことを相談されたんです。そこで、私が所属している相談支援事業所を紹介されたみたいです。

秀雄：（うなずく）

横田：先にお母様からお話を聞きましたが、秀雄さんからもお話を聞かせてもらいたいと思っています。秀雄さんのことなので、秀雄さんと一緒に考えていきたいと思っています。

秀雄：（黙ってうなずく）

横田：今日、初めてお会いしたばかりなので、これから秀雄さんのことを知っていきたいと思っています。よろしくお願いします。

秀雄：（黙ってうなずく）

　横田は、秀雄さんとこれからの生活について話をしていくことを確認した。また一子さんとも一緒に話し合いをしていくことを確認し、次回の面接を約束した。

## 5 演習課題

❶ 一子さんと秀雄さんの基本情報と、一子さんと秀雄さんとのインテーク面接から得られた情報を踏まえて、フェイスシートを作成してみよう。

❷ ❶で得られた情報から、一子さんと秀雄さんそれぞれの「生活歴」をまとめ、一子さんと秀雄さんがどのような人生を送ってきたのかについて話しあってみよう。

## 6 ミニレクチャー

### 1 クライエントの状況に思いをはせるインテーク面接

インテーク面接は、これからソーシャルワークが始まっていく最初の過程である。そして、ソーシャルワークは、クライエントとソーシャルワーカーとの援助関係を基盤として展開されるものであるため、インテーク面接における両者の最初の出会いは非常に重要なものとなる。クライエントがソーシャルワーカーを問題解決のパートナーと思えるかどうかのカギを握るからである。

そのため、インテーク面接におけるソーシャルワーカーの姿勢には、クライエントがどのような不安や心配事を抱えているのかに思いをはせることや、クライエントの気になることにしっかりと関心を示すことなどが求められる。

またインテーク面接の最終段階においては、クライエントにソーシャルワーカーからの支援を受けるかどうかを確かめることになる。支援を受けることの意味や、ソーシャルワーカーの役割、秘密保持等のことを伝える。クライエントが問題を解決していくという意識を高めることができるかどうかという段階でもあるため、インテーク面接は重要である。

### 2 信頼関係のもとで進めていく情報収集

情報収集は、クライエントの状況や問題の全体性を理解するために重要なものである。そのため、多面的な視点から行うことが求められる。ただし、この情報収集には、クライエント自身の主体的な参加が不可欠である。尋問のような情報収集になってはいけないし、さまざまな情報

に関してクライエントとともに確かめていくことによって、クライエント自身の問題に対する気づきへとつなげていくことが大切である。

また、クライエント以外の人たちからも情報を得る必要が出てくるときがある。その際には、クライエントも含めたプライバシーに配慮することが大切である。クライエントのプライバシーに触れる情報も多く、情報収集は信頼関係のもとで進められなければならない。信頼関係もすぐに構築できるものでもなく、ソーシャルワークの全過程のなかで形成されていくものである。したがって、必要となる情報も適宜時期をみて収集していくことが求められる。

演習課題❶について、p. 36 の表 2-2 に秀雄さんのフェイスシートを示している。インテーク面接を踏まえた秀雄さんに関する基本的な事項（氏名、生年月日、住所、家族構成、各種制度等の認定情報、相談の概要等）をまとめており、これから展開していくアセスメントからプランニング、支援の実施、そして終結までのプロセスを支える基礎資料となる。インテーク面接で得られなかった情報については、今後のソーシャルワークの展開過程のなかで、適宜、情報を収集していくことになる。

### 3 クライエントを理解する生活歴

クライエントの抱える問題は、その人と環境との交互作用のなかから生み出される。またクライエントが抱える問題は、これまでの生活に大きな影響を受けている。生活歴をみることによって、クライエントはどのような社会状況のなかで生活を送り、そのなかでどのように今の問題が生じているのかを分析することができる。またこれまでの生活のなかから、今のクライエントが示す思いの背景などを分析することもできる。生活歴はクライエントを理解するうえで非常に重要な情報となる。

演習課題❷について、p. 37 の表 2-3 に秀雄さんのアセスメント記録を示しており、そこに秀雄さんの生活歴・職歴を示しているが、たとえば、そこで整理した生活歴を踏まえて、「秀雄さんは新しい人間関係をつくることが苦手であるのか」「家にいることが秀雄さんにとっての一番の安心になっているのか」などを考えることができる。こうした分析をもとに、一子さんと秀雄さんのこれからの生活を支援するうえで、どこにアプローチしていく必要があるのかを考えていくことになる。

# アセスメント

## 1 事例の課題認識

### 秀雄さんの望む暮らしに迫っていく

**事 例**

#### 秀雄さんの思いを確かめる

　横田は、その後数回、一子さんと秀雄さんと面談を行った。一子さんからは、診察結果を伺った。一子さんは、すぐに入院や治療が必要というわけではないが、肺に関して少し経過観察が必要と言われたとのことであった。

　一子さんは「自分の体の心配も出てきたので、早く秀雄さんの今後のことについて決めてしまいたい」と気持ちを伝えてきた。

　横田が一子さんに「買い物や家事などの日常生活での困りごとやしんどくなっていることはないか」と尋ねると、「妹が2週間に1回くらいで来てくれるので、そこで助けてもらっている」「ふだんはそこまでしんどくはない」ということであった。病院への付き添いも妹がしてくれるということであった。

　横田は「介護保険制度の利用などは考えているか」とも尋ねたが、一子さんは「極力お金を使いたくない」「また必要になればお願いすると思います」と話した。

#### ● 秀雄さんの部屋で面談をする

　秀雄さんとの面談は、秀雄さんの部屋で行うこととした。秀雄さんの部屋に行くと、好きな球団が一面に載っているスポーツ新聞が積み上げられており、野球が好きであることがわかった。一子さんは古い新聞は捨ててしまいたいと思っているようだが、秀雄さんは大事にしており、捨てられそうになると、大声を上げて抵抗するということであった。

　横田も野球が好きだったので、野球の話で秀雄さんと意気投合した。そこからは、秀雄さんは横田が顔を見せると、笑顔を見せてくれるようになり、横田が話をすると、「うん」や「いや」といった返事をしてくれるようになり、横田は秀雄さんの意思を少しずつ確認できるようになった。

　横田は、一子さんの体調のことやこれからの生活のことについて、秀雄さんに話をする

機会をもつことにしたが、秀雄さんは、この話題になると、うつむき、黙ってしまうことが多かった。現状をわかっているのかどうかもつかめず、横田は悩んでしまった。

あるとき、生田さんの家へ訪問する際に、隣の家に暮らす人と一子さんが話をしているところに出会った。横田が挨拶すると、近所の人も快く挨拶してくれた。

一子さんの話によると、「夫の正彦さんが亡くなったあと、隣の人がたまに声をかけてくれるようになった」とのことで、一子さんが妹と一緒に通院するときには、「秀雄さんの様子を見に行く」とも言ってくれているとのことであった。また隣の人も野球が好きなようで、スポーツ新聞を読み終えたあと、秀雄さんに渡してくれるとのことであった。

### フェイスシートとアセスメント記録を振り返る

横田は、事務所に帰ってから、インテーク面接を通して情報収集を行った結果をまとめたフェイスシートとアセスメント記録を振り返ることとした。

その結果、横田は、アセスメント記録のなかで、「本人の目指す暮らし」の部分が十分に埋まっていないことにあらためて気づいた。秀雄さんがどのような気持ちでいるのか、どのような暮らしをしたいと考えているのか、もっと知っていく必要があると考えた。

**表2-2　秀雄さんのフェイスシート**

| 氏　名 | （ふりがな）　　いくた　ひでお<br>生田　秀雄 | | | | 生年月日 | 1970年6月22日（　50歳） | | |
|---|---|---|---|---|---|---|---|---|
| 現住所 | 〒●●●<br>　Y市●●●区●● | | | | 電話 | 自宅（　●●　）●● ー ●●<br>携帯（　　　）　　　ー | | |
| 住居形態 | □持家　■賃貸アパート・マンション<br>□野宿　□その他（　　　　　　　） | | | 同居状況 | □独居　　　　　　■家族と同居<br>□知人宅（　　　）□その他（　　　　） | | | |
| 各種制度の認定情報 | □介護保険（　　　　　　　）□精神保健福祉手帳（　　　）■療育手帳（　　A　）<br>■身体障害者手帳（　Ⅰ級　）□障害支援区分（　　　　）□障害疑い □IQ（　　　） | | | | | | | |
| 備考（申請状況の詳細、疑いの根拠等） | 現在、障害福祉サービスは利用していない。父親が亡くなった際に障害支援区分の認定を受け、そのときは区分5であった。 | | | | | | | |

| 家族構成 | 氏　名 | | 続柄 | 年齢 | 同居別 | 備　考 | | |
|---|---|---|---|---|---|---|---|---|
| | 生田　正彦 | | 父 | | | 10年前に逝去 | | |
| | 生田　一子 | | 母 | 75 | 同居 | | | |
| | 大塚　文子 | | 叔母 | 73 | 別居 | 隣接市に住んでいる。心配してよく家に来る。 | | |

| 相談の概要 | | キーパーソン | | |
|---|---|---|---|---|
| 夫の死後、生活費に困るようになり、一子さんはY市の生活保護の相談窓口を訪ねた。生活保護受給には至らなかったが、その相談のなかで、息子の秀雄さんのことを話したところ、障害福祉課を紹介され、相談支援事業所へとつながった。一子さんは、自分の年齢を考えると、秀雄さんの今後の生活が気になるので、そのことについて相談したいということであった。 | 氏　名 | 生田　一子 | 本人との関係 | 母 |
| | 連絡先 | 〒<br>電　話：（　　　）　　　ー<br>E-mail：　　　　　　@ | | |
| | これまで相談したことのある支援機関 | | | |
| | 名　称 | Y市障害福祉課　担当（　○○　） | | |
| | 連絡先 | 電　話：（○○○）○○○○ ー ○○○○<br>E-mail：　　　　　　@ | | |

表2-3　秀雄さんのアセスメント記録

| アセスメント記録 | |
|---|---|
| 氏名（本人） | ふりがな　いくた　ひでお<br>生田　秀雄　　（50歳） |
| 氏名（家族） | ふりがな　いくた　いちこ<br>生田　一子　　（75歳） |
| 生活歴・職歴 | 【秀雄さん】父正彦さんと母一子さんとの間に、1970年にY市で生まれた。秀雄さんは高校を卒業するまでY市の特別支援学校に通っていた。卒業後は、両親が経営する洋品店の近くにある作業所に通っていたが、そこでの人間関係がストレスとなっていたようで、途中で行くことをやめた。<br>　父親の正彦さんは10年前に亡くなったが、その亡くなる数か月前に、一度、ショートステイを利用したことがあった。しかし、家に戻りたい気持ちが強く、何度か施設を飛び出したことがあった。現在は、ほとんど家で過ごしている状態である。<br>【一子さん】長年、夫とともに洋品店を経営していたが、夫が亡くなったことを機に店を閉めた。夫とは23歳のときに結婚したが、この結婚に際して、両家の折り合いが悪くなり、一子さんは自分の実家とは疎遠になっている。 |
| 心身・判断能力 | 【秀雄さん】脳性麻痺がある。身体障害者手帳1級を持っている。家の中は、はって移動している。外出時は車いすを利用している。家の中ではほぼ自力で移動できている。療育手帳Aを持っている。読み書き、計算が苦手。好き嫌いの意思表示はできる。<br>【一子さん】胸のあたりがしんどいとして病院を受診。肺のあたりに疾患があるよう。 |
| 暮らしの基盤 | ・一子さんの国民年金（月2万円）と秀雄さんの障害基礎年金（月8万円）と預貯金で生活。<br>・秀雄さん名義の定期預金が300万円ほどあり。<br>・洋品店を閉めた際に費用がかかり、困窮している。<br>・一子さんに介護保険制度の利用を尋ねたときに「極力お金は使いたくない」という発言が聞かれている。<br>・家を知り合いから借りているということで、家賃は安く抑えられているよう。 |
| 生活ぶり | ・一子さんが家事を行っている。最近、一子さんは体調不良を覚えるようになり、妹の文子さんに買い物を手伝ってもらったり、病院受診の際に付き添ってもらったりしている。<br>・秀雄さんは、家の中では自由にはって移動している。食事・排泄・更衣・整容等はおおむね自分で行っている。入浴はシャワーのみで行っている。日中はほとんど自分の部屋の布団の上で横になって、テレビを見たり、野球を見たりして過ごしている。 |
| 人との関係 | ・秀雄さんは、ほとんど人付き合いはない状態である。隣の人が秀雄さんの野球好きを知って、いつも読み終えたスポーツ新聞を渡しに来てくれる。<br>・一子さんの妹の文子さんが気にかけてくれていて、頻繁に家に訪ねにくる。<br>・一子さんは、洋品店を出していた商店街の人との付き合いが今もある。近所の人とも町内会などのつながりで交流をもっている。 |
| 本人の目指す<br>暮らし | 一子さんは、自分が元気なうちに、秀雄さんは施設などで暮らしたほうがいいと考えている。 |
| 面接者の判断・<br>支援方針 | |

❶ 秀雄さんの思いを確かめる方法を考えてみよう。また、秀雄さんと一緒に考えられるよう、意思決定支援の方法等を調べてみよう。

❷ これまでの秀雄さんと一子さん家族の情報およびフェイスシートとアセスメント記録をもとに、秀雄さんと一子さんのニーズ（課題）とは何かを考えてみよう。

# 3 ミニレクチャー

## 1 意思決定支援

ソーシャルワークの実践では、バイステック（Biestek, F. P.）の7原則の一つとしても有名な、自己決定の原則を大事にしている。そして、近年では、意思決定支援という言葉が広く意識されるようになっている。これは、2006年に国連で採択された障害者の権利に関する条約に関して、日本においても批准に向けて、国内法の整備等が行われたことが影響している。

意思決定支援という言葉は、たとえば、障害者の日常生活及び社会生活を総合的に支援するための法律（障害者総合支援法）のなかに明記されている。具体的には、障害福祉サービス事業者や障害者支援施設等の設置者、一般相談支援事業者および特定相談支援事業者に対して、障害者等が自立した日常生活または社会生活を営むことができるよう、障害者等の意思決定の支援に配慮することを責務として求めている。

障害のある人の意思決定支援をどのように行っていけばよいのかについては、ガイドラインも出されているので、それらをみて、どのような人であっても、その人の思いや考えを大事にした支援を実現するための方法や方策を学んでほしい。

また、判断能力が不十分な人への意思決定支援に関して、『イギリス2005年意思能力法・行動指針』において、彼らに対して意思決定支援を行うために留意することのポイントを示している。そこでは「本人が選

---

i 「障害福祉サービス等の提供に係る意思決定支援ガイドライン」（平成29年3月31日障発0331第15号）

択するために必要な情報をきちんと提供できていますか」「本人に適した方法での意思疎通を図ることはできていますか」「本人がリラックスした状態で意思決定できるように配慮していますか」「本人の選択または意思表示を手助けできる人はいますか」などが挙げられている。[1]情報提供に関しては、何度も説明をするといったことや、本人の理解しやすい言葉で説明をすること、本人がリラックスして話すことができる場所を確保するということ、本人がリラックスして交流できる相手に話し合いに参加してもらうといったことなどが挙げられている。

これらを参考にすると、演習課題❶で扱っている秀雄さんの思いを確かめる方法について考えやすくなる。

## ２ 本人とともに捉えていくニーズ

演習課題❷では、支援者の側面から秀雄さんと一子さん家族のニーズを検討してもらったが、たとえば、心身・判断能力の点からどのようなニーズがあるのかを捉えると、一子さんの体調面があまりよくないこと、家事がしんどくなってきていることなどが課題として考えられる。また、暮らしの基盤の点から捉えると、経済的な問題を抱えていること、そのことでサービス利用を控えていることなどが課題として挙げられる。

実際のアセスメントのプロセスにおいて、クライエントのニーズを明らかにしていくうえでは、クライエントとともに作業していくことが重要となる。問題解決の主体は本人であるという大原則に基づくと、ニーズの明確化においてもその主体は本人でなければならない。ソーシャルワーカーは、本人が主体となってニーズを明らかにしていくプロセスを支援することになる。

ただし、当然のことながら、ソーシャルワーカーという専門職から捉えたときにみえる本人のニーズというものがある。本人とソーシャルワーカーは問題解決のパートナーであることから、そうした専門職から捉えたニーズについても、話し合いのなかですり合わせ、取り組むべきニーズとして明確化していくことが求められる。

◇引用文献
1）新井誠監訳, 紺野包子訳『イギリス2005年意思能力法・行動指針』民事法研究会, pp. 100–106, 2009.

第4節 プランニング

## 1 事例の課題認識

### ■ 秀雄さんの望む暮らしに近づくために

事例

**秀雄さんと一子さんと一緒に目標を立てる**

　横田は、秀雄さんがどのように暮らしたいのかを一緒に確認していくなかで、秀雄さんが「今のまま母親と一緒にこの家で暮らしたい」という希望をもっていることがわかった。そして、秀雄さんの希望を一子さんにも伝えた。

　一子さんは、秀雄さんに「お母さんは体が弱ってきているから、いつまでもこの家で一緒に暮らすことはできないよ」と話した。それを聞いた秀雄さんは、黙り込んでしまった。

　横田は、一子さんに「秀雄さんがどうして一緒にこの家で暮らしたいと思っているのか確かめませんか」と話した。

#### ● 秀雄さんの思いを確認する

　そこで、横田と一子さん、秀雄さんの3人の話し合いの場をもち、秀雄さんの思いを確認していった。すると、秀雄さんには次のような思いがあることがわかった。

---

秀雄さんの思い
- 一子さんが体がしんどいと言っていることはわかっている。
- 一子さんが病院に通っていることもわかっている。
- 一子さんが一緒に暮らし続けることが難しくなってきていると言っていることもわかっている。
- 新しい環境に強い抵抗感がある。
- この家は静かだから気に入っている。
- いつもスポーツ新聞を渡してくれる人がいるからここにいたい。
- 一子さんの体を心配している。

---

　横田は、一子さんと秀雄さんの３人で話しあい、秀雄さんの「今のまま母親と一緒にこの家で暮らしたい」という希望の裏には、一子さんを心配している思いがあるということも一緒に確認した。

　その思いを確認した一子さんは、「一緒に暮らせるうちは暮らしてもいい」という発言をするようになった。しかし、一子さんは「自分一人で面倒をみるのは大変になってきていることはわかってほしい」とも秀雄さんと横田に伝えた。

　その言葉を聞いて横田は、一子さんと秀雄さんに、二人が家で一緒に暮らしていくためには、ホームヘルパーやデイサービスといった外の支援が必要になってきていると感じることを伝えた。一子さんもまた、「介護保険制度の利用を考える必要があるかもしれない」と発言した。

　一子さんはこれまで金銭面を心配してサービス利用を避けてきたところがあり、その心配について横田に尋ねてきた。横田は、利用料の軽減・免除の制度もあることを伝え、その点を考慮して、二人の生活について考えたいということを伝えた。

　横田が秀雄さんに「福祉サービスを利用しながら、一子さんと一緒に暮らせる方法を考えていきましょう」と声をかけると、何度もうなずいていた。一子さんは、秀雄さんのうなずきに驚いていたが、その後、安心した表情を見せた。

　それから横田は、秀雄さんと一子さんと一緒にプランニングを行うにあたり、事務所に戻って案を考えることにした。秀雄さんの目指す暮らしとその暮らしに向けての総合的な支援方針、そして、その目標に向けて取り組むべき課題と優先度、そして、各課題に対する目標と支援内容について考えた（**表 2-4**）。

### ● 秀雄さんのストレングスに目を向ける

　秀雄さんは、家族やよく知っている人とのかかわりは好きであるが、初めて会う人が大勢いるなかで過ごすのが苦手である。また、秀雄さんは、母親の体調を心配しており、従来どおりの生活を送り続けることの難しさは理解できているが、自分自身の将来の生活のことについては具体的に考えてこなかった。

　そういった部分を取り組むべき課題として位置づけたいと横田は考えたが、具体的にどのように目標を立て、支援内容を考えていけばいいか、悩むところがあった。

　そこで、上司に相談することにした。

　上司からは、秀雄さんの好みや長所（ストレングス）に目を向けてはどうかとアドバイスがあった。横田は、これまでの秀雄さんとのかかわりのなかで、秀雄さんの好みや長所（ストレングス）として次のようなものを見出していた。

秀雄さんの好みや長所

・家の中で、自由にはって動くことができる。

・ある程度の自分の身の回りのことは自分でできる。

・好きなもの、嫌いなものの意思を伝えることができる。

・野球が好きである。

・スポーツ新聞を渡してくれる隣の人との付き合いがある。

・静かな環境が好きである。

・関係性ができると、ちょっかいを出したり、いたずらをしてきたりすることがある。

**表2-4　秀雄さんのプランニング案**

| 秀雄さんの目指す暮らし（秀雄さんの意向） |
|---|
| できる限り、母親と一緒にこの家で暮らしたい。<br>静かな環境で過ごしたい。 |

| 秀雄さんの目指す暮らしに向けての総合的な支援方針（支援目標） |
|---|
| （短期）母親の体調にも配慮した生活を二人が送ることができるように支援する。<br>（中期）秀雄さんが家族やよく知っている人以外の人ともつながりができるように支援する。<br>　　　　家以外でも楽しく過ごすことができるように支援する。<br>（長期）秀雄さんが将来の自分の生活を考えることができるように支援する。 |

| 支援計画 | | | |
|---|---|---|---|
| 解決すべきニーズ | 優先度 | 目標 | 支援内容 |
| 体調に不安を覚えている母親は、家事等がしんどくなってきている。 | 1 | 母親の家事負担を軽減し、二人が無理なく生活できるようにする。 | 横田が秀雄さんと相談しながら、障害福祉サービスの利用を勧める。地域包括支援センターにも協力を求め、一子さんの介護保険サービスの利用を勧める。 |
| 母親は経済状況を心配しており、障害福祉サービスや介護保険サービスを利用することにためらいを感じている。 | 2 | 利用料の軽減や免除の申請を利用しながら、家計に配慮して福祉サービスを利用できるようにする。 | 横田が利用料の軽減や免除の申請をするための手続きを説明したり、手続きのサポートを行ったりする。必要があれば、家計相談の支援も行う。 |
| 秀雄さんは、家族やよく知っている人とのかかわりは好きであるが、初めて会う人が大勢いるなかで過ごすことが苦手である。 | 3 | | |
| 秀雄さんは、母親の体調を心配し、従来どおりの生活を送り続けることの難しさは理解できているが、自分自身の将来の生活のことについては具体的に考えてこなかった。 | 4 | | |

## 2 演習課題

❶ 横田が案として作成した秀雄さんのプランニング案のうち、次の 2 点のニーズについての目標と支援内容を考えよう。
- ・秀雄さんは、家族やよく知っている人とのかかわりは好きであるが、初めて会う人が大勢いるなかで過ごすことが苦手である。
- ・秀雄さんは、母親の体調を心配し、従来どおりの生活を送り続けることの難しさは理解できているが、自分自身の将来の生活のことについては具体的に考えてこなかった。

❷ 支援計画を円滑に実施するために、関係する人々や組織、団体に対してどのように働きかけをすることが求められるのか考えてみよう。

## 3 ミニレクチャー

### 1 本人のモチベーションを高めるプランニング

アセスメントではニーズを明確化し、プランニングでは明確にしたニーズにどのように取り組んでいくべきかという方法等を考えていく。

演習課題❶については、「秀雄さんは、家族やよく知っている人とのかかわりは好きであるが、初めて会う人が大勢いるなかで過ごすことが苦手である」とのニーズに対して、たとえば、目標を「人と交流する機会を増やし、少しずつ秀雄さんの交流関係を広げていく」として、支援内容を「移動支援を利用して、そのスタッフと一緒に好きな野球を観戦しに行くなどして、秀雄さんにかかわっていく人を増やす」とするなどが検討できる。ただしこれは、秀雄さん本人の立場からというよりは、支援者の立場から、どのような目標を立て、どのような支援内容を提供するのかについてまず検討したものである。

問題解決の主体はクライエントであるため、どのような方法で取り組んでいくべきかについても、クライエント自身が主体的に考えていくことが求められる。またそうすることで、実際の取り組みに向けてのクライエントのモチベーション向上にもつながる。支援者を含めた周囲が決めた目標・支援内容では、場合によっては、クライエントは、周りから強いられている感情をもってしまうかもしれない。

バイステック（Biestek, F. P.）は、1920 年から 1930 年の間に、ソー

シャルワークのなかでクライエントが決定や選択のプロセスに参加する権利とニードをもっていることが広く認識されるようになったことを指摘している。そして、こうした認識が広まった背景には、クライエントが自分で選択し決定したときにソーシャルワークは効果を上げることができるという実践のなかでの具体的な経験がそこにあったと述べている[1]。

　自分で決めたということが、解決に向けての取り組みを進めていくクライエントのモチベーションへとつながっていく。プランニングが、何をどのように取り組んでいくのかを、クライエントが考え決めていくプロセスとなるように支援していくことが大切である。

### ■2 関係者・機関等での支援計画の共有

　クライエントのニーズは多岐にわたり、それらを充足させていくためには、さまざまな人や組織、団体等の協力が不可欠となる。そのため、作成された支援計画は、支援にかかわる関係者・機関等とも共有しておく必要がある。

　演習課題❷について、たとえば、支援計画の共有のあり方として、関係者・機関等との間で会議を開き、支援計画についての合意を得ることが考えられる。関係者・機関等で支援計画を共有することが、一つの目標に向かってそれぞれの役割を遂行していく支援につながる。

　目標が統一されていなければ、個々がそれぞれの考えや視点に基づいてクライエントを支援することになり、支援の重複が起きたり、ばらつきのある支援となってしまう。クライエントの生活の全体を支援するためには、多岐にわたる支援が一つの目標によって統合されることが大切である。

　しかしながら留意点もある。支援計画の内容は、クライエントのプライバシーに深くかかわるものもある。守秘義務等に配慮しながら、クライエント本人と関係者・機関等で目標の共有ができる環境をつくっていくことが求められる。

◇引用文献
　1 ）F. P. バイステック，尾崎新・福田俊子・原田和幸訳『ケースワークの原則［新訳改訂版］──援助関係を形成する技法』誠信書房，pp. 160-161，2006.

# 第5節 支援の実施とモニタリング

## 1 事例の課題認識

### ■ 一子さんの状況に変化がみられた

**事例**

#### 二人の生活状況の確認とこれからを考える

ある日、横田のもとに一子さんのケアマネジャーから電話が入った。一子さんの体調が悪化し、横になっている時間も増えて、体を動かすことがしんどくなってきているということだった。

一子さんは費用の面を気にしていたが、妹の文子さんも頻繁に面倒を見に来ることは難しいため、介護保険制度の訪問看護サービスを利用するようになっていた。

一子さんは、文子さんが自宅に来ているときに、体調が悪化し、緊急搬送されたことがあった。大事には至らなかったが、その件があって以来、一子さんは気弱になり、「自宅にいるよりも病院で入院しているほうが安心」というようなことを、ケアマネジャーに話すようになったとのことであった。

ケアマネジャーは、一子さんの病状のこと、そして一子さんと秀雄さんの二人の生活の今後について相談させてほしいと申し出てきた。横田も、秀雄さんの支援計画のモニタリングを検討していた時期だったため、一子さんと秀雄さんの現状と今後について、ケアマネジャー、訪問看護ステーションのスタッフ、生活介護のスタッフ、移動支援のスタッフとともに話しあうこととした。

その結果、次のような状況を確認した。

#### ● 秀雄さんの現状を確認する

現在、秀雄さんは、障害者総合支援法の生活介護を利用して、週に3回、自宅近くの施設に通っている。しかし、秀雄さんは生活介護のために施設へ行く朝はいつも行くことを拒み、一子さんや迎えに来たスタッフに抵抗することも多い。秀雄さんは、毎回のように説得されて施設へ通っている。

生活介護の利用中、施設では、秀雄さんはほかの利用者と交流することはあまりなく、一

人静かに机の前で座っていたり、テレビを見たりしている。たまにあるドッグセラピーのレクリエーションには参加することもあるが、そのほかのものには消極的な態度をとっている。

ただ、スタッフから話しかけられたりすると、うれしそうな顔をし、気に入っているスタッフにはちょっかいをかけることもある。

移動支援は、月に2回利用している。移動支援のスタッフによると、秀雄さんは野球を観戦しに行ったり、買い物に出かけたりするなどし、楽しんでいるとのことであった。毎回、担当するスタッフは違っているが、その点は特段問題はないようである。

### ● 一子さんの現状を確認する

一子さんは、秀雄さんが生活介護を利用している合間に病院へ行ったりするなど、自分の時間に充てている。けれども、一子さんの体調も思わしくなくなってきており、肺に水が溜まる症状がみられ、緊急搬送されたこともあった。

妹の文子さんは2週間に1回程度顔を出してくれており、家のことなどを手伝ってくれていたが、これ以上、一子さんのために出向くことは難しい状況となっていた。また、隣の人は心配してたまに顔を出してくれているということであった。

ケアマネジャーは、「介護保険サービスの利用をもう少し増やしたほうがいい」と一子さんに提案したが、金銭面が心配という理由で、サービス利用にはつながっていない。

一子さんは、「自分はもうそこまで長くはないのはわかっているので、とにかく秀雄さんのことを何とかしてほしい」と強く訴えている。

### 秀雄さんと一子さんの考え／気持ちを再確認する

支援者で話し合いをしたのち、横田は、秀雄さんの支援計画のモニタリングをするために家を訪ねた。そこで秀雄さんと一子さんと一緒に、支援計画のモニタリングを行った。

横田が移動支援について楽しんでいるかどうか尋ねると、秀雄さんは、強く首を縦に振って、楽しんでいるという気持ちを伝えてくれた。ただ、生活介護へ出かけるときに毎回抵抗を示していることについて尋ねたところ、秀雄さんは苦笑いをした。一子さんやスタッフを困らせていることは理解しているが、生活介護へ出かける朝、どうしても嫌な気持ちになるということを一緒に確かめた。生活介護へ出かけたあとはどうかと尋ねると、秀雄さんは小さく「うん」とうなずいた。表情はおだやかで、特段不満を感じている印象はなかった。

一子さんは、自分の体調があまりよくないことへの不安感を示し、「早く秀雄を施設かどこかへお願いしたい」と話した。一子さんは「自分が元気なうちに秀雄の今後の生活の見通しが欲しい」と強く訴えた。

## 2 演習課題

❶ 秀雄さんと一子さんの現状や思いを踏まえ、新たに出てきたニーズにはどのようなものがあるか挙げてみよう。

❷ 新たに出てきたニーズを踏まえて、再度、秀雄さんの支援計画を立ててみよう。

## 3 ミニレクチャー

### 日々変化するクライエントの状況への対応

　アセスメントとプランニングは、ソーシャルワークのプロセスにおいて支援が終了するときまで継続的に実施されることになる。クライエントの状況は日々変化し、そのなかでニーズも変わり、支援の内容も当然に変化することになる。そのため、定期的にモニタリングを行い、その都度、クライエントの状況をアセスメントし、プランニングを行っていくことが求められる。

　モニタリングは、アセスメントとプランニング同様に、クライエントとともに実施することが大切である。クライエントが自分の現状を振り返る機会になるとともに、次の取り組みへのモチベーションを高めるきっかけとしても活用することができる。

　演習課題❶では、新たなニーズについて検討してもらったが、たとえば、一子さんの体調の悪化により、これまでどおりの生活が難しくなってきていることなどが挙げられる。そのため、次の生活に向けて新たに支援計画を立てていく必要が出てきているといえる。

　演習課題❷では、❶で検討した新たなニーズを踏まえ、再度、秀雄さんの支援計画を検討してもらった。一子さんの不安を受けとめつつ、秀雄さん自身が次の生活に向けてどのようにしていきたいのかを考えることを支援することとなる。母親の状況を踏まえて、秀雄さん自身が自分の生活を変えていくことが求められるため、横田もその変化を支える支援をどのように提供していくのかについて、計画を立てていくことが必要となる。

# 支援の終結と結果評価 アフターケア

## 1 事例の課題認識

### 秀雄さんの新しい生活と新たな支援が始まる

**事例**

#### これまでの支援を振り返る

　一子さんは、入退院を繰り返してはいるものの、病状は少し落ち着いてきていた。秀雄さんは、ショートステイを利用するようになり、その回数が少しずつ増えてきていた。また、秀雄さんは当初、生活介護へ行くことを拒んでいたが、現在は、仲のよい利用者ができたようで、喜んで出かけるようになっていた。

　その結果、以前に比べて、一子さんと秀雄さんは、離れて暮らす時間が長くなってきている。そして、秀雄さんの今後の生活を考え、成年後見制度の利用を検討し、司法書士の成年後見人（以下、後見人）が選任された。

- **秀雄さんの今後の生活について話しあう**

　今、横田は、後見人と一緒に、これからの秀雄さんの生活について考えていた。秀雄さんは静かな環境で過ごすことは好きであるが、そばに誰かがいるということも大事である。一度、どうしても自宅で一人で過ごさないといけなかったときは、居ても立ってもいられなかったのか、家を出ようとしていたところを、隣の人に発見されていた。

　横田は、秀雄さんと後見人とともに、一子さんの状況を確認し、今後の生活について考えることとした。後見人は、「現在ショートステイで利用している施設の部屋に空きが出るのであれば、入所し、新たな生活を始めてもいいのではないかと考えている」と話した。秀雄さんに気持ちを聞くと、下を向いて黙っていた。

　日をあらため、一子さんの体調がよいときに、4人で、秀雄さんの今後の生活について話をすることにした。

　一子さんは「秀雄と離れて暮らすようになったからといって、まったく会えなくなったりするわけじゃないでしょ？」と横田に聞いた。

　横田は「もちろんです。一子さんが元気であれば、外泊することもできますし、会うこと

も十分にできます」と話した。

秀雄さんは下を向きながら、その会話を聞いていた。

横田は、秀雄さんに「秀雄さん、遠慮せず、いろんな気持ちを伝えてください」と話すと、秀雄さんはうなずき、「いく」とだけ発言した。

横田が「いくというのはどういうこと？」と尋ねると、秀雄さんは「いく」とまた答えた。

横田が「このままの生活でいくってこと？」と聞くと、秀雄さんは首を横に振り、「いく」と言った。横田は「施設に行くってこと？」と聞くと、秀雄さんは「うん」とうなずいた。

一子さんは、秀雄さんに「ありがとう。最後まで一緒に過ごせたらよかったんだけど、お母さん、体がもうしんどくてね。ごめんね」と言った。

### • 秀雄さんの施設入所を経て支援を終結する

それから数か月後、秀雄さんは、ショートステイで利用していた施設に入所することが決まった。入所する際は、一子さん、横田、後見人も一緒に同行した。帰り際、一子さんがぽつりと「私が元気なうちに、どこか二人で遊びにでも行けたらよかったな」と言った。

それを聞いた横田は、後見人に「一子さんの発言を施設のスタッフに伝えてほしい」そして「一子さんと秀雄さんが思い出をつくることができるような場をつくってほしい」と伝えた。

横田の支援は、秀雄さんの施設入所で終了となったが、秀雄さんの入所後、後見人から横田に電話があり、一子さんと秀雄さんが施設のスタッフとともに、日帰り温泉旅行に行くことができ、二人ともとても喜んでいたという話を聞かせてもらった。

## ▶2 演習課題

❶ ソーシャルワークの各展開過程において、秀雄さんと一子さんがどのように変化していったのか、その変化について分析しよう。また、どのような要因がその変化をもたらしたのかについて考えてみよう。

❷ p.42 の**表 2-4** のプランニング案で示した秀雄さんの目指す暮らしについての総合的な支援方針（支援目標）を踏まえ、横田による一子さんと秀雄さんへのかかわり方について、よかったところ、改善すべきところを話しあってみよう。

ミニレクチャー

## 1 エンゲージメント（インテーク）およびソーシャルワークの展開過程と結果の分析

支援においては、エンゲージメント（インテーク）およびソーシャルワークの展開過程と結果を注意深く分析する必要があるため、クライエントの変化を把握しながら分析を行っていくこととなる。

演習課題❶については、秀雄さんは、アセスメント段階では、「できる限り、母親と一緒にこの家で暮らしたい」「静かな環境で過ごしたい」という意向を示していた。しかし、モニタリング段階では、一子さんの体調に変化がみられ、それを受けて秀雄さんはショートステイを利用するようになり、その後施設への入所が決まり、横田は引き継ぎを行って支援は終結段階へと至っている。

このように一子さんと秀雄さんの生活状況の変化を把握したうえで、二人の気持ちにどのような変化が生じたのか、また、支援者がどのようにかかわることで生活状況が変化していったのか分析してほしい。

## 2 適切な評価を行うために問われる目標設定のあり方

事例では、アセスメントに沿って、短期目標として「母親の体調にも配慮した生活を二人が送ることができるように支援する」、中期目標として「秀雄さんが家族やよく知っている人以外の人ともつながりができるように支援する」「家以外でも楽しく過ごすことができるように支援する」、長期目標として「秀雄さんが将来の自分の生活を考えることができるように支援する」と支援目標を立てて支援を実施している。

演習課題❷では、これらの目標が達成されているのか、横田のかかわりが適切だったのかを評価してもらった。おおむね目標は達成された形で支援が展開されたと評価することはできるが、それが秀雄さんや一子さんが主体的に取り組んだ結果であるのかという観点から捉えると、長期目標については、一子さんの体調の変化があってから支援が展開されており、それまでの間に十分な働きかけができていたのか疑問が残る。そこに至るまでのかかわりが基盤づくりであったとの見方もできるが、変化が起きなければ、長期目標にかかわる支援はいつ行われたのか、不透明なところがあると評価できる。

支援を適切に評価するためには、その評価の基準となる目標が、クラ

イエントとの十分な話し合いによる合意のもとで作成されていることが大切である。また、目標設定があいまいであると、達成できたのかどうかの判断に困ることになる。適切に評価するためには、目標が達成されたのかどうかを見極めやすいように、アセスメントやプランニングの段階において、クライエントとともにニーズを明確化し、目標設定を具体的にしておくことが求められる。

なお、公的資金がソーシャルワーク実践に投入されていることもあり、費用対効果といった部分でも、目標が達成されたかどうかが問われることになる。この点からも、どのような目標を立てて、どのような方法を用いて取り組むのか、どのようなところまでクライエントの状況が到達すれば目標達成とみなすのかを考慮しておくことが必要となる。

ただし、よい評価を得ることが目的となり、クライエントの目標が達成しやすいものになってしまっては意味がない。またよく言われることであるが、ソーシャルワークが扱うクライエントの生活には、さまざまな要因が関係しており、ソーシャルワーカーがかかわったことによって事態が改善したと言い切れない部分もある。どのような要因がクライエントの生活を改善したのかという部分に関する評価は非常に難しい。

### 3 支援は終わってもクライエントの生活は続く

評価は、支援を終結するうえでの重要なプロセスとなるが、多くの実践における支援の終結は、他機関等への引き継ぎになるといえる。このことはソーシャルワークが生活を対象とし、生活を営む時間の流れのなかでクライエントのニーズは変化し、その変化したニーズに対応するために必要となる支援者や関係機関が変化していくからである。

支援が終結しても、クライエントの生活は続き、さまざまな支援者や機関等からの支援を受けることになっていく。切れ目のない支援となるように適切な引き継ぎを行うことが求められる。

そして、支援の終結は、クライエントの立場からすると、これまで頼ってきたソーシャルワーカーのかかわりが終わるということであり、そのことに対する気持ちにも配慮することが求められている。

クライエントの人生にとって、ソーシャルワーカーのかかわりは一部分である。そう捉えると、問題解決の主体はクライエントであるということの意味、クライエントが自ら解決できるように支えていくというソーシャルワーカーの働きかけの意味というものがよりいっそう理解できるようになる。

# ソーシャルワークの
# 展開過程とコンピテンシー

## 1 ソーシャルワークの展開過程と
## ソーシャルワークのコンピテンシー

　第1節から第6節まで、一つの事例から、ソーシャルワークの各展開
過程における社会福祉士の活動について、演習課題を通して学んできた。

　本節では、横田が社会福祉士としてソーシャルワークの展開過程にお
いてどのようなコンピテンシーを発揮していたのかについて考えてい
く。

　第1章第2節にもあるように、コンピテンシーは、ソーシャルワーカー
が、人とコミュニティのウェルビーイングの促進のために、実践の状況
に応じて、ソーシャルワークの知識と価値とスキルを適切に統合して発
揮することができる能力（行動）のことを指している。そして、この実
践能力を身につけることが、人とコミュニティのウェルビーイングの促
進に向けてのソーシャルワークの知識と価値とスキルの活用につながる
ということである。

　大きく九つ挙げられているソーシャルワークのコンピテンシーについ
て、アメリカのソーシャルワークの学部および修士課程教育プログラム
の認証に用いられる『学士および修士課程でのソーシャルワークプログ
ラムの教育政策と認証基準』（Council on Social Work Education
2015：CSWE）は、さらにソーシャルワーカーとしてどのようなことが
できている必要があるのか詳細を示している。そこではコンピテンシー
は、学習により習得できるものとされている。講義や演習、実習を通し
て、こうしたコンピテンシーの習得につなげていくことが非常に大切で
ある。

## 2 演習課題

　本事例の展開と社会福祉士の横田の活動を振り返りながら、**表2-5**を

表2-5 事例の展開と社会福祉士の実践能力

| 展開過程 | 課題認識 | 社会福祉士のアクション（活動） | コンピテンシー【SW】 | | | | | | | | |
|---|---|---|---|---|---|---|---|---|---|---|---|
| | | | 1 | 2 | 3 | 4 | 5 | 6 | 7 | 8 | 9 |
| ケースの発見とエンゲージメント（インテーク）【第2節】 | 一子さんから電話がかかってきた<br>一子さんが抱えている問題は何か | 横田美智子<br>・支援を求めている人をキャッチし、援助関係づくりに着手する<br>・一子さんに共感を示しながら情報収集をする | | | | | | | | | |
| アセスメント【第3節】 | 秀雄さんの望む暮らしに迫っていく | ・秀雄さんの思いを確かめる | | | | | | | | | |
| プランニング【第4節】 | 秀雄さんの望む暮らしに近づくために | ・秀雄さんと一子さんと一緒に目標を立てる | | | | | | | | | |
| 支援の実施とモニタリング【第5節】 | 一子さんの状況に変化がみられた | ・二人の生活状況の確認とこれからを考える<br>・秀雄さんと一子さんの考え／気持ちを再確認する | | | | | | | | | |
| 支援の終結と結果評価アフターケア【第6節】 | 秀雄さんの新しい生活と新たな支援が始まる | ・これまでの支援を振り返る | | | | | | | | | |

活用してソーシャルワークの各展開過程において発揮することが求められるソーシャルワークのコンピテンシーについて話しあってみよう。なおその際には、第1章第2節に示されている CSWE によるソーシャルワークのコンピテンシーを参照しながら検討してみよう。

# 3 ミニレクチャー

表 2-6 は、一例として本事例のソーシャルワークの展開過程と必要となるソーシャルワークのコンピテンシーについて示したものである。

## 1 ソーシャルワークの展開過程すべてとかかわるコンピテンシー

表 2-6 からもわかるように、ソーシャルワークのコンピテンシーの「1　倫理的かつ専門職としての行動がとれる【SW1】」「2　実践において多様性と相違に対応する【SW2】」「3　人権と社会的・経済的・環境的な正義を推進する【SW3】」「6　個人、家族、グループ、組織、コミュニティと関わる【SW6】」は、ソーシャルワークの展開過程すべてで発揮されるコンピテンシーと捉えることができる。

表2-6　事例の展開と社会福祉士の実践能力（例示）

| 展開過程 | 課題認識 | 社会福祉士のアクション（活動） | コンピテンシー【SW】 | | | | | | | | |
|---|---|---|---|---|---|---|---|---|---|---|---|
| | | | 1 | 2 | 3 | 4 | 5 | 6 | 7 | 8 | 9 |
| ケースの発見とエンゲージメント（インテーク）【第2節】 | 一子さんから電話がかかってきた／一子さんが抱えている問題は何か | 横田美智子　・支援を求めている人をキャッチし、援助関係づくりに着手する／・一子さんに共感を示しながら情報収集をする | ○ | ○ | ○ | | | ○ | | | |
| アセスメント【第3節】 | 秀雄さんの望む暮らしに迫っていく | ・秀雄さんの思いを確かめる | ○ | ○ | ○ | ○ | | ○ | ○ | | |
| プランニング【第4節】 | 秀雄さんの望む暮らしに近づくために | ・秀雄さんと一子さんと一緒に目標を立てる | ○ | ○ | ○ | ○ | | ○ | | ○ | |
| 支援の実施とモニタリング【第5節】 | 一子さんの状況に変化がみられた | ・二人の生活状況の確認とこれからを考える／・秀雄さんと一子さんの考え／気持ちを再確認する | ○ | ○ | ○ | ○ | ○ | ○ | ○ | ○ | ○ |
| 支援の終結と結果評価アフターケア【第6節】 | 秀雄さんの新しい生活と新たな支援が始まる | ・これまでの支援を振り返る | ○ | ○ | ○ | ○ | ○ | ○ | | ○ | ○ |

国際ソーシャルワーカー連盟・国際ソーシャルワーク学校連盟の「ソーシャルワーク専門職のグローバル定義」（2014年）において「社会正義、人権、集団的責任、および多様性尊重の諸原理は、ソーシャルワークの中核をなす」と示されている。「1　倫理的かつ専門職としての行動がとれる【SW1】」「2　実践において多様性と相違に対応する【SW2】」「3　人権と社会的・経済的・環境的な正義を推進する【SW3】」というコンピテンシーは、この定義でソーシャルワークの中核とされている内容と通じるものであり、ソーシャルワークの展開過程すべてで必要とされるコンピテンシーといえる。

　また、ソーシャルワークでは、常に個人、家族、グループ、組織、コミュニティとかかわることになるため、「6　個人、家族、グループ、組織、コミュニティと関わる【SW6】」も、ソーシャルワークの展開過程すべてとかかわるコンピテンシーといえる。

　ケースの発見とエンゲージメント（インテーク）の段階【第2節】では、援助関係の構築に着手する。援助関係には、ラポール（信頼関係）*の構築が何よりも大事である。社会福祉士の横田が、秀雄さんと一子さんから、問題解決を行ううえでのパートナーとして認識されるために、共感などの面接技術を適切に活用するとともに、自分自身の個人的な経験と情緒的な反応がどのようにクライエントに影響するのかなどを理解

★ラポール（信頼関係）
支援者とクライエントが問題の解決に向けて共同作業をするための信頼関係。共感的・親密な信頼関係を意味する。

してかかわっていくことが必要となる。

そして、秀雄さんと一子さんがどのような暮らしを望むかについて主体的に考えることができるように、さまざまな知識や援助技術を用いてソーシャルワークの過程を展開させていくことが求められる。

### 2 アセスメントの段階から支援の終結の段階において求められるコンピテンシー

「4 『実践にもとづく調査』と『調査にもとづく実践』に取り組む【SW4】」は、アセスメントの段階【第3節】から支援の終結の段階【第6節】において必要となるコンピテンシーと捉えることができる。

たとえば、生活の困りごとにどのような背景・要因があるのか、どのようなメカニズムによって生活の困りごとが起きているのかなどをアセスメントするうえで、これまでの科学的な知見や研究成果を活かすことができる。また、プランニングにおいて問題の解決方法を考えていくうえでも、科学的な知見や研究成果は十分に活用することができる。

秀雄さんや一子さんの生活状況を捉えていくうえで、「4 『実践にもとづく調査』と『調査にもとづく実践』に取り組む【SW4】」は必要となるコンピテンシーといえる。

### 3 アセスメントの段階および支援の実施とモニタリングの段階で求められるコンピテンシー

「7 個人、家族、グループ、組織、コミュニティのアセスメントを行う【SW7】」は、アセスメントの段階【第3節】および支援の実施とモニタリングの段階【第5節】で必要とされると捉えることができる。

アセスメントそのものは、ソーシャルワークの展開過程すべてで常に行われているといえるが、なかでもアセスメントの段階【第3節】および支援の実施とモニタリングの段階【第5節】においては、このコンピテンシーに意識的であることが求められる。

また、秀雄さんや一子さんの生活状況を捉える際、情報を収集し、人間行動や社会環境などの知識を活用して分析していくが、その分析にあたっては、「1 ソーシャルワークの展開過程すべてとかかわるコンピテンシー」で挙げたコンピテンシー（【SW1】【SW2】【SW3】【SW6】）の発揮が大事である。

ソーシャルワークにおいて重要なことは、問題解決の主体はクライエントであるということである。また、ソーシャルワークは、人間の尊厳

や多様性、人権、社会正義を実践のよりどころとしている。アセスメントおよび支援の実施とモニタリングをクライエント主体の取り組みとするために、またクライエントの人権や社会正義が脅かされている状況を改善していくために、これらのコンピテンシーは常に意識して発揮していく必要がある。

## ■4 プランニングの段階から支援の終結の段階までの　各過程において求められるコンピテンシー

「8　個人、家族、グループ、組織、コミュニティに介入する【SW8】」は、プランニングの段階【第4節】から支援の終結の段階【第6節】までの各過程において必要とされると捉えることができる。

CSWEが各コンピテンシーに関して示している詳細を見てもらいたいが、プランニングをする際、そしてそのプランニングに基づいて取り組む際、さまざまな知識の活用やさまざまな組織との連携・協働が求められる。家族を含めたさまざまな関係者がかかわり、どのような方向性でクライエントの問題を解決していくのか、どのような取り組みを行うのかを協議していくが、その際に、きちんとクライエント主体の協議となっているか確認し、クライエントが声を上げにくい場合には、ソーシャルワーカーが交渉、仲介、代弁なども行うことが求められる。

プランニングの段階【第4節】において、秀雄さんと一子さんは一緒に目標を立てている。そのなかで、秀雄さんの思いと一子さんの思いに相違が生じ、秀雄さんが黙り込んでしまう場面があった。そのとき、横田は、一子さんに「秀雄さんがどうして一緒にこの家で暮らしたいと思っているのか確かめませんか」と声をかけている。この横田の行動は、交渉や仲介、代弁につながる行動でもあり、相互に合意した目標設定を目指していくことで、秀雄さんと一子さんが前向きに目標を達成していく道筋をつくっているといえる。

## ■5 支援の実施とモニタリングの段階および支援の終結の　段階で求められるコンピテンシー

「9　個人、家族、グループ、組織、コミュニティへの実践を評価する【SW9】」は、支援の実施とモニタリングの段階【第5節】から支援の終結の段階【第6節】に必要とされると捉えることができる。

評価は、目標が達成されたかどうかを確認する重要な過程であり、評価方法を知っておくこと、評価に関する知識や分析の視点を理解してお

くことが大事である。

　また、社会福祉士が次の新たな実践に向けて、その専門性を向上させていくうえでも評価は非常に大切である。第 1 章第 2 節で省察（リフレクション）が専門性の核につながることが示されているが、自らの経験を振り返り、あるべき社会福祉士像に向けて、達成できたところ、改善の必要性があるところを評価し、次の実践につなげていくことが求められる。

### 6 マクロレベルでのソーシャルワーク実践において求められるコンピテンシー

　「5　政策実践に関与する【SW5】」については、本事例ではあまり扱うことができなかったが、秀雄さんや一子さんの家族と同様の問題を抱えている家族が、社会福祉士として活動している地域や社会のなかで多くみられた場合、またその問題が社会の構造上の問題が影響して発生している場合などは、改善に向けてアクションを起こしていくことが求められ、その際には「5　政策実践に関与する【SW5】」というコンピテンシーが必要とされる。

　特にマクロレベルでのソーシャルワーク実践において必要とされるコンピテンシーであるとはいえるが、日頃の実践から政策や制度に関心をもっておくことが大切であり、さまざまな情報や知識、多様な考え方に関心を示し、クリティカル・シンキング※の姿勢で検証していくことが求められる。

### 7 多職種連携コンピテンシー

　現在、地域包括ケアシステムの推進などにより、多くの関係者がチームとなって支援を行うことが求められている。ソーシャルワークの展開過程でいうと、ケースの発見から終結までをチームで支援をしていく場合もある。

　本事例では、多職種連携について十分に示すことはできていないが、多くの関係者が一つの事例にかかわっていくうえでどのようなコンピテンシーが求められるのかを十分に理解し、ソーシャルワーク実践を行っていくことが大切である。

　第 1 章第 2 節に医療保健福祉分野の多職種連携コンピテンシーが掲載されている。秀雄さんや一子さんにも、横田をはじめ、ケアマネジャーや訪問看護ステーションのスタッフ、生活介護のスタッフ、移動支援の

★クリティカル・シンキング
客観性や事実に基づく論理的、合理的で偏りのない思考。物事の前提の適切さを検証し、本質を見極めていくことを意味する。批判的思考と訳されるが、相手を批判する思考ではなく、自らの推論過程を意識的に検証する反省的思考（リフレクティブシンキング）である。

スタッフなど多くの関係者がかかわるようになった。

　そのなかで常に、「患者・利用者・家族・コミュニティ中心【IP1】」で支援を行うことができるか、「職種間コミュニケーション【IP2】」を意識して行動できるかが問われる。そしてこれらの行動を支えるものとして、「職種としての役割を全うする【IP3】」「関係性に働きかける【IP4】」「自職種を省みる【IP5】」「他職種を理解する【IP6】」という行動をとることが求められる。

　これら多職種連携コンピテンシーについては、第3章各節の事例を通して学んでもらいたい。

# 第**3**章

## 実践的に
## ソーシャルワークを
## 学ぶ

　本章では、第1節から第7節までの事例演習を通して、ソーシャルワーク実践に必要な知識と技術の統合を行い、専門的技術として概念化し、理論化し、体系立てる能力を養うとともに、ソーシャルワークの価値規範を理解し、倫理的な判断能力を養うことを目指す。

　そのため、支援を必要とする人が抱える複合的な課題に対する総合的かつ包括的な支援について、実践的に習得することを意図して事例演習を構成している。

　地域の特性や課題を把握し解決するための地域アセスメントや評価等の仕組みについて、さらには、ミクロ・メゾ・マクロレベルにおけるソーシャルワークの対象と展開過程、実践モデルとアプローチについても実践的に理解してほしい。

※　本章の事例に登場する人物はすべて仮名である。

# 地域における社会的孤立への気づきと生み出す支援のあり方を考える

## 1 本演習のねらい

### 1 ソーシャルワークのコンピテンシーの習得

❶ ソーシャルワーク専門職としての価値や原則に基づきながら、社会的孤立の問題に対峙することができる。【SW1】

❷ 人生経験を形づくるうえで多様性や相違が重要であることを理解し、社会的孤立の状態にある本人やその家族を「彼ら自身の経験のエキスパート」としてかかわることができる。【SW2】

❸ 人間行動や社会環境、環境のなかの人、その他の学際的な理論的枠組みの知識を活用し、社会的孤立の状態にある本人やその家族、関係するグループ、組織、コミュニティとのエンゲージメント（関係構築および取り組みの合意形成）を促進することができる。【SW6】

❹ 社会的孤立の状態にある本人やその家族、関係するグループ、組織、コミュニティの能力を強めるために、必要に応じて専門職間で連携・協働しながら、注意深く介入の方法を選んで実施することができる。【SW8】

### 2 多職種連携コンピテンシーの習得

❶ 協働する専門職間において、社会的孤立の状態にある本人やその家族、関係するグループ、組織、コミュニティにとって重要な課題に焦点を当て、共通の目標を設定することができる。【IP1】

❷ 異なる専門職種との関係性を構築・維持・成長させることができる。【IP4】

## 2 事例演習のポイント

❶ 「ひきこもり」や「8050問題」のような社会的孤立の問題について、

本人やその家族だけでなく、周囲の地域住民や関係する専門職を巻き込みながら、地域における問題解決のあり方を模索する。

❷ ひきこもり支援に関する法律や制度を踏まえながら、地域住民と専門職の連携・協働による新たな社会資源の開発、市町村における包括的な支援体制の構築など、生み出す支援の方法・技術について実践的に理解する。

❸ 専門職（フォーマルな支援者）と地域住民（インフォーマルな支援者）の連携・協働を促進するために、コーディネーションの方法・技術を活用する。

❹ 社会的孤立の状態にある本人が、「生活の主体」かつ「問題解決の主体」となることを支援するために、エンパワメントアプローチおよびナラティヴアプローチを活用する。

## 3 ▶ 事例の基本情報

本事例（第6項まで）は、庄原市社会福祉協議会（広島県）が地域住民とともに取り組んだひきこもり支援の実践をもとに創作したものである。

### 事例（導入）

#### 社会福祉士はどこにいる？

村上真子（29歳）は、A市社会福祉協議会（以下、A市社協）の地域共生推進課に勤務する社会福祉士である。大学卒業後、念願のA市社協に就職して8年目になる。

現在は、総合センターでのボランティアセンター事業のほか、B地区担当職員として、支え合いの地域づくりを目標とする地域サロン事業や学校・地域・企業の福祉教育を推進する福祉のまちづくり出前講座などを主に担当している。

#### A市社会福祉協議会はどんなところ？

A市社協は、2005（平成17）年の市町村合併に伴い、七つの市町村社会福祉協議会が合併し、新たに誕生した。

A市社協の活動は、総務課と地域共生推進課が置かれている総合センターを基盤に、三つの地域事務所が市内7地区を2〜3地区ずつ担当し、各地区の地域特性に応じた地域福祉事業、介護保険サービス、障害福祉サービスを実施している。また、地域福祉活動拠点と

して、各地区に地域センターを設置している。総合センターおよび地域事務所には、それぞれ数名の地区担当職員を配置しており、地域に寄り添う事業展開を重視している。

　主な事業として、前述した事業のほか、24時間365日対応のよろず相談、A市の委託事業である自立相談支援事業、判断能力が不十分な人を支える日常生活自立支援事業および法人後見事業、当事者らと立ち上げた共同作業所「ゆめのいえ」の運営などに取り組んでいる。

## クライエントのいる場所・状況

　鈴木恵美さん（45歳）は、A市B地区に生まれ育った。幼い頃から活発でスポーツ万能だったので、男の子に間違われることも少なくなかった。小・中学校では、友達も多く、勉強もよくできた。そして、「将来は小学校の先生になりたい」という夢を抱いていた。しかし、恵美さんには、誰にも言えない秘密があった。物心ついた頃から恋心を抱く相手は決まって同性であったが、そのことは「誰にも言ってはいけないこと」のように感じていた。

　中学校3年生の夏休み、自分の気持ちを抑えきれなくなった恵美さんは、同じ女子バレー部に所属する1学年下の後輩に衝動的に告白した。後輩はひどく困惑した様子で、「冗談はやめてください」と言って足早に立ち去った。恵美さんは、まるで自分の存在そのものが否定されたかのように感じた。

　そして、2学期の始業式の日、体育館から教室に戻り、学級会が始まるのを待っていたとき、斜め前の席の男子生徒が冗談めかして言った。「お前、レズなんだってな」。その瞬間、恵美さんは全身から血の気が引いていくのを感じた。これまで築いてきた自分のすべてが壊れていくような感覚に襲われた。

　この出来事をきっかけに、恵美さんは自分の性的指向について思い悩み、将来に対する言いようのない不安や絶望感に苛まれるようになっていった。そして、まったく身動きが取れなくなってしまった。1か月経っても、学校に行くことができなかった。父親から厳しく咎められたため、一度だけ何とか登校したが、担任の先生やクラスメイトの腫れ物に触るような態度は居心地が悪く、それ以降、卒業まで学校に行くことはなかった。

　中学校卒業後、恵美さんは高校にも進学せず、30年間、自宅で過ごしている。

## 家族の状況

　現在、恵美さんは母親と2人で、祖父母の代に建てられた二階建ての日本家屋に暮らし、これまでの蓄えと父親の遺族年金で生計を立てている。

### ●母親

　母親の幸子さん（78歳）は、専業主婦として家庭を守りながら、自宅周辺の田畑で家族が食べる程度の米や野菜を作ってきた。物静かであるが、責任感が強く、仕事で忙しい夫

に代わって、自治会や氏子会などの地域の仕事を引き受けてきた。恵美さんのことについては、夫とも話しあうことができず、誰にも相談できないまま、独り悩み続けてきた。また、幸子さんにはきょうだいがおらず、深刻な悩みを相談できる相手はいない。

● 父親

父親の正さん（享年82歳）は、模範的な警察官であり、最後は警察署長まで務めた。正義感が強く、真面目な性格で、家族に対しても「常に正しくあること」を求めた。恵美さんのことについては、「一家の恥」という思いから抜け出せず、現実を直視することができないまま、親族や親しい知人にも隠し続けた。3年前、心不全のために他界した。

● きょうだい

恵美さんには、一回り年上の兄が1人いる。兄の誠司さん（57歳）は、東京の大手IT企業に勤め、公務員の妻と大学院生の一人娘と暮らす。大学進学を機に実家を離れて以降、帰省は年に1回、ほぼ正月のみである。恵美さんとは年が離れていることもあり、関係は希薄である。

### 地域の状況

A市は、山間の豊かな自然に恵まれた、いわゆる中山間地域に位置している。米・野菜・果物の栽培、酪農・養豚・養鶏、スギやヒノキの植林など、古くから農林業が盛んな地域である。

住民基本台帳によれば、人口3万5000人、世帯数1万5500世帯、高齢化率43.0％となっている。市内7地区の状況には大きな差があり、人口の8割以上が3地区に集中し、高齢化率も37.5〜53.0％と幅がある。人口動態については、高度経済成長期に若年層の流出による著しい人口減少を経験し、その後も人口減少が続いている。

B地区は、7地区のうち2番目に人口が少なく、最も高齢化率が高い。人口1300人、世帯数600世帯、高齢化率53.0％である。高齢化率の高さもさることながら、全世帯に占める高齢者がいる世帯の割合が8割を超える。近年、担い手や後継者の不在が問題となっているが、自治会を中心とする地域活動は何とか持ちこたえている。また、前述の共同作業所「ゆめのいえ」を当事者と関係者がともに立ち上げるなど、一部に福祉意識が高い住民もみられる。主な社会資源として、小学校、中学校、特別養護老人ホーム、地域包括支援センター、A市社協の地域センター等の教育・福祉施設のほか、温泉施設やスポーツ施設が挙げられる。

恵美さんの自宅はB地区C町の古い集落にあり、昔から近所付き合いは当たり前のこととして行われてきた。C自治会では、祭りや地域行事、防犯・防災活動、地域の清掃活動、高齢者や障害者の見守り活動や地域サロン、冠婚葬祭の手伝いなど、さまざまな地域活動に取り組んでいる。

表3-1では、事例の展開のなかで、社会福祉士がどのような課題認識をもち、どのようにアクション（活動）していくのか、概要を示した。事例演習の学びに役立ててほしい。

**表3-1　事例の展開と社会福祉士のアクション（活動）**

| 事例展開 | 課題認識 | | 社会福祉士のアクション（活動） |
|---|---|---|---|
| 事例演習1【第4項】 | 住民が安心して活動するために何ができるのだろうか？ | 村上真子  | ・住民による問題の気づきを受けとめる<br>・「B地区ひきこもり支援の会」を支える関係者会議の組織化 |
| 事例演習2【第5項】 | 支援の会の思いを形にするために、関係者会議との連携を強化する必要がある！ | | ・支援の会の運営支援<br>・支援の会と関係者会議の合同ミーティングの開催<br>・「フリースペース」の側面的支援と家庭訪問の開始 |
| 事例演習3【第6項】 | ひきこもりの人や家族、そしてすべての住民が安心して暮らすことができる地域をつくっていきたい！ | | ・家庭訪問によるアウトリーチ<br>・当事者会における開かれた対話を促す<br>・市町村における「包括的な支援体制」の構築 |

## 4　事例演習1

### 1　事例の課題認識
●住民が安心して活動するために何ができるのだろうか？

**事例**

### 住民による問題の気づきを受けとめる

#### ・地域サロン世話人からの情報提供

　ある金曜日の午後、A市社協のボランティアセンターで、村上真子はひとり、翌週に予定されているボランティア連絡会の会議資料を作成していた。来客もなく、電話も鳴らない、いつになく静かな午後だった。そこに、村上が担当するB地区で地域サロンの世話人をしている田辺が勢いよくやってきた。

田辺：真子ちゃん、ちょっと聞いてよ。私って、そんなに向こう見ずなことばっかり言ってる？

村上：田辺さん、落ち着いてください。一体、何があったんですか？

田辺：今日のサロンでね、藤原さんと言い合いになっちゃって。まあ、原因は、私が送迎サービスやろうって提案したことなんだけど。藤原さんは、危ないって言って、猛

反対。事故でも起こしたら、どうするのって。そんなこと、私だってわかってるわよ。でも、最近、うちのサロンでは、一人で歩いて来られない人が増えてるでしょ。だから、何とかするしかないのよ！

村上は、興奮する田辺をなだめながら、ひととおり話を聞いたあとで、「近いうちに、世話人さんたちに集まってもらい、そのことについて話しあってみてはどうか」と提案した。少し落ち着きを取り戻した田辺は、続けた。

田辺：そうそう、C町の鈴木さんのこと知ってる？　お父さんが警察署長だった、鈴木さん。

村上：鈴木さんが、どうかされたんですか？

田辺：実は、鈴木さんの娘さん、中学生の頃からひきこもってるらしいのよ。本当かどうかはわからないんだけど、そういう噂でね。何年か前のお父さんのお葬式のときも、長男さんは家族で来てたけど、娘さんは見なかったのよね。お母さんも前は自治会とかに出てきてたらしいんだけど、お父さんが亡くなってからは滅多に見かけなくなったって。田んぼや畑も荒れ放題。近所の人は、みんな心配してるんだけど……。

村上：そうですか。それは心配ですね。

田辺の話を整理すると、鈴木さんの娘は40代半ばで、およそ30年間自宅にひきこもっており、母親も80歳に近いはずだという。ここ数年、姿を見かけることはほとんどなく、近隣住民は二人のことを心配しているが、どうしていいのかわからないということだった。

### ● 鈴木さん母娘の情報収集と地域住民とのつながり

そこで、村上はC町を担当する民生委員の高橋の協力を得ながら、鈴木さん母娘に関する情報収集を始めた。そして、❶娘の恵美さんは45歳、やはり自宅でひきこもりの状態にあること、❷母親の幸子さんは78歳、夫を亡くしてからの3年間、買い物以外に外出している様子がないこと、❸長男は東京に家族と住んでおり、正月以外は帰省していないことが確認できた。

また、この情報収集のプロセスのなかで、鈴木さん母娘の隣人で40年来の付き合いがある加藤、C自治会長であり元警察官の横山、田辺とともに地域サロンを運営する藤原など、村上は地域のさまざまな人々とつながっていった。そして、田辺と藤原の提案によって、一堂に会して話しあう場をもつことになった。

話し合いの場には、加藤や横山ら、鈴木さん母娘を取り巻く住民のほか、A市社協から村上と地域共生推進課長の佐々木が、A市保健センターからB地区を担当する保健師の山本が参加した。

加藤：幸子さんには、私がお嫁に来たときから、本当にお世話になっています。地域のお祭りや冠婚葬祭のことなど、何も知らない私に丁寧に教えてくださいました。もう20年以上前のことですが、一度だけ、恵美ちゃんのことを尋ねてみたんです。でも、

幸子さん、ものすごく悲しそうな顔をして、黙ったきりで……。それ以上は聞けませんでした。

横山：隣近所では、恵美ちゃんが家にいることはわかっとったけどねぇ。署長も、娘のことは一切、口にしなかったしなあ。

高橋：鈴木さんのお宅には何度か伺っていますが、お母さんは「大丈夫です」と言われるだけで、何も話してくれません。最近は、居留守を使われることも多くて、お顔も見られていません。

　この話し合いを通して、住民たちは鈴木さん母娘が抱えている苦しさやつらさに共感し、「同じ住民として、何とかしてあげたい」という思いに至った。そして、「ひきこもりだけでなく、地域にはさまざまな理由で生きづらさを抱えている人がいるかもしれない。その人たちのことも含めて、しんどいという声を上げやすい地域をつくろう」という田辺の提案に、参加者全員が賛同し、「B地区ひきこもり支援の会」（以下、支援の会）を立ち上げることを決めた。

## 「B地区ひきこもり支援の会」を支える関係者会議の組織化

### ● A市におけるひきこもり支援施策の調査と自分の役割の模索

　こうして、支援の会がスタートした。地区担当職員として支援の会に参加することになった村上は、まずA市のひきこもり支援施策を調べてみた。しかし、何を調べても、ひきこもりに特化した相談窓口やサービスは見当たらなかった。

　そこで、保健センターの山本に相談してみたところ、A市ではこれまで保健センターがひきこもりの対応をしてきたこと、県内3か所にひきこもり地域支援センターが設置されていることがわかった。しかし、ひきこもり地域支援センターが管轄するエリアは広く、A市から簡単に行き来できる距離でもなかった。

村上：山本さん、本当に助かりました。

山本：困ったときはお互いさま。それより、支援の会は大丈夫？

村上：はい。田辺さんたち、本当に熱心にされているんです。

山本：そうね。住民さんが安心して活動できるように支えることが、私たち専門職の役割なのよ。

　村上は、その言葉にはっとして、支援の会における自分自身の役割について考えた。「田辺さんたちが安心して活動するために、私は何をすればいいのだろうか？」。

　そして、数日後に開催された支援の会のミーティングで、村上は田辺ら支援の会のメンバーにある提案を持ちかけた。

村上：これから支援の会が本格的に活動していくためには、もっといろんな専門職さんにかかわってもらったほうがいいと思うんです。たとえば、今日のミーティングで話

題になった勉強会を実施する場合、ひきこもりに詳しい専門職の協力が必要になってくると思います。

田辺：そういえば、この前来てた保健師さん、高齢者の閉じこもり予防の研修会でお話されてた人よね。ひきこもりのことにも詳しいんじゃないの？

藤原：私たちが障害者相談員の研修を受けたときも、相談支援事業所の相談支援専門員さんがひきこもりのことを話されたわよね。B地区には、ほかにももっと助けになってくれる人たちがいるはずよ！

### ● 関係者会議の組織化と協働

支援の会のメンバーは、B地区の社会資源について意見を交わしながら、支援の会の助っ人として、A市社協の地域センター、保健センター、共同作業所「ゆめのいえ」、地域包括支援センター、障害者相談支援事業所、自立相談支援センター、診療所、駐在所などを挙げていった。村上は、課長の佐々木や保健センターの山本に相談しながら、これらの関係機関に呼びかけ、支援の会を支えるための関係者会議を組織していった。

支援の会では、今後の活動を考えるうえでも、まずは「ひきこもり」そのものを理解する必要があると考え、最初の活動として、ひきこもりに関する勉強会を実施しようということになった。しかし、支援の会には予算がない。そこで、村上は思い切って、ひきこもり地域支援センターに相談してみることにした。すると、臨床心理士の佐藤は「自分でよければ勉強会の講師を引き受けてもよい。業務なので無料である」と言ってくれた。

勉強会には、支援の会のメンバーだけでなく、関係者会議の専門職らも積極的に参加し、ともにひきこもりの理解を深めていった。

また、支援の会のメンバーは、自分たちが勉強会で学んだことを地域の人々にも知ってほしいと考え、次の活動として、ひきこもりに関する講演会を企画・実施した。関係者会議の専門職がもつ専門知識や人脈を活用しながら、講演会の企画を進めていった。

ひきこもり経験者を講師に招いた講演会は、大きな反響を呼んだ。複数の住民から「協力したい」という申し出があり、ひきこもりの子をもつ親からも相談が寄せられた。

このように、村上は支援の会のメンバーの思いに寄り添いながら、関係者会議との協働によって、B地区におけるひきこもり支援の取り組みを支援していった。

第3章 実践的にソーシャルワークを学ぶ

## ■2 事例を検討するための知識

**❶ソーシャルワーク専門職の価値や原則について復習しておこう**

ソーシャルワーク専門職である社会福祉士を目指す私たちは、ソーシャルワークの価値や原則を守り、高め、実現する責任を負う。

国際ソーシャルワーカー連盟・国際ソーシャルワーク学校連盟の「ソーシャルワーク専門職のグローバル定義」において、ソーシャルワークの大原則とは、「人間の内在的価値と尊厳の尊重、危害を加えないこと、多様性の尊重、人権と社会正義の支持」であることが示されている。

とりわけ「人権と社会正義の支持」はソーシャルワークのよりどころであり、ソーシャルワーク専門職は「人権と集団的責任の共存」が必要であることを理解しなければならない。「集団的責任」の考え方は、「人々がお互い同士、そして環境に対して責任をもつ限りにおいて、はじめて個人の権利が日常レベルで実現されるという現実」と「共同体の中で互恵的な関係を確立することの重要性」を強調する。つまり、ソーシャルワーク専門職が目の前の個人の権利を守るためには、その権利を主張するだけでなく、コミュニティにおける人々と環境のウェルビーイングに対する相互責任および互恵的な関係の構築を促す必要がある。[1)]

**❷ひきこもり支援に関する法律や制度について確認しておこう**

2017（平成29）年の社会福祉法改正により追加された第4条第2項において、「地域住民等」は「福祉サービスを必要とする地域住民及びその世帯」が抱える「地域生活課題*」を把握し、「支援関係機関」と連携して解決を図るよう特に留意する旨が示された。「地域生活課題」の一つに「地域社会からの孤立」が規定されたことは、ひきこもり支援に法的根拠が与えられたといえる。

従来、ひきこもり支援は精神保健福祉、児童福祉、ニート対策等において取り組まれてきたが、厚生労働省は2009（平成21）年度に「ひきこもり対策推進事業」を創設し、よりいっそうの推進を図っている。同年度から「ひきこもり地域支援センター設置運営事業」、2013（平成25）年度から「ひきこもり支援に携わる人材の養成研修・ひきこもりサポート事業」を実施している。また、2018（平成30）年度からは「生活困窮者自立支援制度」との連携強化が進められている。

2009（平成21）年の子ども・若者育成支援推進法の制定、2018（平成30）年の生活困窮者自立支援法の改正等についても併せて確認しておくとよい。

**★地域生活課題**
「福祉、介護、介護予防、保健医療、住まい、就労及び教育に関する課題」「地域社会からの孤立」「日常生活を営み、あらゆる分野の活動に参加する機会が確保される上での各般の課題」を指す。

❸エコマップの作成方法について確認しておこう

基本的なエコマップの作成方法は、次のとおりである。

まず、クライエントの家族関係をジェノグラムで示す。クライエントは二重線で表記し、同居する家族は全員を円で囲む。次に、ジェノグラムを中心として、クライエントやその家族を取り巻く関係者や関係機関・組織などの社会資源を描き入れる。そして、クライエントやその家族と社会資源の関係性を線で示す。

### 3 演習課題

❶　社会的孤立がもたらす問題について考えてみよう。本人の立場、家族の立場、地域住民の立場から、何が問題なのか具体的に説明してみよう。【SW1】

❷　あなたが暮らす市町村におけるひきこもり支援施策について調べてみよう。また、地域住民や専門職など、どのような関係者や関係機関・組織が関与しているのか把握しよう。【SW6】

❸　恵美さんを中心とするエコマップを作成し、家族との関係性、社会資源（地域住民や専門職などの関係者や関係機関・組織）との関係性を把握しよう。なお、現時点で直接かかわりのない社会資源についても、将来活用できそうなものは併せて把握しておこう。【SW6】

### 4 ミニレクチャー

❶「人権と集団的責任の共存」の観点から、社会的孤立の問題を捉える

社会的孤立は、2000 年代以降、❶「社会関係資本（ソーシャル・キャピタル）の研究」、❷「貧困研究」、❸「社会的孤立そのものを研究対象としている研究」において検討されてきた。明確な定義はないが、「社会的参加、社会的交流、社会的サポート」の欠如と理解することができる[2]。

社会的孤立は、あらゆる年齢の人々に起こる問題であり、「不登校」「ニート」「ひきこもり」「閉じこもり」「ごみ屋敷」「孤独死」「8050 問題」など、さまざまな視点から捉えることができる。貧困研究の文脈では、社会制度との関係に比重を置き、「社会的排除」と捉えられている。

演習課題❶では、本人・家族・地域住民の立場から「社会的孤立がもたらす問題」を考えてみた。本人の問題は、他者との交流や支援が断たれ、学校や仕事、家庭や地域のなかで自分らしく生きることができないことである。家族にとっては、どのように本人にかかわり、支えること

★ 8050 問題
80 歳代の親がひきこもりの 50 歳代の子の生活を支え切れず、ともに社会的孤立に陥り、複合化・複雑化した問題を抱えている状態を指す。命名者は、豊中市社会福祉協議会の勝部麗子氏。

第3章 実践的にソーシャルワークを学ぶ

ができるのかという悩みや苦しみであり、誰にも相談できないまま、家族自身も社会的孤立に陥る事態が起こるかもしれない。そして、地域住民にとっては、自分が暮らす地域のなかに困っている人や家族が存在するという問題であり、ひいては自分や自分の家族が同じ立場に立つかもしれないという不安をもたらす。

　ソーシャルワークのよりどころである「人権と社会正義の支持」は、「人権と集団的責任の共存」によって実現する。社会福祉士が社会的孤立の状態にある本人やその家族の権利を守るためには、地域住民や専門職などの関係者や関係機関・組織に働きかけ、地域社会において社会的孤立の問題を解決するための協働関係を構築していく必要がある。

❷ひきこもり支援に関する法律や制度を踏まえて、市町村レベルにおける支援施策のあり方を理解する

　基本的知識として、社会福祉士はひきこもり支援に関する法律や制度を知っている必要がある。しかし、ひきこもりの背景にある問題は多様であるため、ひきこもりに特化した制度だけでなく、ひきこもり支援に活用することができる保健、医療、福祉、教育、雇用等のさまざまな制度に関する知識を備えておく必要がある。

　演習課題❷では、これらの基本的知識を踏まえたうえで、具体的な「市町村におけるひきこもり支援施策」と、その支援に関与している関係者や関係機関・組織について調べ、市町村レベルにおけるひきこもり支援施策のあり方を理解してほしい。特に、どのような機関・施設に所属する社会福祉士が、どのような職種として、どのような業務を行っているかということに注目してほしい。

❸鈴木さん母娘を支えるために必要な社会資源を活用・調整・開発する

　エコマップとは、クライエントと周囲の人々や社会資源との関係性を図式化したものであり、クライエントやその家族が置かれている状況を可視化することに役立つ。

　演習課題❸では、ここまでの事例を踏まえて、「恵美さんを中心とするエコマップ」を作成し、恵美さんと家族の関係性、鈴木さん母娘と地域住民や専門職などの関係者や関係機関・組織の関係性を把握してほしい。将来活用できそうな社会資源については、関係線を引かずに、鈴木さん母娘の周囲に配置しておくとよい。また、鈴木さん母娘を支えるために、今後、どのような社会資源を活用・調整・開発する必要があるのか考えてみてほしい。

# 5 事例演習2

## 1 事例の課題認識

●支援の会の思いを形にするために、関係者会議との連携を強化する
必要がある！

事例

### 支援の会の運営支援

・**支援の会の活動の広がりとメンバー間の合意形成**

　ひきこもりに関する講演会を成功裏に終えた支援の会は、B地区に住む賛同者やひきこもりの子をもつ親など、次々に新たなメンバーを迎えていった。

　これまで支援の会は代表者を置かず、住民同士のフラットな関係を大切にしてきたが、活動の幅が広がるにつれて、何かと不都合が生じるようになってきた。たとえば、行政や専門機関などに問い合わせをすると、必ず「代表者は誰か」と尋ねられる。また、会議室の予約のたびに、地域センターの職員は申請書に代表者の氏名を記入するよう要求してくる。そこで、「住民同士のフラットな関係」というスタンスは変えずに、実質的にリーダーの役割を担ってきた田辺を正式に代表者とすることを決めた。

　しかし、すべてが順風満帆というわけにはいかず、支援の会は図らずも急展開を迎えることになる。

　その日、支援の会のミーティングには、不穏な空気が流れていた。

田辺：私たち、このままでいいの？　もう我慢できないわ！

藤原：何言ってるの？　みんなで勉強会を続けてきて、ひきこもりのことにも少しは詳しくなったじゃない。社協の村上さんや保健センターの山本さんとのつながりもできて。講演会も大成功だったわ！

田辺：それはそうだけど。どんなによい話を聞いても、何もしなければ意味がないんじゃないの？　ひきこもっている人や親は、しんどいままじゃないの？　使えるサービスも何もないのよ！

高橋：確かに、A市には、ひきこもり支援のサービスはありません。

横山：何とか恵美ちゃんや幸子さんの力になってあげられんだろうか？　この会で、何か始めてみてはどうだろう。

田辺：そうよ！　ないものは、つくるしかない！

　支援の会のメンバーは、あらためてお互いの思いを確認し、同時に、決して無理をせず、自分たちのできることから活動していくことで合意した。

A市社協の村上は、支援の会が新たな活動に取り組んでいくために、これまで以上に支援の会と関係者会議の連携を強化する必要があると考えた。そして、両者の合同ミーティングを開催し、協同により新たな活動を計画することを提案した。

## 支援の会と関係者会議の合同ミーティングの開催

### ●合同ミーティングにおける社会資源の開発

　地域センターの会議室では、支援の会と関係者会議の１回目の合同ミーティングが開催されていた。A市社協が会議運営を担うことになり、地域共生推進課長の佐々木が司会を務めていた。

　合同ミーティングには、支援の会から地域サロン世話人の田辺と藤原、民生委員の高橋、C自治会長の横山、隣人の加藤らが、関係者会議からA市社協の村上、保健センターの山本、共同作業所「ゆめのいえ」の瀬尾、地域包括支援センターの田中、障害者相談支援事業所の井上、自立相談支援センターの山田らが参加していた。

　参加者らはこれまでにも勉強会や講演会の企画などを通してお互いに面識はあったが、これだけのメンバーが集まって話し合いの場をもつのは初めてだった。参加者全員が自己紹介を終えたところで、司会の佐々木が切り出した。

佐々木：では、さっそくですが、本日の議題に入りたいと思います。支援の会では、ひきこもりの人やご家族を支えるために、新たな活動に取り組むことを考えておられるそうですね。まずは、代表の田辺さんから説明をお願いします。

田辺：はい。先日の支援の会のミーティングで、私たちは次のステップに進むことを決心しました。これまでの勉強会や講演会は、本当に有意義でした。一番の成果は、ひきこもりの問題が地域の問題だと気づいたことです。仲間も増えました。しかし、A市にひきこもり支援のサービスは一つもありません。だから、私たちは実際に動き出す必要があると思うのです。

藤原：私たちの思いとしては、ひきこもりでつらい思いをされているご本人や親御さんが一歩を踏み出せるような、そんなきっかけとなる地域の居場所をつくりたいと考えています。

田中：地域の居場所ですか。そこでは、何をされるのですか？　利用対象者の範囲は決まっているのですか？　それに、どこで実施されるのですか？

藤原：まだ、そこまで具体的な話ではないのですが……。これから話しあっていきたいと思っています。

横山：その、場所のことは、当てがないこともないんだが。昔からの知り合いが「便利のいいところに、空き家になっている叔母の家がある。地域のために使ってほしい」と言ってくれとってね。

瀬尾：それは、ありがたいお申し出ですね。民家のほうが、やはり落ち着くというか、雰囲気がありますね。

高橋：実際、Ｂ地区のような小さな地域でも、ひきこもりの問題を抱えているご家族は一定数おられるようなんです。講演会の後、支援の会には何件もの問い合わせがありました。また、先日のＢ地区民生委員協議会の定例会でも、そのことが話題になりました。ある民生委員さんが80歳代の一人暮らしの方のお宅を訪問したとき、家の奥から男性の怒鳴り声が聞こえてきたそうなんです。詳しく事情を尋ねてみると、「実は、10年以上、息子が働かないで家にいる」と涙ながらに仰られたそうです。

山田：自立相談支援センターでも、同じようなケースが増えています。

田辺：ひきこもりの人や家族だけでなく、暮らしのなかのちょっとした困りごとが言いあえるような、そんな地域の居場所をつくることが私たちの願いです。

村上：田辺さんたちの思いを形にするために、私たちに何ができるのか、一緒に考えていきましょう。

　1回目の合同ミーティングは、これといって話が進まないまま終了した。しかし、支援の会のメンバーの思いと決意を前にして、関係者会議のメンバーはあらためて専門職の使命と責任を自覚した。

　その後、両者は合同ミーティングを繰り返し開催し、お互いに納得がいくまで粘り強く話し合いを続けた。その結果、地域の居場所「フリースペース」の活動に取り組んでいくことを決定するとともに、活動計画を作成した。

### 「フリースペース」の側面的支援と家庭訪問の開始

#### ●住民主体による「フリースペース」の運営

　地域の居場所「フリースペース」は、支援の会が中心となって運営することになった。そこでの活動方針は、何よりもひきこもりの人や家族との関係づくりを重視すること、また活動計画を踏まえながらも、参加者同士の話し合いによって柔軟に取り組んでいくことに決めた。ここでいう「参加者」とは、地域の支援者だけでなく、ひきこもりの人や家族も含んでいる。あくまでも住民主体の活動となるように、関係者会議のメンバーは側面的な支援に徹するよう努めた。

　まず「フリースペース」を訪れたのは、ひきこもりの子をもつ親たちだった。初めは緊張していた親たちも、徐々に支援の会のメンバーと打ち解けていき、これまで抱えてきた苦しさやつらさを語り始めた。すでに支援の会のメンバーとして活動している親たちの存在は、彼らの大きな助けになった。半年もしないうちに、何人ものひきこもりの子をもつ親たちが「フリースペース」に参加するようになり、支援の会とは別に家族会を組織すること

になった。

### ● ひきこもり状態にある本人へのコンタクト

　地域の支援者や専門職らは、「フリースペース」の活動を続けながら、ひきこもりの子をもつ親たちとの信頼関係を築いていき、その扉が開くのを待った。そして、親自身の心の準備ができたところで、A市社協の村上と共同作業所「ゆめのいえ」の生活支援員の瀬尾は家庭訪問を開始し、ひきこもりの状態にある本人へのコンタクトを試みていった。

　このように、B地区におけるひきこもり支援の取り組みは「フリースペース」を拠点として、一歩一歩前進していった。一方、村上らは何度家庭訪問を繰り返しても一向に本人と会えない状況に焦りを感じていたが、保健センターの山本に励まされながら、辛抱強く家庭訪問を続けた。そうこうしているうちに、1人、2人とひきこもりの状態にある本人たちが「フリースペース」に参加するようになっていった。

## ▌2 事例を検討するための知識

### ❶コーディネーションの目的と方法について復習しておこう

　ソーシャルワーク実践におけるコーディネーションとは、クライエントに対するよりよい支援を目的として、保健、医療、福祉等の関係する専門職間の連携・協働を図ること、さらにクライエントやクライエントを取り巻く家族、友人、近隣、ボランティア等のインフォーマルな支援者との連携・協働を図ることである。言い換えれば、ソーシャルサポートネットワーク★を基盤として、クライエントを支えるために必要な社会資源の活用・調整・開発を推進することである。

　コーディネーションは、❶専門職間の連携、❷地域住民間の連携、❸専門職と地域住民の連携において発揮される。社会福祉士は、日常的な連絡や相談、定期的な連絡会議や研修会、支援困難事例のケースカンファレンスなどの方法を用いて、関係者間におけるコミュニケーションの機会を確保し、情報共有および相互理解を促進するとともに、信頼関係の構築を図っていく。

### ❷社会資源の活用・調整・開発について復習しておこう

　ソーシャルワーク実践において用いられる社会資源、すなわち「社会福祉資源」（social work resources）は、「①人的資源（本人・家族・近隣・ボランティア・専門職など）、②サービス（事業・プログラム）、③情報、④学習、⑤空間（居場所・拠点）、⑥ネットワーク、⑦財源、⑧制度・システム」に分類することができる[3]。

　社会福祉士は、既存の社会資源を活用・調整するだけでなく、新たな

★ソーシャルサポート
　ネットワーク
個人を取り巻く家族、友人、近隣、ボランティア等による援助（インフォーマルサポート）と、公的機関やさまざまな専門職による援助（フォーマルサポート）に基づく援助関係の総体を指す。

社会資源を開発するための実践能力を身につける必要がある。特に、地域住民と専門職が連携・協働して社会資源の開発に取り組む場合、「地域住民一人ひとりの内発的動機と多様な住民による合意形成による、新しい連帯にもとづく地域福祉を進めるための社会資源開発」、すなわち「協同による社会資源開発」のアプローチが有効である。[4]

「協同による社会資源開発」において、地域住民と専門職による「協議協働の場の形成と運営」の方法は、「課題分析型」（問題解決志向アプローチ）と「ビジョンづくり型」（エンパワメント・ストレングスアプローチ）から選択される。「課題分析型」は、専門職間における協議の方法であり、「地域生活課題の課題分析から入るプロセス」である。「ビジョンづくり型」は、地域住民間における協議の方法であり、そのプロセスは「①今後の暮らしに必要な希望やビジョンの共有（夢を語る）→②現在できていることや地域にある生活上の社会資源の再評価と発見→③現在できていることから、少し協同すればビジョンに近づくための『活動課題』の設定とその協同活動のための計画づくりと実行」である。[5]

★協同
協同（cooperation）とは、「同じ志や目標にむけて、ともに物事を行うこと」であり、地域住民が「内発的動機」と「合意形成」によって、新しい「連帯」に基づく地域づくりを進めることを重視している（日本地域福祉学会『地域福祉教育のあり方研究プロジェクト報告書 協同による社会資源開発のアプローチ』p. 2, 2019.）。

**第3章 実践的にソーシャルワークを学ぶ**

### ■3 演習課題

❶ 支援の会と関係者会議の合同ミーティングのロールプレイを行う事前準備として、各自のロール（役割）を決め、その人物が所属する組織の特徴、主な業務や活動の内容などについて調べておこう。【SW6】

**表3-2 合同ミーティングのメンバーと所属組織**

| 支援の会のメンバー | 関係者会議のメンバー |
|---|---|
| ・世話人／地域サロン<br>・民生委員／民生委員協議会<br>・会長／C自治会<br>・近隣住民／C自治会<br>・住民（賛同者）／B地区<br>・ひきこもりの子をもつ親／B地区 | ・地区担当職員（社会福祉士）／A市社協<br>・保健師／A市保健センター<br>・生活支援員（社会福祉主事）<br>　／共同作業所「ゆめのいえ」<br>・社会福祉士／地域包括支援センター<br>・相談支援専門員（社会福祉士）<br>　／障害者相談支援事業所<br>・相談支援員（精神保健福祉士）<br>　／自立相談支援センター<br>・医師／診療所<br>・警察官／駐在所 |

❷ 合同ミーティングで「フリースペース」の活動計画について協議する場面を想定してロールプレイを行ってみよう。そして、各メンバーの考えや気持ちの変化についてグループで話しあってみよう。その際、1回目の合同ミーティングの場面（pp. 72-73参照）をもとに、「ビジョンづくり型」の協議を進めてほしい。【SW8】【IP1】

❸　❷を踏まえて、「フリースペース」の活動計画を作成しよう。【SW8】

**表3-3　「フリースペース」の活動計画シート**

| | |
|---|---|
| 目指す地域の姿（目標） | |
| これまでの取り組みと社会資源の状況 | |
| 目標達成のために取り組む課題 | |
| 目標達成のために必要な社会資源 | |
| 具体的な活動内容 | |
| 時間（日程・回数） | |
| 場所 | |
| 対象（参加者・活動者） | |
| 内容 | |

## 4　ミニレクチャー

❶フォーマルな支援者とインフォーマルな支援者の連携・協働を図る

　多様で複合的な地域生活課題に的確に対応するために、社会福祉士はコーディネーションの方法・技術を身につけておく必要がある。

　特に、「ひきこもり」や「8050問題」のような社会的孤立の問題を解決するためには、フォーマルな支援者とインフォーマルな支援者の連携・協働が必須である。フォーマルな支援者がどんなに熱心に支援を行ったとしても、社会的孤立の状態にある本人やその家族を受けとめる地域社会が存在しなければ、その支援は終結しない。社会的孤立の状態にある本人やその家族が周囲の人々とのつながりを取り戻し、安心して暮らすことができる地域社会をつくっていくために、インフォーマルな支援者との連携・協働は不可欠である。

　演習課題❶では、合同ミーティングの各メンバーの所属組織や活動・業務内容などを調べ、フォーマルな支援者とインフォーマルな支援者の立場や役割の違いを理解してほしい。フォーマルな支援者である関係者会議のメンバーは、固有の価値・知識・技術を備えた専門職である一方、所属する専門機関や位置づけられている制度の目的に規定されることに留意しよう。また、インフォーマルな支援者である支援の会のメンバーは、立場や役割の違いはあれ、同じ地域に暮らす生活者であることに留意しよう。

　各自が担当するロール（役割）について調べたうえで、ロールプレイ

を行うグループで発表し、お互いの立場や役割の違いについて話しあってみてほしい。

演習課題❷では、演習課題❶の成果を踏まえて、合同ミーティングにおける協議の場面を想定したロールプレイを行い、フォーマルな支援者とインフォーマルな支援者の立場や役割の違いについて、よりいっそう理解を深めてほしい。各自のロール（役割）になりきって、夢や希望を語り、「フリースペース」の活動計画について協議を進めよう。

また、両者の連携・協働を促進するために、どのような働きかけを行う必要があるのか考えてみてほしい。

❷「協同による社会資源開発」を推進する

ソーシャルワーク実践におけるコーディネーションの目的は「クライエントを支えるために必要な社会資源の活用・調整・開発を推進すること」であるが、ここでいう「社会資源」とは、単にクライエントを支援するサービスや活動を指しているのではなく、クライエントをはじめとする人々の内的資源やクライエントを中心とするソーシャルサポートネットワークなどを含むものである。

演習課題❸では、演習課題❷における「ビジョンづくり型」の協議を踏まえて、「フリースペース」の活動計画を作成し、「協同による社会資源開発」のアプローチを理解してほしい。**表3-3**「『フリースペース』の活動計画シート」については、合同ミーティングで語られた希望やビジョンをもとに、「目指す地域の姿（目標）」を明確化することから始めよう。そのうえで、「これまでの取り組みと社会資源の状況」を踏まえて、「目標達成のために取り組む課題」を設定し、「目標達成のために必要な社会資源」について考えてみよう。この「目標達成のために必要な社会資源」の一つが、地域の居場所「フリースペース」である。これらをもとに、「フリースペース」の「具体的な活動内容」を検討しよう。

「ビジョンづくり型」の協議とは、地域住民をエンパワメントし、彼らのストレングスを焦点とする話し合いの進め方である。地域住民と専門職が連携・協働して社会資源開発に取り組むとき、社会福祉士は地域住民の主体性や力量を把握しながら、地域住民や地域社会のストレングスを高めるような働きかけを行う必要がある。

## 6 事例演習3

### 1 事例の課題認識

●ひきこもりの人や家族、そしてすべての住民が安心して暮らすことができる地域をつくっていきたい！

**事 例**

### 家庭訪問によるアウトリーチ

　地域の居場所「フリースペース」の活動はしだいに軌道に乗り、ひきこもりの当事者会も組織された。そして、新たに「まかないうどん」のプロジェクトが始まっていた。

　当事者らは、おいしいうどんの作り方を研究し、「フリースペース」を訪れる人々にまかないとしてうどんを提供した。そして、うどんの材料費として、1杯300円を頂いた。また、当事者は、参加に対するインセンティブとして、1回500円の活動費を受け取った。ちなみに、活動費の財源は共同募金の配分金である。

#### ・母親の幸子さんの「フリースペース」への参加

　しばらくして、鈴木恵美さんの母親の幸子さんが「フリースペース」を訪れた。傍らには、隣人の加藤と民生委員の高橋が付き添っていた。周囲の熱心な働きかけが、ついに幸子さんの心を動かしたのだ。幸子さんらは、当事者が慣れない手つきで作ったうどんを一緒に食べながら、何気ない世間話をした。娘と同じくらいの年齢の女性が自分の夢を語る姿に、幸子さんは胸が熱くなり、涙が止まらなかった。

　幸子さんは「フリースペース」に参加するようになってから、保健師の山本の勧めに従い、うつ病の治療を始めた。3年前の夫との死別が引き金となり、うつ病を発症していたのである。また、家族会のメンバーとつながり、励まされるなかで、A市社協の村上ら専門職の支援を受け入れる決心をした。

　こうして、村上と共同作業所「ゆめのいえ」の瀬尾は、鈴木家の家庭訪問までこぎつけた。広い土間のある玄関を上がると、二人は客間に通された。家中が整然としており、隅々まで完璧に掃除が行き届いていた。

　初めこそ多少の緊張感が漂っていたが、幸子さんは長年抱えてきた苦しさやつらさ、これまで何も行動しなかった自分への後悔、恵美さんの将来についての不安などを語り始め、村上らは受容的態度で傾聴した。

#### ・家庭訪問の継続と恵美さんとの対面

　それ以降、村上らは何度も家庭訪問を繰り返し、幸子さんから恵美さんに関する情報を得ながら、恵美さんに直接働きかけるタイミングを見計らっていた。幸子さんの話から、

恵美さんは手のかからない子どもであったこと、何事に対しても地道にコツコツと取り組んできたこと、勉強もスポーツも常によい成績であったことなどがわかり、生真面目で優秀な人物像が浮かび上がってきた。

　実際、この30年間、恵美さんは毎朝6時過ぎには起床し、規則正しい生活を送ってきた。午前中は家中をくまなく掃除し、午後は2階にある自室で読書をしたり、パソコンに向かって書き物をした。食事は幸子さんと一緒に取るが、二人の間に会話はない。20歳頃には、当時の大学入学資格検定に関する資料を取り寄せ、熱心に勉強していたようだが、結局受験はしなかったという。

　家庭訪問を始めて半年ほどが過ぎた頃、村上らはようやく恵美さんに会うことができた。すらりとした長身で、長い黒髪が印象的だった。その後、恵美さんが自分の性的指向を打ち明け、「人生を生き直したい」という思いを口にするまでの2年間、村上らは家庭訪問を続け、恵美さんと幸子さんそれぞれに対する個別面接を行った。

## 当事者会における開かれた対話を促す

### ● 恵美さんの「さなぎサミット」への参加

　涙ぐむ幸子さんに見送られ、恵美さんは村上が運転する軽自動車に乗り込んだ。助手席から懐かしい街の風景を眺めながら、当事者会が主催する集い「さなぎサミット」に向かった。

　これまで村上らは何度も「フリースペース」や当事者会への参加を勧めてきたが、恵美さんはなかなか首を縦に振らず、また参加を決心してからも、当日になると体調不良になったり、急に断りの連絡をしてくるなど、参加に至るまでには少々時間を要した。

　その日の「さなぎサミット」では、「10年後の私に送るメッセージ」をテーマに語りあった。20歳代のどこか落ち着きのない名越さん、30歳代後半の繊細な雰囲気をもつ伊藤さん、おそらく50歳代と思われるスーツ姿の中村さんなど、個性豊かなひきこもりの当事者たちが参加していた。「さなぎサミット」の命名者は名越さんであり、「今は静止状態の自分たちもいつかは美しい蝶に生まれ変わることができる」という願いが込められていた。村上をファシリテーターとして、当事者同士の対話が進められていった。

中村：私の場合、何と言いましょうか、典型的なエディプスコンプレックスのこじらせ系
　　　ですね。別に自慢するわけではありませんが、難関の国立大学にもすんなり通りま
　　　したし、名の知れた金融機関に就職して、常に営業成績はトップクラスでした。し
　　　かし気がつけば、上司の顔色ばかりうかがって仕事をするようになっていました。
　　　職場の同僚たちは全員が敵に見えました。……何が問題だったのでしょうか。33
　　　歳のとき、地方の零細支店に飛ばされたんです。そこで、私の人生は終わりました。
伊藤：世のなかには、幸せになれる人間とそうでない人間がいるんです。小学校5年生の

とき、いじめに遭いました。ある日突然、クラスの女子全員から無視されるように
なったんです。いじめは、小学校を卒業するまで続きました。本当につらかったで
す。でも、私が今でも忘れられないのは、「いじめられる側にも原因がある」と言っ
た母の言葉です……。

恵美：私は、長い間、自分自身を受け入れることができませんでした。村上さんたちに出
会って、少しは前向きになれたような気がします。でも、本音を言えば、私は普通の
人間ではないし、これからどうやって生きていけばいいのか不安です。ときどき、
深海に漂う藻屑のように消えてしまいたいと思うことがあります……。

名越：いつもこのパターンなんだよね。こっちまで滅入ってくるし。俺と比べたらさ、中
村さんなんかめちゃくちゃ頭良さそうだし、伊藤さんも超金持ちなんでしょ？　鈴
木さんのことはよく知らないけど、難しい言葉知ってて、なんかかっこいいし。俺
のことなんか誰も相手にしないし、どこでも変人扱いだもんな。

村上：名越さん、ありがとうございます。まあ、少し言い過ぎですけど。あらためて、前回
のサミットで皆さんが決めたテーマ「10年後の私に送るメッセージ」について、語
り直してみませんか。

## 市町村における「包括的な支援体制」の構築

### 地域活動の盛り上がり

　これまでのひきこもり支援の取り組みを通して、B地区には、10年前に共同作業所「ゆ
めのいえ」を立ち上げたときのような地域の一体感が生まれていた。すべての住民が安心
して暮らすことができる地域をつくっていきたいという思いが浸透し、自治会や地域サロ
ンなどの地域活動が盛り上がりをみせていた。

　「フリースペース」は、まさに地域の居場所として、誰もが気軽に集い、触れあい、支え
あう場へと発展していた。なかでも「まかないうどん」のプロジェクトは、新たに高齢者の
孤立を防止する役割を担うようになっていた。

　B地区は高齢化率が非常に高く、独居高齢者も少なくない。一人暮らしの場合、食事の
準備は案外面倒なものであるらしい。「フリースペース」に行けば、いつも誰かがいて、お
いしいうどんが安価で食べられる。そのような理由で、「フリースペース」は地域の高齢者
たちにとっても安心できる居場所になっていた。

　一方、市内の別の3地区でも、各地区の地域特性を活かしたひきこもり支援の取り組み
が始まっていた。B地区の取り組みをモデルとして、A市社協の地域共生推進課と各地区
担当職員らは、住民と専門職の連携・協働を促進しながら、ひきこもりの人や家族を含む、
住民が「生活の主体」としてひきこもりの問題を捉え、問題解決に取り組んでいくことを支
援した。

### • 「A市ひきこもり支援ネットワーク会議」の設置

そして、A市では、「A市ひきこもり支援ネットワーク会議」が設置されることになった。A市健康福祉部健康増進課を中心に、A市社協との緊密な連携によって運営されることが決まった。

その背景には、市内の各地区におけるひきこもり支援の取り組みが目覚ましく発展してきたことのほか、2017（平成29）年の社会福祉法改正による地域共生社会の実現に向けた地域福祉の推進および市町村における包括的な支援体制の整備の推進、2018（平成30）年の生活困窮者自立支援法改正によるひきこもり支援の強化など、国の政策動向が大きく影響していた。

今後、A市におけるひきこもり支援施策のあり方を検討し、新たに包括的な支援体制を構築するために、「A市ひきこもり支援ネットワーク会議」はこれまでの地域における取り組みの積み重ねに学びながら、住民と専門職の連携・協働をよりいっそう促進していくことが期待される。

## ■2 事例を検討するための知識

### ❶エンパワメントアプローチについて復習しておこう

「ソーシャルワーク専門職のグローバル定義」において、「人々のエンパワメントと解放を促進する」ことは、ソーシャルワーク専門職の「中核となる任務」の一つである。そして、「人々のエンパワメントと解放を促進する」ための実践は、「人種・階級・言語・宗教・ジェンダー・障害・文化・性的指向などに基づく抑圧や、特権の構造的原因の探求を通して批判的意識を養うこと」および「構造的・個人的障壁の問題に取り組む行動戦略を立てること」を焦点とする[6]。

エンパワメントアプローチは、クライエントが自らの置かれている差別や抑圧の状況を認識し、ストレングスを高めながら、問題解決を図るとともに、そのような差別や抑圧の状況を生み出している社会的・政治的・経済的・文化的な構造を変革することを目指す。社会福祉士は、クライエントを単なる「被援助者」ではなく、「生活の主体」すなわち「問題解決の主体」として位置づけ、ともに問題解決に取り組んでいく。また、クライエントの強さや潜在能力といったストレングスに着目し、彼らのストレングスを高めることによって問題解決を図っていく。

### ❷ナラティヴアプローチについて復習しておこう

ナラティヴとは、「語り」という行為やその行為によって生み出された「物語」を意味する。また、ナラティヴは語り手と聞き手の共同行為に

基づくものであり、ナラティヴを通して人生の意味を生成あるいは変化させることによって、新たな人生を切り開く可能性をもたらすことが期待される。その理論的基盤は、「現実は社会的に構成される」という社会構成主義にある。

ナラティヴアプローチは、クライエントが自らの人生物語を語り直すことを通して、現在直面している問題を捉え直す（問題の外在化）とともに、その問題に関与する出来事や経験の意味づけを変えることによって、問題解決を図っていくことを目指す。社会福祉士は、クライエントがこれまでの人生における支配的な物語（ドミナント・ストーリー）を語り直し、これからの人生をポジティブに生きていくための新たな物語（オルタナティヴ・ストーリー）を生み出すことを支援する。

❸地域共生社会の実現に向けた「包括的な支援体制の整備」について確認しておこう

2017（平成29）年の社会福祉法改正は、地域共生社会の実現に向けた「地域福祉の推進」について、その理念を明確化する（第4条）とともに、市町村における「包括的な支援体制の整備」を推進すること（第106条の3）、そのことを「市町村地域福祉計画」に盛り込むこと（第107条）を規定している。

この法律にいう「包括的な支援体制」とは、「地域住民等及び支援関係機関による、地域福祉の推進のための相互の協力が円滑に行われ、地域生活課題の解決に資する支援が包括的に提供される体制」を指す。

地域共生社会に向けた包括的支援と多様な参加・協働の推進に関する検討会（地域共生社会推進検討会）による「最終とりまとめ」（令和元年12月26日）では、市町村における「包括的な支援体制の整備」について、「断らない相談支援」「参加支援」「地域づくりに向けた支援」を一体的に行うことによって、「本人と支援者や地域住民との継続的な関係性」を基盤とする「一人ひとりの自律的な生を支えるセーフティネット」を構築することが示されている（図3-1）。

### 3 演習課題

❶ A市社協の地区担当職員（社会福祉士）である村上が恵美さんと面接する場面を想定してロールプレイを行ってみよう。その際、家庭訪問の場面（p.78参照）をもとに、エンパワメントアプローチで面接を進めてほしい。【SW2】【SW8】

❷ 当事者会において、ひきこもりの当事者たちがA市社協の村上の支

**図3-1　包括的な支援体制を構築するための新たな事業**

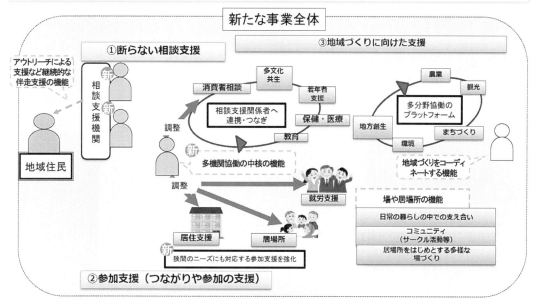

出典：地域共生社会に向けた包括的支援と多様な参加・協働の推進に関する検討会「最終とりまとめ（概要）」（令和元年12月26日），p.10.

援を得ながら、ドミナント・ストーリーをオルタナティヴ・ストーリーに転換する場面を想定してロールプレイを行ってみよう。その際、「さなぎサミット」の場面（pp.79-80参照）をもとに、ナラティヴアプローチで対話を進めてほしい。【SW2】【SW8】

❸　「A市ひきこもり支援ネットワーク会議」の目的、役割、構成メンバー、具体的な活動内容について、グループで話しあってみよう。【SW8】【IP4】

## ■4 ミニレクチャー

### ❶クライエントがストレングスを高めることによって問題解決を図る

エンパワメントアプローチの基盤は、クライエントを「生活の主体」かつ「問題解決の主体」として位置づけ、社会福祉士とクライエントが協働して問題解決に取り組むことにある。社会福祉士は、クライエントが「生活の主体」かつ「問題解決の主体」となることができるように、彼らのストレングスを高めるような働きかけを行う。

演習課題❶では、A市社協の地区担当職員（社会福祉士）の立場から、30年間ひきこもりの状態にある恵美さんがストレングスを高めながら、自らの置かれている差別や抑圧の状況に気づき、そのような状況を変革するための面接の進め方について理解してほしい。最も重要な点は、恵美さんとパートナーシップ（対等な協働関係）を構築することである。そのうえで、恵美さんの経験や思いを踏まえて、恵美さんが置かれている差別や抑圧の状況をアセスメントする。そして、そのような状況を乗り越えるために役立つ、恵美さんのストレングス（強さや潜在能力）を見出すとともに、家族や近隣、制度やサービスなどの社会資源を探索する。これらをもとに、恵美さんがこれからの目標をもつことができるように支援してみよう。

事例の基本情報（pp.61-64参照）や母親の幸子さんから得られた情報をもとに、恵美さんが自分自身のストレングスを見出し、「人生を生き直したい」という思いを抱くことができるように面接を進めてほしい。

### ❷クライエントがこれからの人生を生きるための新たな物語を構築する

ナラティヴアプローチにおいて、クライエントはナラティヴの語り手であり、自らの人生を生きる主体と位置づけられる。社会福祉士は、クライエントが自らの人生物語を語り直し、現在直面している問題およびその問題に関与する出来事や経験の意味づけを変えることができるように支援する。

演習課題❷では、当事者会において、ひきこもりの当事者たちがドミナント・ストーリーをオルタナティヴ・ストーリーに転換するための対話の進め方について理解してほしい。まず、ひきこもりの当事者たちが現在直面している問題の意味づけを探究することができるように、これまでの人生における支配的な物語（ドミナント・ストーリー）を傾聴する。そのうえで、当事者らが問題を自分と切り離して、自分の外部にあ

るものとして捉えること（問題の外在化）ができるように支援する。また、反省的質問を繰り返し、問題の維持に誰がかかわり、どのような出来事や経験が関与しているのかを明らかにできるように支援する。そして、それらの出来事や経験に新しい意味づけを行い、これからの人生をポジティブに生きていくための新たな物語（オルタナティヴ・ストーリー）を生み出すことができるように支援してみよう。

ロールプレイの事前準備として、ひきこもりの当事者の思いや彼らが置かれている状況について詳しく記述されている事例や体験記をもとに、各自が担当するロール（役割）を想定しておいてほしい。

❸市町村におけるひきこもり支援施策のあり方を検討する

地域共生社会の実現に向けた「地域福祉の推進」の方策として、市町村は「地域住民等」と「支援関係機関」が連携して、「地域生活課題」の解決を図っていくための「包括的な支援体制」を整備する責任を負う。市町村における「包括的な支援体制」の整備および運営において、社会福祉士は中核的な役割を果たすことが期待されている。

演習課題❸では、A市においてひきこもり支援に関する包括的な支援体制を構築するために、どのような「A市ひきこもり支援ネットワーク会議」を設置すればよいのか検討してほしい。B地区をはじめとする地域におけるひきこもり支援の取り組み、地域共生社会推進検討会が示す「包括的な支援体制」のあり方を踏まえながら、A市全体におけるひきこもり支援の仕組みについて考えてみよう。B地区の取り組みの特徴は、支援の会と関係者会議の連携・協働によって、ひきこもりの人や家族が周囲の人々とのつながりを取り戻し、安心して暮らすことができる地域づくりを進めてきたことである。言い換えれば、B地区におけるひきこもり支援に関する「包括的な支援体制」は、「参加支援」および「地域づくりに向けた支援」に軸足を置きながら、「断らない相談支援」体制の構築を目指しているといえる。これらを踏まえて、地域住民と専門職の連携・協働に基づく「A市ひきこもり支援ネットワーク会議」を構想しよう。

## 7

**多角的に考えてみよう**
　　──別の可能性もないだろうか

### ▊1 事例の課題認識

●市町村におけるひきこもり支援施策の推進

　本項の事例は、総社市（岡山県）におけるひきこもり支援施策の展開をもとに創作したものである。ひきこもり支援等検討委員会『ひきこもり支援・総社のあゆみ──行政と社協の協働体制 2018』をもとに、事例として再構成した。事例中の会議名称や事業名称については、総社市の名称をそのまま使用している。

**事 例**

### さまざまな相談機関によるひきこもりの把握

　D市社会福祉協議会（以下、D市社協）の会議室では、定例の事例検討会が開催されていた。地域福祉課のコミュニティソーシャルワーカーのほか、D市の委託を受けて運営する地域包括支援センター、障害者基幹相談支援センター、権利擁護センター、自立相談支援センターの相談員らが参加していた。

　その日の事例提供者は、地域福祉課のコミュニティソーシャルワーカー、石井健太（34歳）だった。D市社協に入職して12年目の社会福祉士である。石井が1年前からかかわっている認知症の母親（80歳代）と無職の息子（50歳代）のケースについて報告した。

　「息子が母親を虐待している」という近隣住民からの通報を受けて自宅を訪問すると、玄関先まで物があふれかえっており、長い間、親子が地域から孤立していたことがうかがわれた。いわゆる「8050問題」のケースである。親子との信頼関係を構築するまでにかなりの時間を要したが、近隣住民らとのつながりを取り戻すなかで、ようやく母親はデイサービスの利用に同意し、10年以上ひきこもりの状態にある息子も求職活動をしてみようかという気持ちになったところであった。

　事例検討が一段落したところで、各相談機関の相談員らはそれぞれに自らが抱えるひきこもりのケースについて話し始めた。「発達障害の疑いがある子どもをもつシングルマザーが家族、職場、地域から孤立してひきこもりの状態にあるケース」「10年前、父親の介護のために離職した60歳代の娘が看取り後もそのまま自宅にひきこもっているケース」「70歳代の夫婦からの生活保護受給に関する相談をきっかけに、40歳代半ばの息子が20年近くひきこもりの状態であることが発覚したケース」など、多様で複合的な問題を抱え、地域で孤立するひきこもりの人や家族の姿が浮かび上がってきた。

## 「D市ひきこもり支援等検討委員会」による支援体制の検討

　D市は、政令指定都市に隣接する小都市であり、人口6万8000人、高齢化率26.5%である。

　さまざまな相談機関によって把握されたひきこもりの事例を踏まえて、D市とD市社協は「ひきこもりは社会全体の課題である」という考えのもと、本格的にひきこもり支援に取り組んでいくことを決めた。[8]

　まず、「D市ひきこもり支援等検討委員会」（以下、検討委員会）を設置し、市内におけるひきこもりの実態把握を行うとともに、組織的な支援体制のあり方を検討した。検討委員会のメンバーは、D市保健福祉部とD市社協を中心に、民生委員協議会、福祉委員協議会、地域自立支援協議会、自立相談支援センター運営協議会、D市教育委員会、保健所、地域若者サポートステーション、ハローワーク、学識経験者等で構成された。コミュニティソーシャルワーカーの石井もD市社協からメンバーとして参加することになった。

　ひきこもりの実態把握に先駆けて、民生委員および福祉委員を対象とする「ひきこもりに関する研修会」を開催した。ひきこもりの人や家族にとって最も身近な地域の支援者らに「ひきこもり」の理解を深めてもらうことをねらいとした。2回の研修会には、合わせて353名が参加した。

　そして、各地区社会福祉協議会エリアにおいて「ひきこもり支援を考える懇談会」を開催し、民生委員や福祉委員とともにひきこもりの実態把握を行った。検討委員会が定めたひきこもりの定義に関する共通認識を図るとともに、グループに分かれて意見交換を行った。

　石井もまた担当地区の懇談会に参加し、グループによる意見交換ではファシリテーターの役割を務めた。民生委員や福祉委員が日頃の活動のなかでの気づきや率直な思いを語り、共有することができるように配慮した。

福祉委員a：子どもさんがひきこもってることはわかってても、親御さんにどう言ってあげればいいのか。本当に悩ましいです。

福祉委員b：親御さんにしてみたら、あんまり他人に触れてほしくないことだろうし。

福祉委員c：守秘義務のこともあるからね。

民生委員d：何年か前に、高齢の親御さんから、ずっと無職で家にいる息子さんのことを相談されたことがあったんです。でも、「誰にも言わないで欲しい」と念を押されて……。

福祉委員e：本当に難しいわよね。近所でも、小学生の子どもさんが不登校みたいでね。

民生委員f：この地区でも、ひきこもりの問題にもっと目を向けていく必要がありますね。

　およそ9か月間をかけて、市内17地区で懇談会を開催した。結果として、懇談会には民生委員128名、福祉委員243名が参加し、少なくとも207名の住民がひきこもりの状態

にあることが明らかとなった。

　この懇談会の結果を踏まえて、検討委員会は、❶民生委員や福祉委員を含む、地域の支援者を養成し、地域にひきこもりの人の居場所をつくること、❷ひきこもり支援を専門的に行う相談窓口を設置することを決定した。

　そして、2か月後には、「ひきこもりサポーター養成講座」を開始し、38名の地域の支援者を養成した。また、住民への啓発活動として「ひきこもりからつながる地域づくりフォーラム」を開催した。

### ワンストップ相談窓口「D市ひきこもり支援センター」の開設

　こうして、ひきこもりに関するワンストップ相談窓口「D市ひきこもり支援センター」（以下、支援センター）が開設された。

　専任の相談員2名（社会福祉士・精神保健福祉士／臨床心理士）を配置し、ひきこもりの人や家族に対するさまざまな支援を行っている。具体的には、来所・訪問・電話・メール等による相談支援のほか、ボランティアやハローワーク等への同行支援、ひきこもりの人が安心して過ごせる居場所の設置、ひきこもりの人の家族がお互いに支えあう場として家族会の設置、「ひきこもりサポーター養成講座」の開催などを行っている。

　支援センターは、D市社協がD市の委託を受ける形で運営されている。D市社協では、すでに地域包括支援センター、障害者基幹相談支援センター、権利擁護センター、自立相談支援センター等による横断的な総合相談支援体制を構築しており、支援センターを開設する条件は整っていたといえる。

　この4月、人事異動によって、石井は支援センターの相談員として配属された。センターの設立経緯を詳しく知っているだけに、相談員であり、また社会福祉士である自分の使命と責任の重さをあらためて実感していた。同時に、これまでに自分が出会った地域で孤立するひきこもりの人やその家族、「なんとかしたい」と願う民生委員や福祉委員らを思い、すべての住民が安心して暮らすことができる地域をつくっていくことを誓った。

### ▌2 解説

❶事例検討会を活用しながら、横断的な総合支援体制を構築する
　【SW1】【IP4】

　事例検討会（ケースカンファレンス）は、ソーシャルワーク専門職である社会福祉士が自らの専門性を高め、自己研鑽を図るための機会でもある。事例検討会の主たる目的は、事例提供者が提出した事例の理解を深め、よりよい支援の方法を見出すことであるが、そのことが事例提供者や参加者の専門職としての力量を高め、異なる専門職間の連携・協働

を促進することにつながる。

D市社協における事例検討会の特徴は、地域福祉課のコミュニティソーシャルワーカー[*]とD市の委託事業として実施する複数の相談機関の相談員らが同席して、事例検討を行っていることにある。それぞれの部署や機関に所属する専門職が単独でケースにかかわるのではなく、相互に情報共有を図りながら、連携・協働して支援を行っていくこと、そして各相談機関における個別支援の積み重ねを地域福祉課の地域支援に活かしていくことをねらいとしている。

また、社会福祉士の石井は、ソーシャルワークの原則である「人権と社会正義の支持」を実現するために、「人権と集団的責任の共存」の観点からひきこもりの問題を捉え、問題解決に取り組む責務を負っていることを確認してほしい。

### ❷ フォーマルな支援者とインフォーマルな支援者の連携・協働を図る　【SW6】【SW8】

D市におけるひきこもり支援体制は、D市保健福祉部やD市社協等のフォーマルな支援者と民生委員協議会や福祉委員協議会等のインフォーマルな支援者からなる検討委員会を中心に検討・推進されている。検討委員会の場面では、ソーシャルワーク専門職である社会福祉士は個人として支援を行うだけでなく、組織あるいはシステムとして支援を行っていることに留意してほしい。

まず、検討委員会の設置にあたり、D市保健福祉部とD市社協は、あらかじめ検討委員会の目的、役割、構成メンバー、具体的な活動内容などについて構想を練っておく必要がある。そのうえで、コーディネーションの方法・技術を用いて、フォーマルな支援者とインフォーマルな支援者の連携・協働を促進しながら、ひきこもり支援体制の検討を進めていく必要がある。

特に、「ひきこもりに関する研修会」や「ひきこもり支援を考える懇談会」を開催し、民生委員および福祉委員とひきこもりの定義に関する共通認識を図りながら、ひきこもりの実態把握を行ったことが、地域ぐるみのひきこもり支援体制を構築することにつながったと考えられる。さらに、「ひきこもりサポーター養成講座」や「ひきこもりからつながる地域づくりフォーラム」の開催を通して、潜在的な地域の支援者に働きかけを行っていることにも注目すべきである。

> **★コミュニティソーシャルワーカー**
> コミュニティソーシャルワーカー（CSW）とは、地域において生活課題を抱える個人や家族に対する個別支援と、ソーシャルサポートネットワークづくりや社会資源開発等の地域支援を統合的に展開するソーシャルワーク専門職を指す。

第3章 実践的にソーシャルワークを学ぶ

❸市町村におけるひきこもり支援施策のあり方を検討する【SW6】
【SW8】

　「ひきこもりは社会全体の課題」という考え方に基づいて、D市とD市
社協はひきこもり支援体制の構築を推進しており、まさに地域共生社会
の実現に向けた地域福祉の推進と捉えることができる。

　事例では触れていないが、市町村におけるひきこもり支援施策のあり
方は、政策の全体像を示す総合計画における福祉施策の位置づけや考え
方に大きく影響を受ける。事例のモデルとなった総社市では、「第2次
総社市総合計画」(2016(平成28)～2025(令和7)年度)の目指す都
市像を「岡山・倉敷に並ぶ新都心　総社～全国屈指の福祉文化先駆都市
～」と定めており、そのことがひきこもり支援施策の推進を強力に後押
ししたと考えられる。

　D市では、検討委員会を協議の場、そして連携・協働の関係づくりの
場として、ひきこもり支援体制の構築を推進した。支援センターの開設
後、検討委員会は運営協議会に位置づけ直され、引き続き協議と連携・
協働の場としての役割を果たしている。また、ワンストップ相談窓口で
ある支援センターでは、相談支援だけでなく、同行支援や居場所、家族
会のようなつながりや参加の支援、ひきこもりサポーターの養成および
活動支援など、幅広い支援を行っている。

　今後のD市におけるひきこもり支援施策のあり方について、社会福祉
士を目指すあなたなら、どのような価値に基づき、どのような知識や技
術を踏まえて、新たな展開を生み出していこうと考えますか？

# 8　解説（総括）

## 1 事例の展開と社会福祉士の実践能力

　これまでの事例の展開と社会福祉士の実践を踏まえ、どのような実践
能力が発揮されたのか、事例演習を通してどのような実践能力が習得で
きるのかについて、ソーシャルワークのコンピテンシー【SW1～9】・多
職種連携コンピテンシー【IP1～6】に分けて解説する。

　なお、表3-4では、社会福祉士が課題認識をもとにアクション（活動）
した過程で発揮した実践能力について、【SW1～9】【IP1～6】を用いて
一覧化した。加えて、「多角的に考えてみよう──別の可能性もないだ
ろうか」での学びを通じて習得できる実践能力についても示している。

表3-4　事例の展開と社会福祉士の実践能力

| 事例展開 | 課題認識 | | 社会福祉士のアクション（活動） | コンピテンシー |
|---|---|---|---|---|
| 事例演習1<br>【第4項】 | 住民が安心して活動するために何ができるのだろうか？ | 村上真子 | ・住民による問題の気づきを受けとめる<br>・「B地区ひきこもり支援の会」を支える関係者会議の組織化 | 【SW1】<br>【SW6】 |
| 事例演習2<br>【第5項】 | 支援の会の思いを形にするために、関係者会議との連携を強化する必要がある！ | | ・支援の会の運営支援<br>・支援の会と関係者会議の合同ミーティングの開催<br>・「フリースペース」の側面的支援と家庭訪問の開始 | 【SW6】<br>【SW8】<br>【IP1】 |
| 事例演習3<br>【第6項】 | ひきこもりの人や家族、そしてすべての住民が安心して暮らすことができる地域をつくっていきたい！ | | ・家庭訪問によるアウトリーチ<br>・当事者会における開かれた対話を促す<br>・市町村における「包括的な支援体制」の構築 | 【SW2】<br>【SW8】<br>【IP4】 |
| 多角的に<br>考えてみよう<br>【第7項】 | 市町村におけるひきこもり支援施策の推進 | | ・さまざまな相談機関によるひきこもりの把握<br>・「D市ひきこもり支援等検討委員会」による支援体制の検討<br>・ワンストップ相談窓口「D市ひきこもり支援センター」の開設 | 【SW1】<br>【SW6】<br>【SW8】<br>【IP4】 |

## 2 ソーシャルワークのコンピテンシーの習得

❶ソーシャルワーク専門職としての価値や原則に基づきながら、社会的孤立の問題に対峙することができる【SW1】

　社会福祉士の村上真子は、地域住民による問題への気づきをしっかりと受けとめ、地域サロンの世話人、民生委員、自治会長、近隣住民ら支援の会のメンバーとともに、「ひきこもり」や「8050問題」のような社会的孤立の問題を、個人や家族の問題ではなく地域社会の問題として捉え、問題解決に取り組んでいった。

　このような地域社会の協働による問題解決の推進は、ソーシャルワークのよりどころである「人権と社会正義の支持」が「人権と集団的責任の共存」によって実現されることに裏づけられている。

❷人生経験を形づくるうえで多様性や相違が重要であることを理解し、社会的孤立の状態にある本人やその家族を「彼ら自身の経験のエキスパート」としてかかわることができる【SW2】

　社会福祉士の村上ら専門職は、鈴木さん母娘に対する支援について、まずは母親との信頼関係を構築しながら、本人に対する支援の可能性を

探っていった。あくまでも鈴木さん母娘の思いや経験を尊重して、かかわりを深めていることに留意してほしい。

　本人に対する個別面接では、エンパワメントアプローチを用いて、本人が自らのストレングスを見出し、「人生を生き直したい」という思いを抱くことができるように支援した。また、当事者会では、ナラティヴアプローチを用いて、当事者らが自らの人生を生きる主体として新たな物語を生み出すことができるように支援した。

❸人間行動や社会環境、環境のなかの人、その他の学際的な理論的枠組みの知識を活用し、社会的孤立の状態にある本人やその家族、関係するグループ、組織、コミュニティとのエンゲージメント（関係構築および取り組みの合意形成）を促進することができる【SW6】

　B地区におけるひきこもり支援の取り組みは、活動主体の組織化と合意形成のプロセスとして捉えることができる。地域住民による問題への気づきに始まり、地域の支援者を中心とする支援の会の組織化、専門職を中心とする関係者会議の組織化、そして支援の会からの家族会の独立、「フリースペース」の活動から当事者会の誕生というように展開してきた。

　社会福祉士の村上は、必要に応じて協議の場を設け、活動主体の組織化と合意形成を促進した。鈴木さん母娘を心配する地域住民による話し合いの場をはじめ、支援の会のミーティングや支援の会と関係者会議の合同ミーティングを通して、B地区の取り組みを支援した。

❹社会的孤立の状態にある本人やその家族、関係するグループ、組織、コミュニティの能力を強めるために、必要に応じて専門職間で連携・協働しながら、注意深く介入の方法を選んで実施することができる【SW8】

　B地区におけるひきこもり支援の取り組みを推進するために、社会福祉士の村上は、関係者会議のメンバーである保健・医療・福祉等の専門職との連携・協働を図りながら、ひきこもりの状態にある本人や家族、周囲の地域住民、グループとしての支援の会、家族会、当事者会、そして地域社会全体に働きかけていった。

　特に、地域の居場所「フリースペース」の立ち上げ支援については、支援の会と関係者会議の合同ミーティングを通して、両者の連携・協働を促進しながら、「協同による社会資源開発」を推進した。

## ▎3 多職種連携コンピテンシーの習得

❶協働する専門職間において、社会的孤立の状態にある本人やその家族、関係するグループ、組織、コミュニティにとって重要な課題に焦点を当て、共通の目標を設定することができる【IP1】

　関係者会議のメンバーは、一貫して支援の会に寄り添い、ともに問題解決に取り組むパートナーとして協働してきた。支援の会の勉強会に参加し、ひきこもりに関する共通認識を形成したことは、後の合同ミーティングにおける「協同による社会資源開発」の協議をよりいっそう発展させることにつながった。

❷異なる専門職種との関係性を構築・維持・成長させることができる【IP4】

　B地区におけるひきこもり支援の取り組みは、市内の各地区における取り組みに影響を与えながら、やがてはA市におけるひきこもり支援に関する包括的な支援体制の構築へと発展していった。B地区の関係者会議における多職種連携は、「A市ひきこもり支援ネットワーク会議」の基盤として捉えることができる。

◇引用文献
 1 ）国際ソーシャルワーカー連盟・国際ソーシャルワーク学校連盟「ソーシャルワーク専門職のグローバル定義」2014.
 2 ）阿部彩「包摂社会の中の社会的孤立──他県からの移住者に注目して」『社會科學研究』第65巻第 1 号，pp. 15-17，2014.
 3 ）日本地域福祉学会『地域福祉教育のあり方研究プロジェクト報告書 協同による社会資源開発のアプローチ』p. 3，2019.
 4 ）同上，p. 2
 5 ）同上，pp. 23-25
 6 ）前出 1 ）
 7 ）地域共生社会に向けた包括的支援と多様な参加・協働の推進に関する検討会「最終とりまとめ」（令和元年12月26日），pp. 8-9.
 8 ）ひきこもり支援等検討委員会『ひきこもり支援・総社のあゆみ──行政と社協の協働体制2018』p. 16，2018.
 9 ）総社市『第 2 次総社市総合計画 そうじゃ総合戦略』p. 6，2016.

◇参考文献
 ・日本ソーシャルワーカー連盟・日本社会福祉教育学校連盟「ソーシャルワーク専門職のグローバル定義の日本における展開」2017.
 ・国際ソーシャルワーカー連盟・国際ソーシャルワーク学校連盟「ソーシャルワークにおける倫理原則のグローバル声明」2018.
 ・池上正樹『ルポ「8050問題」──高齢親子"ひきこもり死"の現場から』河出書房新社，2019.
 ・斎藤環『社会的ひきこもり 改訂版』PHP研究所，2020.

第3章 実践的にソーシャルワークを学ぶ

# 服役を繰り返す福祉ニーズの あるクライエントへの多機関・ 多職種による支援を考える

## 1 本演習のねらい

### 1 ソーシャルワークのコンピテンシーの習得

❶ 実践場面で自身の個人的な価値に気づき、専門職としてのあり方を維持するために振り返りと自己規制を行う。専門的な判断と行動となるように、スーパービジョンとコンサルテーションを活用する。【SW1】

❷ 人生経験を形づくるうえで多様性や相違が重要であることを、実践のミクロ・メゾ・マクロレベルにおいて適用し、伝える。多様なクライエントや関係者とともに取り組む際には、自分の偏見や価値観の影響を抑えるために、自己覚知や自己規制（自らの気づきを高め、自身をコントロールする）を行う。【SW2】

❸ ソーシャルワーカーは、人間行動と社会環境についての理論を理解し、この知識をクリティカルに評価して、個人、家族、グループ、組織、コミュニティといったクライエントや関係者とのエンゲージメント（関係構築および取り組みの合意形成）を促進するために適用する。多様なクライエントや関係者に効果的にかかわるために、共感、反射、対人スキルを活用する。【SW6】

❹ データを収集、整理し、クリティカル・シンキングによってクライエントや関係者からの情報を解釈する。クライエントと関係者のストレングス、ニーズ、困難についての重要なアセスメントに基づいて、相互に合意できる介入目標と課題を設定する。【SW7】

❺ 有益な実践結果を得るために、必要に応じて専門職間で連携・協働する。相互に合意した目標に向かって進めるような効果的な移行と終結を促進する。【SW8】

### 2 多職種連携コンピテンシーの習得

❶ 利用者・家族・コミュニティのために、協働する職種で利用者、家

族、地域にとっての重要な関心事／課題に焦点を当て、共通の目標を設定することができる。【IP1】

❷ 利用者・家族・コミュニティのために、職種背景が異なることに配慮し、互いに、互いについて、互いから職種としての役割、知識、意見、価値観を伝えあうことができる。【IP2】

❸ 互いの役割を理解し、互いの知識・技術を活かしあい、職種としての役割を全うする。【IP3】

# 2 事例演習のポイント

❶ 罪を犯した人、再犯を繰り返す人に対する偏見は、一般の地域社会にも、また支援に携わる専門職にもないとはいえない。実践場面で自身の個人的な価値に気づき、専門職としてのあり方を維持するために振り返りと自己規制を行えるよう、また専門的な判断と行動となるように、スーパービジョンを活用することを、事例を通じて学ぶ。

❷ 障害、福祉ニーズがある人が服役を繰り返している状況を理解し、本人が育ってきた社会的背景や家族関係の理解、矯正施設の機能、生活、入所することの弊害についての理解、また社会的孤立状態にある（教育、就労、交際、結婚などの機会が限られてしまっている）人をどう理解するかについて、本人、関係者とのかかわり、アセスメント、モニタリングと再アセスメントの局面において考える。

❸ 多職種・多機関との連携・協働による支援において、服役を繰り返す福祉ニーズのあるクライエントに対する視点に違いがみられることを確認する。

本事例（第７項まで）は、山田と小川の地域生活定着支援センターでの実践経験と知見を反映し、演習用に共同で創作したものである。

### 社会福祉士はどこにいる？

小山洋（38歳）は○県地域生活定着支援センターに勤務して２年目の社会福祉士。罪を犯して服役している障害者・高齢者の地域生活への移行を調整する業務を担当している。

### 地域生活定着支援センターはどんなところ？

高齢者や障害者で、福祉的な支援を必要とする矯正施設（刑務所、少年刑務所、拘置所、少年院）出所予定者および出所者等について、矯正施設入所中から出所後まで一貫した相談支援を矯正施設、保護観察所等と連携・協働して実施し、矯正施設出所者の社会復帰および地域生活を支援することを目的とし、各都道府県におおむね１か所ずつ設置されている。高齢（おおむね65歳以上）または障害を有する入所者等であって、かつ、適当な帰住予定地が確保されていない者を対象として、特別の手続きに基づき帰住予定地の確保その他必要な生活環境の整備を行うものを「特別調整」といい、地域生活定着支援センターは、この特別調整にあたる部分を担っている。

### 支援の始まる状況

小山の勤務する○県地域生活定着支援センターに、A刑務所からC保護観察所を通じて、特別調整の協力依頼が届いた。

依頼書とともに届いた資料によると、対象者の東田さんは55歳の男性で、軽度の知的障害があり、療育手帳B２を所持している。現在、窃盗罪（万引き）で懲役１年６月の判決を受け、A刑務所に服役している。今回で４回目の服役となる。

小山は届いた資料（**表3-5**）を読んで「万引きやそれによる服役ばかり繰り返しているようだけどどんな人生を送ってきた人なのだろう」と思った。

**表3-5　保護観察所から受け取った資料（概略）**

| | | | | | |
|---|---|---|---|---|---|
| 氏名 | 東田さん | 年齢 | 55歳 | 性別 | 男性 |
| 戸籍 | O県H市 | 住民票 | O県H市（職権消除） | 逮捕地 | O県H市 |
| 家庭環境 | 長年一人暮らし、両親死亡、異母弟疎遠、友人なし | | | 疾病 | 高血圧、腰痛、うつ |
| IQ | 60（CAPAS）※注 | ADL | 自立 | 趣味 | TV（時代劇）、釣り |
| 福祉サービス | 利用歴なし | 年金 | 障害基礎年金2級 | 障害者手帳 | 療育手帳 B2（軽度） |
| 犯罪 | 常習累犯窃盗（食料品、日用品の万引き） | | | 服役回数 | 4回目 |
| 矯正施設 | A刑務所（S市） | | | 刑期 | 懲役1年6月 |
| 生活歴 | 0歳 | H市で出生。実母は幼少時に死亡。父はすぐ再婚。母親違いの弟有り。育ての母とは小さい頃から相性が悪かった。 | | | |
| | 14歳 | 万引きを始める。万引き理由は「母を困らせたかったから」。母は弟をひいきし、本人には冷たかった。父は優しかったがあまり家にいない人だった。 | | | |
| | 15歳 | 中学卒業後は父の経営する中華料理店でウェイターや調理補助などで10年ほど働く。父の店で働き始めて1年後、母と離れたい一心で一人暮らし開始。 | | | |
| | 25歳 | 父が体調を崩し、中華料理店は廃業。飲食店等のアルバイトを転々とするも人間関係がうまくいかず半年から2年ほどで転職を繰り返す。 | | | |
| | 31歳 | 万引きで逮捕される。不起訴。 | | | |
| | 34歳 | 万引きで逮捕。懲役10月、執行猶予3年。 | | | |
| | 36歳 | 父が死亡。この頃から眠れなくなったり、死にたい気持になったりして精神科を受診し、うつの診断を受ける。また、主治医から知的障害の指摘を受け、療育手帳を取得。障害基礎年金2級も受給し、父の遺産300万円とで生活する。 | | | |
| | 37歳 | 万引きで逮捕。懲役1年2月、執行猶予3年保護観察付。前回の執行猶予期間が明けて間もなくの再犯。父の遺産が底をつき保護司の助言で生活保護を受給開始。 | | | |
| | 39歳 | 万引きで逮捕。懲役1年4月の実刑判決。前回の刑と合計して2年6月の懲役。受刑中に母死亡。弟からも手紙で縁を切られる。 | | | |
| | 41歳 | 仮釈放。更生保護施設で3か月過ごしたのち、H市内で生活保護を受け一人暮らし。 | | | |
| | 46歳 | 万引きで逮捕。懲役1年4月の実刑。 | | | |
| | 48歳 | 満期出所。H市内で生活保護を受け、一人暮らし。 | | | |
| | 50歳 | 万引きで逮捕。懲役1年6月の実刑。 | | | |
| | 52歳 | 満期出所。H市内で生活保護を受け、一人暮らし。 | | | |
| | 54歳 | 万引きで逮捕。懲役1年6月の実刑。 | | | |

※注：成人受刑者用知的能力測定検査

## 本人の状況

　東田さんは8か月後に満期出所を控えている。釈放後は住み慣れたH市での生活を希望しているが、以前住んでいたアパートは逮捕後に解約しており、引き受けてくれるような身内も友人もいない。

　どのように生活を再建してよいかわからず不安を抱えていたところ、刑務所の福祉専門官から特別調整の説明を受けた。話だけではうまくイメージできなかったが、何もなしに一人で出所するよりよいのではないかと考え、特別調整を希望することにした。

### ●服役を繰り返すことの弊害

　何度も罪を犯し刑務所への服役を繰り返すことは、安定した社会生活から遠ざかるとい

うことでもある。家族や友人・知人との関係の悪化・希薄化をもたらし、再び仕事に就くこともしだいに困難になる。

「元受刑者」「犯罪者」という強いスティグマは世間一般から忌避され、自尊感情は傷つけられる。また、日本の刑務所では自主的であることよりも従属的であることのほうが評価されやすく、自主性、主体性という一般社会で求められる力が損なわれる。

この結果、生きづらさは刑務所よりも外の世界のほうが強くなり、服役を繰り返す生活を"当たり前"と受け入れる人もいる。

### 地域の状況

本事例の地域生活定着支援センターがあるのは、大都市圏を含むO県である。

センターは、特別調整のケースにおいては、矯正施設収容中から、矯正施設や保護観察所、既存の福祉関係者と連携して、支援の対象となる人の帰住予定地の確保その他必要な生活環境の整備をし、福祉サービスを受けられるよう支援を行う。

本事例の場合、本人は生まれ育ったO県H市を帰住先として希望している。H市は、中核都市で、O県における都市圏に含まれている。工場が多いまちであるが、近年では工場の減少がみられ、かわって住宅地が増えてきている。

なお、同じ規模の市町村のなかでも、触法者支援の理解度やケース数にはばらつきがある。H市は、基幹相談支援センターを中心に触法者に対する理解のある相談機関があり、地域生活定着支援センターが自立支援協議会に招かれ地域生活定着促進事業の話をすることもある。相談支援の一定のネットワークがあるといえる地域である。

表3-6では、事例の展開のなかで、社会福祉士がどのような課題認識をもち、どのようにアクション（活動）していくのか、概要を示した。事例演習の学びに役立ててほしい。

表3-6　事例の展開と社会福祉士のアクション（活動）

| 事例展開 | 課題認識 | | 社会福祉士のアクション（活動） |
|---|---|---|---|
| 事例演習1【第4項】 | 知的障害のある人が服役を繰り返している | 小山洋 | ・東田さんの出所後の生活の希望を聞く<br>・東田さんの言葉に耳を傾け、本人がもっている感覚を理解する<br>・支援者会議を開催し、情報や意見交換する<br>・東田さんとグループホームで面談する |
| 事例演習2【第5項】 | 東田さんが再犯をしてしまった。支援のあり方を見直そう | | ・弁護士と一緒に警察署に面会に行く<br>・支援者を集めて支援のあり方を見直す |
| 事例演習3【第6項】 | 東田さんへの新たなかかわり方の模索 | | ・東田さん自身が自分を見つめられるように支援する<br>・東田さんと一緒にクライシスプランを作成する |

# 4 ▶ 事例演習1

## 1 事例の課題認識

●知的障害のある人が服役を繰り返している

**事 例**

### 東田さんの出所後の生活の希望を聞く

　小山はA刑務所の面談室で東田さんの面談を行う前に、A刑務所の福祉専門官や保護観察官から話を聞いた。

　東田さんは、刑務所内では作業能力が低く、高齢者やほかの障害者と同じ工場で洗濯バサミの組み立て作業をしている。居室は6人部屋で、ほかの受刑者とはあまり言葉を交わすことなく過ごしているが、からかわれたり動作が遅いことを非難されたりすると、独り言のように大声を上げて懲罰を受けることがある。

　小山は東田さんに入室してもらい、自己紹介や地域生活定着支援センターの説明を行った。世間話を交えつつ刑務所での生活ぶりや体調を聞いたあと、東田さんの出所後の生活の希望を聞くことにした。

図3-2　一般的な矯正施設における面談時の様子

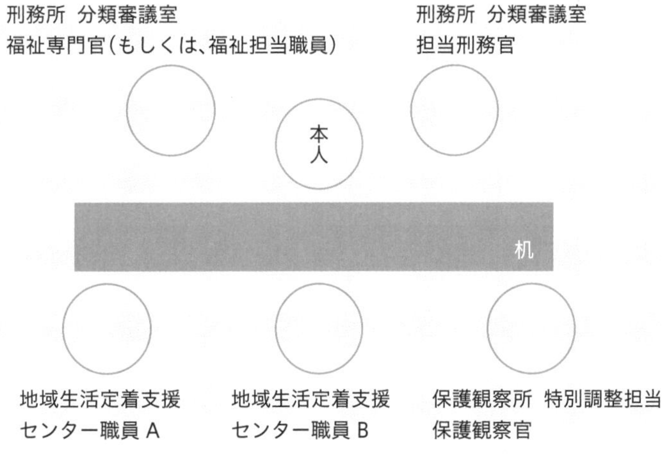

刑務所 分類審議室　　　　　　　　　　刑務所 分類審議室
福祉専門官（もしくは、福祉担当職員）　担当刑務官

本人

机

地域生活定着支援　　地域生活定着支援　　保護観察所 特別調整担当
センター職員 A　　　センター職員 B　　　保護観察官

小山：東田さんは出所したらどんな生活がしたいですか？

東田：もう歳なんで、生まれ育った町で静かに暮らせたらそれでいい。これまでみたいに生活保護を受けて一人暮らしをしたい。趣味もないし、部屋にテレビさえあったらいい。

小山：そうなんですね。今回、東田さんはなぜこの特別調整を希望したのですか？

東田：毎回、出所したあとの生活場所を確保するのに苦労してた。部屋を探すのも大変だ

し、生活保護とか役所の手続きも大変だった。こんな仕組み（特別調整）があるって前から知ってたらよかった。

小山は、支援者が生活保護や福祉サービスの手続きを手伝ったり、住まいを探すだけでは解決はしないと思い、東田さん自身にもこれまでの生活や行ってきた犯罪を振り返ってもらいたいと思った。

小山：毎回、苦労なさってたんですね。ただ、地域生活定着支援センターは住む場所を探したり、手続きを手伝ったりするだけが役割じゃないんです。

東田：はあ。

小山：東田さんはこれまで何度か刑務所に入ってしまっていますよね。せっかく、満足のいく生活を手に入れても、捕まってしまったら、またイチからやり直しになってしまいます。被害が出れば被害者も困ることになってしまいますよね。

東田：あぁ、はい。でも自分はもう絶対にやりません。もう懲りたから大丈夫。刑務所にはもう二度と入りたくないから。

小山：そうですよね。誰でも刑務所には入りたくないですよね。でも、これまでもそういう気持ちをもって出所されたのではないですか？

東田：いや、まあ、それはそうだけど……。

小山：懲りたはずなのに、なんで繰り返してしまったのか、同じ失敗をしないためにはどうすればよいかを次の面談から一緒に考えていきましょう。

東田：……はい。

小山は面談の最後に、今後東田さんの支援をしていくために、東田さんの個人情報を犯罪歴も含めて関係機関との間でやり取りする必要があることを説明した。東田さんは承諾し個人情報提供同意書にサインした。

## 東田さんの言葉に耳を傾け、本人がもっている感覚を理解する

初回面談から数日後、A刑務所の福祉専門官から電話があった。東田さんが特別調整を辞退したいと申し出たらしい。

福祉専門官が東田さんに辞退の理由を確認したところ、東田さんは「小山さんは自分を信用してくれていない」と話したという。

辞退を決める前にもう一度話をしてみるよう説得したので、早いうちに2回目の面談に来てほしいとのことだった。

小山は自分の面談の進め方がよくなかったのかもしれないと思い、所属するセンターの所長の川田に1回目の面談について相談し、アドバイスをもらうことにした。

小山は川田所長に面談の経過を伝えた。

川田：小山さんは、東田さんが再犯しないことが大切だと考えたんですね。

小山：はい。再犯してしまえば、被害も出ますし、東田さん自身にも窃盗の問題に向きあってもらう必要があると思いました。

川田：それはそのとおりだと思います。でも、東田さんが福祉的なニーズをもったクライエントであるということよりも、これまで何度も再犯を繰り返している受刑者であるということにとらわれすぎてはいないでしょうか。

小山：……確かにそうかもしれません。保護観察所から受け取った資料を読んだときから、どうやったら再犯を止められるかということばかりに気をとられていました。

川田：人それぞれ環境も経験も多様で、それによって形成される価値観や人生観も千差万別です。これまでかかわってきた人のなかには服役を繰り返す人生を当然のように受け入れている人もいましたし、刑務所生活をさほど苦痛に感じない人や、社会にいたときよりも安心して過ごせるという人もいました。

　小山さんの価値観を前提に話を進めるのではなく、まずは東田さんの言葉に耳を傾け、もっている感覚を理解しようとすることが大切です。

小山：わかりました。東田さんの価値観や率直な思いを引き出すにはどのようにしたらよいでしょう。

川田：いろいろあると思いますが、まずは東田さんの生活歴を一緒にたどってみてはどうでしょう。保護観察所から受け取った資料には生い立ちの部分がほとんど書かれていません。幼少時の経験が、認知や思考のパターンを形成し、その後の人生に大きな影響を与えることもあるので、詳しく本人に聞いてみてください。

　人生経験のなかでよかった時期、悪かった時期、それぞれ何があったのか、何が足りなかったのか、これからの支援のヒントが見つかると思います。人生曲線やそれぞれの時期のエコマップなんかを東田さん自身に書いてもらってもよいかもしれません。

　ただ、東田さんの話を聞くのが刑務所の中であるということも意識してください。ふだん、刑務所という主体性や自発性を求められない環境で過ごしていると、面談のときに自分の思いを率直に話すというのはなかなか難しいと思います。

　小山は、川田所長のアドバイスを意識して2回目、3回目と面談を重ねた。東田さんは面談の度に言葉数も増え、以前よりも信頼関係ができてきたように感じた。資料ではよくわからなかった幼少期や、東田さんの人生でよかった時期、悪かった時期、その理由やそれぞれどんな状況だったかもわかってきた。

第**3**章　実践的にソーシャルワークを学ぶ

表3-7 東田さんの幼少期の生活

- 弟と比べて母のしつけは厳しかったが、弟は小さいから仕方ないと思っていた。
- 中学3年のときに実の母ではないと聞かされ、ショックを受けた。
- 成績は総じて低かった。特に計算が苦手で、小学3年の頃から勉強についていけなくなった。
- 仲のいい友達は年下が多く、高学年時には同級生からいじめられることが多かった。

表3-8 東田さんの人生でよかった時期、悪かった時期

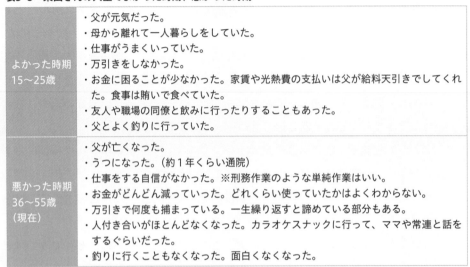

| よかった時期 15〜25歳 | ・父が元気だった。<br>・母から離れて一人暮らしをしていた。<br>・仕事がうまくいっていた。<br>・万引きをしなかった。<br>・お金に困ることが少なかった。家賃や光熱費の支払いは父が給料天引きでしてくれた。食事は賄いで食べていた。<br>・友人や職場の同僚と飲みに行ったりすることもあった。<br>・父とよく釣りに行っていた。 |
|---|---|
| 悪かった時期 36〜55歳 （現在） | ・父が亡くなった。<br>・うつになった。（約1年くらい通院）<br>・仕事をする自信がなかった。※刑務作業のような単純作業はいい。<br>・お金がどんどん減っていった。どれくらい使っていたかはよくわからない。<br>・万引きで何度も捕まっている。一生繰り返すと諦めている部分もある。<br>・人付き合いがほとんどなくなった。カラオケスナックに行って、ママや常連と話をするぐらいだった。<br>・釣りに行くこともなくなった。面白くなくなった。 |

また、東田さんが万引きの欲求にかられるのは「ストレスを感じるとき」であることもわかり、東田さん自身に「ストレスを感じるとき」と万引き以外の「ストレス発散になること」を挙げてもらった。

表3-9 東田さんがストレスを感じるとき、ストレス発散になること

| ストレスを感じるとき | ・人の説明がよくわからないとき　・馬鹿にされたと感じるとき<br>・他人が自分をじろじろ見てくるとき　・お金がなくなったとき<br>・自分が信用されていないと思うとき |
|---|---|
| ストレス発散になること | ・カラオケに行く　　　・人と話す<br>・刑務作業に没頭する（刑務所）<br>・テレビを見る（特に、時代劇） |

### 支援者会議を開催し、情報や意見交換する

小山は、以前かかわっていた生活保護担当ケースワーカーや、今後かかわってもらいたい障害福祉担当、基幹相談支援センター職員と支援者会議を開いた。

情報や意見を交換するなかで、以下のような課題が浮かび上がってきた。また、それぞれの課題の解消や軽減につながるような福祉サービスも検討された。

表3-10 浮かび上がってきた課題と必要な障害福祉サービス

| 浮かび上がってきた課題 | ・役所等での手続きにストレスを感じやすい。<br>・計算が苦手。金銭管理が苦手。<br>・単純作業であれば集中できるが、発揮する場がなかった。<br>・時間を持て余すと、用事もないのにスーパーやホームセンターに行く。結果、浪費や万引きをしようとする気持ちが高まる。<br>・人と話すことが好きだが、他者と話す場はカラオケスナックのみで、友人もいない。<br>・余暇の過ごし方のバリエーションがない。<br>・自己肯定感が低く、劣等感を感じやすい。 |
|---|---|
| 必要な障害福祉サービス | ・計画相談支援（相談支援専門員）<br>・日常生活自立支援事業<br>・移動支援（ガイドヘルパー）<br>・就労継続支援Ｂ型<br>・障害者共同生活援助（グループホーム） |

　小山は東田さんとの面談を重ね、支援者会議で出た課題を話しあい、福祉サービスの利用を提案した。東田さんは課題については「言われてみればそのとおりだ」とおおむね受け入れ、提案した福祉サービスは十分にイメージできていない点もあったようだが「小山さんが言うことだし、やってみる」と受け入れてくれた。

　小山は東田さんが出所後スムーズに福祉サービスを利用できるように、受刑中から障害支援区分認定手続きをＨ市に行った。東田さんは区分２の認定を受け、出所当日を迎えた。

　出所直後は、一時的にＴ市の更生保護施設に入所し、生活保護の申請や、グループホームや就労継続支援Ｂ型事業所の見学、支援者との顔合わせなど地域生活の準備を整えた。そして約２か月後、Ｈ市での地域生活が始まった。

## 東田さんとグループホームで面談する

　Ｈ市での東田さんの新生活は、最初の数週間はうまくいっているように見えたが、しだいに綻びが見え始めた。

　社会福祉協議会による日常生活自立支援事業（金銭管理支援）を受け、グループホームの利用費や食費などは遅滞なく支払うことができたが、週１回3000円ずつの小遣いは週の前半で使い切り、貯金にまわすと決めた残りのお金も何かと理由をつけては引き出すよう要求することが多くなった。約束と違うことを指摘されると「俺の金だ。あんまりうるさく言うなら自分で管理する」と言い出した。

　グループホームでは時間を守らずに夜遅く帰ってくることがたびたび出てきた。そういうときは大抵飲酒しているようだった。

　ガイドヘルパーとの外出の約束も直前にキャンセルがあったりし、約束の時間に訪問してもいないことがたびたびあった。就労継続支援Ｂ型事業所は気に入っているようだったが、「作業工賃まで管理されるのはなんとかならないか、自由に使いたい」と漏らしていた。

小山は、それぞれの機関から報告を受けて、東田さんとグループホームで面談をした。東田さんは少し飲酒していたようで、顔が赤く、飲みかけのビールの缶があった。

　「約束が守れていないと聞いている」と言うと、東田さんは感情的になって「決まりや約束が多すぎる。支援というけど監視されているみたいだ。自分は信用されてない。こんなんじゃ刑務所と変わらない」と言って部屋を出て行ってしまった。

　小山は、東田さんに決して支援を強要せず、一つひとつ意思確認をして進めてきたつもりだったので東田さんの言葉にショックを受けた。

### ■2 事例を検討するための知識

**❶スーパービジョンの目的や機能・形態について復習しておこう**

　ソーシャルワークにおけるスーパービジョンとは、スーパーバイザーが、スーパーバイジーと肯定的にかかわりながら、管理的・教育的・支持的機能を果たすものである。

　スーパービジョンは、組織の理念や方針に沿って、よいサービスを提供することを目的として、スーパーバイザーは、スーパーバイジーの職務遂行を支援する。

　スーパービジョンの形態には、スーパーバイザーとスーパーバイジーが一対一で行う個人スーパービジョンと、一人のスーパーバイザーが複数のスーパーバイジーに対してスーパービジョンを行うグループスーパービジョンがあり、個人スーパービジョンがスーパービジョンの基本的な形とされている。また、変則的だが、仲間や同僚の間で行うピアスーパービジョンもある。

　スーパーバイザー、スーパーバイジーのそれぞれが、どのようなことを考えたり配慮したりして、スーパービジョンを行っているかを理解するために、スーパービジョンの基本を確認しておく必要がある。

**❷クライエントを中心とした視点について確認しておこう**

　ソーシャルワークは、クライエントの人間としての尊厳を尊重し、人間らしい生活の維持と回復を支援するための総合的で包括的な援助技術である。そのためにソーシャルワーカーには、クライエントとクライエントを取り巻く環境との間に生じているさまざまな困難への対応が求められる。

　困難は、クライエント自身、クライエントにかかわる人々の価値観を含む複雑な要因が絡まりあって生じている。そのために、ソーシャルワーカーは、クライエント、クライエントの家族やクライエントにかか

わる異なる専門職などとの間に生ずるジレンマに向きあうことになる。

そこでソーシャルワークは、環境のなかの人という捉え方で、援助の対象の認識をする。人と環境の相互作用（「社会的機能」）に焦点を当て、あくまでも「人」の側に立って、人と環境との間を調整すること、そのために「知識の体系」と「価値の体系」に照らしあわせて「介入方法」を選択するというソーシャルワークの構図は、1970 年にバートレット（Bartlett, H. M.）が『ソーシャルワーク実践の共通基盤（The Common Base of Social Work Practice)』において示したものであるが、ソーシャルワークのなかに価値が明確に位置づけられているのである。

ソーシャルワークがこれまでの歩みのなかで培い大切にしてきた「クライエント本位」「クライエントを中心におく」アプローチは、紛れもなくソーシャルワークが依拠する価値である。

岩間伸之は、対人援助が依拠する「価値」へのアプローチに共通する要素として、クライエント本人の、❶「存在」を尊重する、❷「社会関係」を活用する、❸「主体性」を喚起する、❹「現実」への直視を支える、❺「変化」を支えるという、五つの軸を示している。[1) 参考にしてみよう。

❸バイステックの 7 原則について確認しておこう

ソーシャルワーク実践において、バイステックの 7 原則を理解しておくことが、自分の態度の振り返りにつながる。

クライエントを尊厳ある個人として捉え、抱えている課題をその人特有のものとして捉える個別化、クライエントの感情を大切にする意図的な感情表出、支援にあたって自分の感情を自覚し統制的に関与する統制された情緒的関与、クライエントをあるがままに受け入れる受容、クライエントを自分の価値観で判断しない、批判的な態度をとらない非審判的態度、クライエントの自己決定を促す自己決定、クライエントの秘密を保持する秘密保持が、バイステックの 7 原則として挙げられている。

## ▌3 演習課題

❶　小山は、川田所長のアドバイスをどのような姿勢で聴いているか考えてみよう。また川田所長は、どのようなことを配慮しているか考えてみよう。【SW1】【SW2】

❷　出所前、出所直後（更生保護施設）、地域生活移行（グループホーム）のそれぞれの状況下における東田さんの気持ちや思いについて考えて

みよう。また東田さんの様子や態度の変化に何が影響しているのか考えてみよう。【SW7】

❸　小山が東田さんの生活歴を聞き出す場面を想定して、小山がどういった態度で東田さんと面談すべきかについて考えてみよう。さらに、小山役、東田さん役に分かれてロールプレイに取り組んでみよう。【SW6】【SW7】

### 4 ミニレクチャー

**❶スーパービジョンを活用し、自己覚知を行う**

　ソーシャルワーカーは、実践場面で自身の個人的な価値に気づき、専門職としてのあり方を維持するために振り返りと自己覚知・自己規制を行えるよう、また専門的な判断と行動となるように、スーパービジョンを活用することが求められている。スーパービジョンの質を高めるには、スーパーバイザー、スーパーバイジー双方のスーパービジョンへの取り組み姿勢が大切である。

　事例では、川田所長がスーパーバイザーとして、センターの職員である小山ワーカーがスーパーバイジーとして、両者の関係を基盤として個人スーパービジョンが展開される。演習課題❶では、川田所長にアドバイスを求めた小山が、スーパーバイジーとしてどのようにスーパービジョンに臨んでいるのか、川田所長がどのような配慮をしているのかを考えてみた。

　小山は、東田さんとの面談における自分のかかわり方をスーパービジョンのテーマとしている。小山には、倫理的かつ専門職としての行動がとれるようにと、自らの価値を振り返り、専門職としての価値を確認する姿勢がみられる。川田所長は、部下の小山が○県地域生活定着支援センターの目指す機能や役割を遂行できているかを確認する義務がある。また、先輩ソーシャルワーカーとして、小山の専門性を高める職責がある。川田所長の発言から、スーパーバイザーとしての配慮を読みとり、スーパービジョンの機能、スーパーバイザーの役割についての理解を深めてほしい。

**❷当事者が置かれている状況とその状況の変化が、当事者に与える影響を理解する**

　ソーシャルワーカーは、「環境のなかの人」である当事者が置かれている状況とその影響をよく理解することが必要である。

　演習課題❷では、刑務所から更生保護施設、そしてグループホームで

の地域生活への移行という東田さんが置かれている状況の変化、それぞれの局面の状況が東田さんの心や態度、状態の変化に及ぼす影響について考えてもらった。

ここでは、刑務所という環境の理解や、刑事司法と福祉の視点の違いを理解することが求められるが、加えて、東田さんのような知的障害のある人が置かれやすい状況を知ったうえで、その影響を考えるとよい。

本人の判断能力が不十分であったり、本人の意思表示が積極的でなかったりする場合は、結果として本人を不在にして、本人以外の本人の周囲が懸命に動いてしまうこともありうる。本人を主体に、本人を中心とした援助ができていないと、不適切な働きかけになってしまう。

演習課題を通して、主体は誰なのか、問題を解決するのは誰なのか。援助の本質について今一度考えてほしい。

### 知的障害者のなかにみられる環境や置かれてきた状況の影響

「わからなくても、わかったようにふるまう」「わからないことが、わからない」人が刑務所にいる知的障害者には多い。それはなぜか。

知的能力に制約があっても周囲に見過ごされたまま大人になり、周りからはできないことを馬鹿にされ続けてきたり、難しい説明で理解を求められたりと、知的レベルを超える社会で生き抜くしかなかった背景が想像できる。特に、逮捕後の刑事手続きが進むと、警察や検事による取り調べでは、犯した行為や動機について事細かな説明を求められ、さらには法廷では人前で尋問に耐えなければならない。

時に、間違いを正したくとも、うまく説明できない場合もあるかもしれない。そのような状況に置かれてきた人にとっては、刑務所のような厳しくコントロールされた環境に置かれると、その場をやり過ごすために、わかったようにふるまう性質（未理解同調性★）が自然と身についてしまう状況がある。

### ❸バイステックの7原則をよりどころにソーシャルワーカーとしての態度と対人スキルを発揮する

ソーシャルワーカーは、多様なクライエントや関係者に効果的にかかわるために、共感、反射、対人スキルを活用する。そうした態度や技術を身につけるうえで、バイステックの7原則をさまざまな文脈で考えられるようにしておくことが求められる。

「受刑者」というラベリングをしてしまうと、一般的な規範意識から、本来ソーシャルワーカーとしてとるべき非審判的態度ではなく審判的態度をとってしまいやすくなる。クライエントが歩んできた過去も含め、

★**未理解同調性**
脇中洋は、わからなくてもわかったふりをして同調してしまうのは、相手の発言内容を検討する以前に、相手との関係を優先して良好なものに保ちたいからだと考えられるとし、こういったコミュニケーションの特性を、未理解同調性と名づけている。また、軽度知的障害や軽度難聴の成人に、相手との関係維持のためにわかったふりをするうそが習慣化している人が見受けられることも指摘している。

あるがままを受け入れようとする受容的態度があって、共感、傾聴、反射など対人スキルの活用が可能となる。

また、クライエントが起こした事件の被害者への感情移入が大きいと、統制された情緒的関与も困難となる。再犯や服役を繰り返すクライエントに共通する傾向はみられても、その理由や背景は各々異なることを理解しておく必要がある（個別化）。

さらに、矯正施設という強制力の強い特殊な環境はクライエントの感情表出を困難にし、自己決定を困難にしやすいということにも留意が必要である。そして、犯罪や服役というセンシティブでスティグマを与えやすい情報を扱う以上、秘密保持には慎重になる必要がある。

演習課題❸では、主体は誰なのか、問題を解決するのは誰なのかを再確認したうえで、ロールプレイを通じてバイステックの7原則やソーシャルワーカーとしての態度や対人スキルを実践的に理解してほしい。

## 5 事例演習2

### 1 事例の課題認識
●東田さんが再犯をしてしまった。支援のあり方を見直そう

**事例**

### 弁護士と一緒に警察署に面会に行く

小山が東田さんの再アセスメントをし、あらためて支援のあり方を見直そうと考えていた矢先、東田さんがコンビニでビール（350mL）とちくわを万引きして逮捕されたとの一報をグループホームの職員から受けた。

その2日後、被疑者国選弁護人として選任された弁護士からも小山のもとに連絡が入った。弁護士の面会の際、東田さんが小山の名前を出し、面会に来てほしい旨を伝えてほしいと要望があったのだという。小山は、早速H市の警察署に弁護士と一緒に面会に行くことにした。

小山：東田さん、どうしてこんなことになったんですか。

東田：その、何というか……よくわからない。

小山：ビールとちくわを盗ってしまったと聞いたんですが、買うお金は持ってなかったんですか。

東田：お金がなくて。でも、腹が減ってた。

小山：グループホームでは先に費用を払ってるからご飯は食べられましたよね。

　小山は「お腹が減っていた」という東田さんの説明は事実でないと思った。事前にグループホームに確認したところ、夕食を食べた直後に外出して2時間後に逮捕されているらしく、空腹でビールを盗むのも不自然だと思った。

　話を続けるうちに東田さんが申し訳なさそうな顔をして「実は……」と話し出した。

東田：お酒が好きで、飲み出したらなかなか止まらなくて、いつもこれで失敗してる。

小山：失敗というのは万引きのことですか。

東田：それもだ。昔は生活保護のお金を飲んで使い果たして飯が食えなかったこともある。借金をしたこともある。やめないといけないとは思ってるけど……。

小山：わかりました。正直に話してくれてうれしいです。今後はお酒の問題もみんなで話しあっていきませんか。

東田：はい。ただちょっと……。

小山：お酒をやめるのはやっぱり抵抗ありますか。

東田：そうじゃないんだ。飲んでしまったのは……何というか、皆に助けてもらっているのは本当にありがたいんだけど、ちょっと窮屈だなって……。見守られているのか見張られているのかよくわからなくてもやもやするんだ。それが嫌で飲みたくなるんだ。

## 支援者を集めて支援のあり方を見直す

　小山は支援者を集めてカンファレンスを行い、あらためて支援のあり方を見直すこととした。弁護士にも参加してもらい、弁護活動に反映してもらうこととした。

小山：皆さんお集まりいただきありがとうございます。今回の東田さんの逮捕をきっかけに、支援のあり方を見直す必要があると感じこの場を設定しました。
　　　まずは、弁護士さんに東田さんが置かれている刑事手続きの状況を説明していただいてよろしいですか。

弁護士：東田さんは窃盗罪で逮捕・拘留され、今は送検されて検察が起訴するか不起訴にするかを検討している段階です。もし起訴されてしまうと実刑を免れるのはほぼ困難な状況になります。なので、東田さんが起訴されてしまう前に、かかわっていただいている皆さんの支援方針を検察に伝えようと考えています。

小山：東田さんと面会して、お酒がやめられず悩んでいたことがわかりました。皆さん、支援をしているなかで気づいたことやご意見があればお願いします。

日常生活自立支援事業の生活支援員：最初のうちは、あらかじめ話しあって決めた週1回3000円ずつをお渡しするという形で問題なくやれてたんです。「管理してくれて助かる」とまで言ってくれてたんですが、あるとき、妙にそわそわした様子で「友人の

見舞いに行くから交通費で 3000 円出してほしい」とおっしゃったんでお渡ししたんです。

それから 2 日くらいたってまた来たんです。マスクをしていましたがお酒の匂いがしていました。今度は「父親の墓参りに行くから 5000 円出してほしい」とおっしゃったので、ちょっとおかしいなと思って、そんなに急いで行く必要があるのかとか、お墓の場所はどこかとか、どのような交通手段で行くのかと聞いたんです。東田さんはしどろもどろになって、だんだんイライラしてきた様子で「そんなこといちいち聞かれるのか、俺の金やろ、俺がいると言ってるんだから出してくれ」と声を荒らげられたんです。

結局言うとおりに渡しましたが、それでは金銭管理の意味がないので、次の会議で話しあいたいと思っていたんです。

グループホーム職員：うちでは東田さんに積極的な声かけを心がけていました。外出する前には「どこに行くの？」と必ず聞いていましたし、買い物から帰ってきたときは何を買ってきたのかそれとなく聞いて、所持金と釣り合いがとれるかもみていたんです。

東田さんが入所して 2 週間後くらいにほかの入居者の方の就職祝いをしたんです。そのときに東田さんにお酒を勧めたら最初は遠慮してたんですが、お祝いだからって勧めて飲ませてしまったんです。今思えばそこからですね。生活が崩れ始めたのは。イライラすることも増えたし、時間のルールも守れなくなっていきました。

東田さんが戻ってきたら、ホームでの飲酒や夕食後の外出は一切禁止にしたほうがよいかもしれないと考えています。

就労継続支援 B 型事業所職員：うちでは利用者さんが商品やほかの利用者さんの私物に手を出さないかは気にして、休憩時間や作業終了時に一人になる時間をつくらないように意識はしていました。

東田さんは、作業をよく頑張ってくれていました。100 円ショップの商品の袋入れ作業を主にやってもらってたんですが、仕事はすばやく丁寧でしたし、親切でほかの利用者さんにも好かれていました。

最近は作業工賃を管理されて自由に使えないことが不満だとは言ってました。東田さんの言うこともわかりますが、自由に使ったら飲酒に浪費していたかもしれないですね。

相談支援専門員：訪問したときにお酒の匂いがすることがありましたし、関係機関の情報から東田さんに飲酒の問題があることは感じていました。東田さんにアルコール依存症の話をしたこともあるんですが「自分は飲んで暴れたりはしない。アル中じゃない」と言っていました。アルコール依存症を誤解しているようでしたが、そのと

きはそれ以上話題にしませんでした。

今回、小山さんが面会した際に、東田さんが飲酒の問題性を自覚しているような発言があったので、飲酒問題にアプローチするよい機会だと思います。アルコール依存症に強いクリニックが通える範囲にあるので、東田さんが釈放されたら受診するよう勧めてみて、東田さんに飲酒についての理解を深めてもらうことが先決だと思います。

そのうえで東田さんと一緒に話しあって約束ごとを決めることが大切で、より効果的だと思います。

小山：皆さん、ご報告やご意見ありがとうございます。アルコールの問題についてはやはりアプローチが必要ですね。それと東田さんが面会時に打ち明けてくれたことがあるんです……。

　小山は、東田さんが支援をありがたいと感謝しながらも窮屈だと感じていたことを話した。そして、支援者のかかわり方のなかに東田さんに対する「出所者」という偏見がなかったか、福祉職としての姿勢に問題がなかったか、言葉選びは適切だったかなどを振り返り、この機会にあらためて支援のあり方を検討し直す提案をした。

## 2 事例を検討するための知識

### ❶「司法と福祉の連携」や刑事手続きの流れについて確認しておこう

「司法と福祉の連携」は、特に高齢や障害、疾病があって福祉による支援を必要とする人を対象として、刑事司法関係者と福祉関係者が連携して対応・支援しようとするものである。

2000年代、高齢や障害のある受刑者・出所者の存在が社会的に認知されるようになり、2000年代半ばから矯正施設からの釈放段階での支援、つまり出口支援が行われるようになった。その後、2010年代には、入口支援と呼ばれる、被疑者・被告人段階での対応や支援が開始され、その範囲が拡大している。

刑事手続きは、犯罪行為の中身や本人の生活環境等によって異なるが、主な流れと福祉的支援のかかわりをみると、**図3-3**のようになる。

### ❷刑事司法と福祉の視点の違いを理解しておこう

罪を犯した福祉ニーズのある人は、刑事司法関係者と福祉関係者の双方にかかわることになるが、刑事司法と福祉には、本人にかかわる際の視点に違いがある。

刑事司法と福祉とでは、本人と出会う場面が異なる。

警察、検察、弁護人は事件をきっかけに本人と出会うため、犯罪を中

**★刑事司法関係者**
「司法と福祉の連携」との関連でいえば、刑事司法関係者とは、警察、検察、刑務所・少年院、保護観察所と更生保護施設の職員、および弁護士・司法書士が特に念頭に置かれる。

**図3-3　刑事手続きの主な流れと福祉的支援**

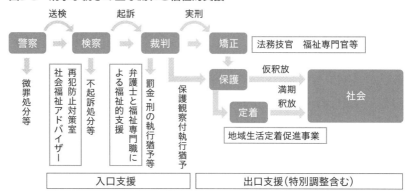

出典：筆者（山田）作成

心にかかわる視点となる。そこには、対象者を拘束するなどの強制力を
もったかかわりも出てくる。一方、福祉は、利用するサービスや今後の
地域生活を選択する場面で本人と出会うため、自己決定や本人のニーズ
の充足を重視する本人を中心にかかわる視点となる（**図3-4**）。

　本人からみたそれぞれの立ち位置はまったく異なる。たとえば、刑務
所にいるときは、厳しい制裁を加えられ、常に指示に従わなければなら
ず、意思決定が許されるのは限られた事項のみとなる。しかし、出所前
になると、これからの生活場所、仕事などを自分で決めて選んでいくこ
とを求められる。

　急に自由がある状況に変化し、本人は、当然ながら戸惑いや不安を抱
える。精神障害者や知的障害者は不安定になる場合もあり、なかには支
援を拒否する人もいる。受刑者の心の変化や置かれている状況を理解す
ることで、拒否的な反応をしたとしても、その背景に何があるのかを想
像しやすくなる。

**図3-4　犯罪行為者の捉え方の違いとジレンマ**

| 犯罪を中心とした考え方 | 本人を中心とした考え方 |
|---|---|
| 社会：再犯防止 | 個人：幸福・権利擁護 |
| 制裁・コントロール | ニーズの充足 |
| 有期限 | 無期限 |
| 他律＝強制 | 自律＝自己決定 |
| 事案主義<br>＝犯罪への対応 | 当事者中心主義<br>＝生活上の困難への援助 |
| リスクへの焦点化 | 長所・強みへの着目 |

二分ではなく、比重の置き方の問題

出典：水藤昌彦「司法と支援の連携──国際比較と地域での回復支援の観点から」『法
と心理』第18巻第1号，pp.26，2018．を一部改変

**❸省察（リフレクション）の必要性を確認しておこう**

ソーシャルワーカーに求められる省察（リフレクション）とは、ソーシャルワーク実践を振り返るとともに、自身の価値観や判断、考え方を振り返り、見直すプロセスである。

リフレクションによって、冷静に考え、振り返りから気づきを得ることができる。また、それにより、視野を広げ、支援のあり方の見直しにつなげることができる。なお、支援がよい方向に向かっていることが確認できれば、実践を肯定的に評価することにもつなげることができる。

リフレクションは、個人で行うことも、複数でコミュニケーションを取りながら行うこともある。

## 3 演習課題

❶ この事例において、弁護人と小山ら福祉専門職が連携する意義について考えてみよう。【SW8】【IP2】【IP3】

❷ 支援者を集めた関係機関会議を主催する地域生活定着支援センターの一員として、カンファレンスの参加者にどのようにかかわるべきか考えてみよう。【SW1】【SW8】【IP1】

## 4 ミニレクチャー

**❶刑事司法と福祉の視点の違いや役割の違いを理解して刑事司法関係者と連携する**

刑事司法にかかわるソーシャルワーカーは、刑事司法関係者らとタイムリーな連携・協働を行えるように、刑事手続きの流れと福祉的支援、さらにそこにかかわる関係機関・職種について理解しておくことが求められる。本人を捉える視点の違いから、刑事司法関係者と福祉関係者に意見の食い違いが生じ、支援方針が定まらないこともある。刑事司法と福祉それぞれの立場や役割を十分に理解することが大切である。

事例では、弁護人との連携がみられる。弁護人についても確認しておくと、効果的な連携につながる。

演習課題❶では、小山ら福祉専門職が弁護人と連携する意義について考えた。被疑者・被告人にかかわる刑事司法関係者に福祉的支援の視点がない場合を考えてみると、弁護人に障害の特性についての知識や理解がないと、障害をもつ被疑者・被告人は、捜査段階や公判段階で障害の特性に配慮されることがない。また、実刑と執行猶予どちらの判決が出ても、単純執行猶予で社会復帰する段階、実刑段階、保護観察付執行猶

★**弁護人**
刑事訴訟法上、被疑者および被告人の弁護の任務につく者のことをいう。弁護人は、原則として、弁護士のなかから選任しなければならない（刑事訴訟法第31条）。弁護士には弁護士職務基本規程上定められた職務倫理・行為規範がある。弁護士には、弁護人として、被疑者・被告人の権利および利益の擁護のため、最善の弁護活動に努めることが求められている。

★**実刑と執行猶予**
実刑とは、執行猶予がつかず、実際に執行を受ける刑罰（懲役刑であれば刑事施設への収容）を指す。執行猶予は、刑の執行を一定期間猶予し、猶予期間を無事に経過すれば刑の言い渡しをなかったものとする制度。保護観察がつくものとつかないものがあり、前者を保護観察付執行猶予と呼ぶのに対し、後者を単純執行猶予と呼ぶ。

予の段階でも、障害のあることに気づかれず、障害特性に応じた手当がなされないままとなる可能性がある。

そのため、特に知的障害のある人は、社会に出ても、同じ要因から再犯に至るということもある。障害についての理解を有し、障害特性や本人のもつ個別の特性に応じた社会資源の知識をもち、必要な支援につなげることができる福祉専門職がかかわることで、福祉的支援ニーズのある被疑者・被告人への支援がスムーズになり、よりよい社会復帰、また再犯を防止できる可能性が高くなると考えられる。

事例では、東田さんが逮捕されると、面会後に直ちに支援者のカンファレンスを開き、そこに弁護人も招いている。カンファレンスでは、弁護人から逮捕後の状況について把握するとともに、支援のあり方の見直しを行っている。

このあと、支援方針を弁護活動に反映してもらうこととした。起訴される前に支援方針を検察に伝え、起訴すべきかどうかの判断材料となるようにしている。このように手続き上のタイミングを逃さず働きかけることができるよう、弁護人とそしてほかの福祉職らと機敏に連携・協働できることが重要である。

❷支援者自身が自分の支援の省察（リフレクション）をする

支援のプロセスのなかでは、支援の見直しが必要になることがある。支援のプロセスのなかではモニタリングを適宜行い、実践の評価を行うことになる。

東田さんは、グループホームでの地域生活に移行したのちに再犯を起こした、その背景を考えるうえで、支援者らの支援の視点やかかわり方にも目を向ける必要がある。

再犯を本人の問題と片づけてしまうのではなく、支援者自身の価値判断で本人やその人の抱える課題をみてはいなかったか、支援者の尺度で測ってはいなかったか、相手の感情をコントロールしていなかったか、支援者が支配関係を持ちこんでいなかったかなど、自分たちの支援について振り返ることが求められる。

その際には、連携する職種や関係機関の背景が異なることに配慮し、互いに互いの役割、意見、価値を伝えあうことができるようにするファシリテーション機能を果たすことが、ソーシャルワーカーに求められる。また、支援の見直しにおいては、互いの役割を理解し、互いの知識・技術を活かした支援体制が構築できるように留意する。

事例のカンファレンス場面では、参加者らの発言が、東田さんのアル

コール依存症の可能性に焦点化していく流れがみられる。それを踏まえて演習課題❷について考えると、支援とその体制のあり方についてカンファレンス参加者らと再度考えられるようにするかかわりが必要となっている。支援者らが自分たちの支援（実践）についてのリフレクションを行い、クライエントの態度や行動への理解を深め、あらためて本人が、「地域生活者」として、地域の一員として、自律的に暮らしていけるように、支援の省察を活かして、次につなげてほしい。

## 6 事例演習３

### 1 事例の課題認識
●東田さんへの新たなかかわり方の模索

> 事 例

### 東田さん自身が自分を見つめられるように支援する

　弁護士と福祉関係者がしっかりと連携していたからか、東田さんは不起訴処分となって釈放されグループホームに戻った。

　小山はあらためて東田さんと面談し、今後の支援について話しあうこととした。

　しかし東田さんの表情は優れない。

小山：東田さん、不起訴になってよかったですね。

東田：よかったけど、不安。また同じことにならない自信もないし、もう次はないと思う。それに決まりの多い生活にもちょっと疲れた。

小山：決まりが多いと東田さんに感じさせたことは支援者としても反省してるんです。もっと東田さんと話しあって、東田さん自身に支援のあり方を決めてもらわないといけなかったと思います。

東田：でも、自分で決めても今までうまくいかなかったからね。自分のこともよくわからないよ。自分には刑務所が合ってるのかも。お酒の病院のことも教えてもらったけど、お酒を飲まなくても万引きしたことはあるし……。

小山：それなら、まずは自分を知るということから始めませんか。法務少年支援センターという機関があります。ここには心理の専門家がいて、自分がどんな性格なのか、得意なこと、苦手なことはどんなことなのかを調べる検査を受けたり、失敗を繰り返さないためのアドバイスをもらうこともできます。名前に「少年」と入っていますが、少年に限らず相談にのってくれます。一緒に行ってみませんか。

## 東田さんと一緒にクライシスプランを作成する

　東田さんはアルコール依存症を専門とする精神科を受診し、アルコール依存症の診断と説明を受けた。数日後、小山と一緒に法務少年支援センターに行った。小山は、東田さんの了承を得て、事前に東田さんの資料を送っていた。

　法務少年支援センターでは、職員が東田さんの思いを丁寧に聞き取ったうえで、クライシスプランを作ってみないかと提案してきた。東田さんは、「クライシスプランは、自分が危機的状況に陥ったときの対応をあらかじめ計画しておくものだ」との説明を受け、作ってみたいと思った。

　小山は、クライシスプランを作成するためのカンファレンスを開くこととした。参加者は東田さん、小山、法務少年支援センターの職員、障害者相談支援事業所の相談支援専門員、グループホーム職員、就労継続支援B型事業所職員、社会福祉協議会職員（日常生活自立支援事業の生活支援員）、精神科クリニック精神保健福祉士の8名。それぞれの意見を聞き、一つひとつ東田さんに確認しながら課題を整理した。

　そして、何度か法務少年支援センターの職員と面談し、**図3-5**のようなクライシスプランができあがった。

### 図3-5　東田さんのクライシスプラン

| 私の生活プラン | 私の目標：H市で穏やかな生活を続ける |
|---|---|

**★気をつけたほうがいいストレス**
・金銭管理に余裕がなくなる　・生活のリズムが乱れる（夜更かしなど）　・ややこしい手続きなどを一人でする

 **良い状態**
・表情が明るい
・イライラしていない
・飲酒していない
・お金に困っていない

**★支援者から見てわかる状態**
□生活リズムが安定している
□支援に拒否的でない

**★この状態を保つために**
□不安やイライラすることがあったら支援者に話す
□（支援者には）嫌な顔をせずに話を聞いてほしい
□自助グループに通い続ける

**ちょっとしんどい**
・イライラする
・お酒を飲みたくなる
・外出が増える
・お金の浪費が増える

**★支援者から見てわかる状態**
□口数が減る
□自助グループを休みがちになる
□お小遣いの臨時出金が増える

**対処法**
・グループホームや作業所の職員と話す
・テレビやDVDを見る
・早めに寝る

**すごくしんどい**
・イライラしてほかのことが手につかなくなる
・飲酒してしまう
・人生がどうでもよくなる

**★支援者から見てわかる状態**
□周囲への態度が悪くなる
□お酒の匂いがする
□断酒に否定的な言葉が出る
□投げやりな言葉が多くなる

**対処法**
・支援者の誰かと話をする
・深呼吸をする
・職員と一緒に散歩をする
・精神科クリニックに相談する

| ★東田さんのサポーター　連絡先一覧 | | | |
|---|---|---|---|
| 就労継続支援B型事業所（○○さん） | 00-0000-0000 | 障害者相談支援事業所（○○さん） | 00-0000-0000 |
| グループホーム（○○さん） | 00-0000-0000 | 地域生活定着支援センター（小山さん） | 00-0000-0000 |
| 社会福祉協議会（○○さん） | 00-0000-0000 | 精神科クリニック（○○さん） | 00-0000-0000 |

## 2 事例を検討するための知識

### ❶アセスメントやプランニングのツールを知っておこう

　ソーシャルワーク実践では、アセスメントやプランニングを適切かつ的確に行うために活用できるツールを知っておくことが求められる。

　なかには、クライエント自身が自分を見つめ、自分で考えることを支援するツールとして開発されたものもあり、その一例としてクライシスプランがある。クライシスプランは、もともと精神疾患を有する人への支援で活用されてきたツールであるが、項目や表現を工夫し知的障害のある人へのアセスメントツールとしても活用できる。

　クライシスプランは、本人が心身の不調や生活を営むうえでの困難を感じたりする場合、そうした状況の「注意サイン」が出た場合について、本人の対処方法、サポートする家族や関係機関等の対処方法について、具体的に示しておくものである。

　クライエント自らのセルフモニタリングに基づいて、「注意サイン」を段階に分けて、それぞれの対応を考えていく。クライエントは、自分の状態が悪化したときの状態を想定し、自分で対応できること、支援者らにサポートしてほしいことを考える。また、悪い状態だけでなく、よい状態についても考え、よい状態を維持する方法についても考える。

### ❷社会資源の活用について復習しておこう

　ソーシャルワーク実践における社会資源には、フォーマルなものとインフォーマルなものがあるとされる。社会資源は、いつでも実践に必要なものが準備されているわけではないため、既存の社会資源にどのようなものがあるかを把握し、その社会資源とのつながりを構築しておかなければ、社会資源が活用できる状態とはいえない。

　たとえば、事例に出てくる法務少年支援センターは、少年鑑別所法第131 条に基づき、児童福祉機関、学校・教育機関などの青少年の健全育成に携わる関係機関・団体と連携を図りながら、地域における非行および、犯罪の防止に関する活動や健全育成に関する活動に取り組んでいる。本人、家族、関係機関などからの依頼に応じて、❶能力・性格の調査、❷問題行動の分析や指導方法等の提案、❸本人や家族に対する心理相談、❹事例検討会等への参加、❺研修・講演、❻法教育授業等、さまざまな活動を行っている。

　社会資源は多様であり、ソーシャルワーカーは、常に活用できる社会資源を求め、つながりの構築を図っていく。

第3章 実践的にソーシャルワークを学ぶ

❶ なぜ東田さんの支援に「クライシスプラン」を活用することを決めたのか、考えてみよう。【SW7】【SW8】【IP1】

❷ 元受刑者で福祉的支援ニーズのある人の支援に活かせる社会資源にどのようなものがあるか挙げてみよう。また、法務少年支援センターの具体的な活動について調べてみよう。【SW7】【SW8】【IP3】

## ■4 ミニレクチャー

❶アセスメントやプランニングを効果的に行うツールを活用する

アセスメントやプランニングには、ツールが存在し、状況やクライエントに応じて活用することで、効果的にアセスメントやプランニングを行うことができる。

事例では、法務少年支援センターの専門的な協力が得られたということもあり、クライシスプランを作成することになった。

演習課題❶について考えると、東田さんには、自分の思いを伝える力がある。東田さんは、不安を言葉にしていた。また同じことにならないか自信がない、もう次はないとも言っているが、決まりの多い生活にも疲れたという発言もしている。

しかし、支援者はそれまで東田さんの思いを受けとめてこられなかったかもしれない。東田さんの不安を和らげ、自信をもてるように、また周りではなく本人が決められるように、自己決定を支える支援をするために、クライシスプランは効果的である。

本人が自分で考え決めていくプロセスの支援、その人の状態に合った支援が望まれる。東田さん自身が、支援者の助けを借りながらセルフモニタリングし、自分自身で目標をもち、よい状態を保ち、状態が悪化した場合でも、早めに立て直しができるよう、状況（段階）に応じた対応の仕方や相談先を明確化する。自分を見つめられるように支援する。こういったことが、クライシスプランを活用した理由として挙げられる。

なお、クライシスプランには、「不調時の自分を知っておこう」というリカバリー*の視点がある。

クライエントが、今までの自分やこれまでの生活を振り返り、自分でどう困難に対応するか、自分がよいと思える状態をどう維持できるか、自分で考え、自分で決めていくことのプロセスを支援していくには、クライエントが思い出したくない過去と向きあわなければならないこともある。本人が落ち着いた状態のときに、専門職とともにあせらず時間を

★リカバリー
精神の病や障害がある人が、症状と付き合いながら、希望を取り戻し、社会のなかで生活し、自分が求める生き方を主体的に追求することで、自分の人生を取り戻していくこと。

かけてプランを立てていく必要がある。

❷支援に必要な他機関・他職種の専門性を社会資源として活用する

　クライエントの支援に社会資源を活用できる力は欠かせない。個々の
クライエントによりニーズは異なり、クライエントの暮らしを支え、エ
ンパワメントにつなげていくために、社会資源の活用が必要となる。

　ソーシャルワーカーには、どのような社会資源が活用できるかを考え
ること、またそうした社会資源の知識を身につけておくこと、地域のな
かにある社会資源（フォーマル、インフォーマル）について具体的に知っ
ておくこと、実際に活用できるよう社会資源の提供機関や人とふだんか
ら関係性を築いておくことなどが求められる。

　それぞれの社会資源の専門性を知り、活用することに加え、連携・協
働の関係性そのものが、支援に活かされる社会資源になるということも
理解しておこう。

　演習課題❷では、東田さんや東田さんのような元受刑者で福祉的支援
ニーズのある人の支援に活かすことができる社会資源には、どのような
ものがあるとよいかできるだけ具体的に考えたが、クライエントによっ
てニーズが異なることを踏まえ、多様な社会資源について考えることが
できただろうか。

　実際にどのようなものがあるか、事例にある法務少年支援センターや
そのほかの機関等について調べてみて、必要だと考えた社会資源が地域
にあるかどうか知ることができただろうか。

　地域のなかに必要な社会資源が必ずしもあるわけではないため、その
場合にソーシャルワーカーは、ほかの関係者らと協力して、社会資源の
開発を行うことも考える。

第3章　実践的にソーシャルワークを学ぶ

多角的に考えてみよう
――別の可能性もないだろうか

　本項では、前半で、福祉施設が出所者を受け入れていく事例を創作して示している。また後半では、よりそいネットおおさかが仕掛けた、関心・共感の輪を広げる実際の取り組みを示している。

## 1 事例の課題認識
●地域における出所者の受け入れ

事例

### 高齢者福祉施設で特別調整対象者の受け入れに取り組む

　高齢者福祉施設の施設長は、地域生活定着支援センターの職員から81歳の男性（Aさん）の入所について相談を受けた。詳細を聞いてみると、Aさんは窃盗と詐欺の罪で受刑しており、受刑歴は20回に及んでいる。出所するときは数万円の報奨金を所持していても、報奨金が尽きると、日雇いで働き、お金がなくなるとまた同じような犯罪を繰り返していたため、成人になってからは、ほとんど社会での生活経験がない。2か月後に出所予定であるがなかなか引き受け先が見つからず、生活場所を探しているとのことだった。

　施設長は、以前から高齢者の犯罪行為が増えていることや刑務所に高齢受刑者が増えていることなども知っており、社会福祉法人として何かできないかと考えていた。そのため、ぜひ受け入れたいと前向きに話を受けとめ、本人と面談することを決めた。

### ● Aさんと面談する

　事前に、地域生活定着支援センター職員がまとめた情報をもらい、Aさんの全体像をイメージして面談に備えた。刑務所には、生活相談員と二人で訪問し、刑務所の福祉専門官からAさんの受刑中の様子を聞いた。

---

受刑中の様子

・穏やかな性格で、懲罰などは特にない。

・腎不全で、進行すれば透析の可能性もある。

・排尿障害で、おむつ使用、バルーンカテーテルを留置している。

・難聴があり、左耳が聞こえにくい。

・白内障により、目がかすんでいる。

・養護工場で働いている。

・介護保険は申請済で要介護1の認定が出ている。

---

　Aさんは少し緊張した面持ちで面談室に入ってきた。生活相談員は、「いつも施設で見ている利用者さんと変わらない」という第一印象をもった。

　耳が遠いこともあり、会話はスムーズではなかったが、Aさんは質問には丁寧に答えていた。過去のことや現在の事実については答えられるが、希望や将来の生活についてはあまり答えられず、一般的な社会経験の乏しさが感じられた。また、あまり反論するような発言はみられず、常に迎合的な姿勢が感じられた。

　高齢者福祉施設については知識がないことを知っていたため、施設の写真や季節ごとの行事の様子がわかる資料を持参し、細かく説明した。緊張した様子も徐々にほぐれ、1時間の面談の終わりには、少し笑顔も見られるようになった。

　面接終了後、施設長は帰りの車の中で生活相談員と面談を振り返り、Aさんを受け入れることを決めた。ただ、ほかの職員が出所者を受け入れることについてどう感じるか、また利用者の家族が知ったときどう思うかなど、さらなる課題を乗り越えなければならないと思っていた。

### ● 職員にAさんの受け入れを提案し実行する

　翌日の職員会議で、Aさんを受け入れたいと説明したところ、数々の不安や疑問が職員から出された。

---

職員からの不安や疑問の声

・また同じようなことをするのではないか。ほかの利用者の金品を盗むようなことがあったら責任をとれない。
・夜勤に女性しかいない場合、正直、高齢者といっても怖い。
・元受刑者をうちの施設が受け入れていることがほかの利用者家族や近隣住民に知れ渡るようなことがあると、施設の風評被害が生じないか。
・ほかの利用者が怖がるのではないか。
・犯罪者をどこまで信頼できるのか。たとえ事前面談を行ったとしても、かかわった（支援した）経験がないので、どこまで本人の発言を信じてよいのか不安。

---

　施設長は、職員の意見を丁寧に聞き、Aさんと面談した様子を、職員にしっかりと伝えることを意識した。一方で、過剰な反応を防ぐために、犯罪歴を伝える職員の範囲を限定した。そして、慣れるまでは、夜勤が女性だけの場合に施設長が一緒に泊まることを約束した。

　生活相談員は、Aさんに積極的に声かけを行い、安心して生活できる場所だと思ってもらえるような働きかけをすることが大事であると職員に伝えた。

　施設長には、「職員の不安は、生活が始まれば必ずなくなっていく」という確信があった。

　出所当日、地域生活定着支援センターの職員2名とともにAさんが到着した。在勤中の

職員に笑顔で迎えられ、会議室に通され、施設入所のための重要事項説明書と契約書を交わした。そして、それをもって、管轄の自治体の生活保護課に出向き、生活保護の申請をした。その後、転入届、介護保険の申請を済ませ、施設で生活するための日用品や衣類を購入し、施設に戻った。

　ほかの職員は、どんな怖い顔をした出所者が来るのかと待ち構えていたようだが、Ａさんが細身の穏やかな表情の高齢者で安心した様子だった。

　Ａさんの入所から３か月が過ぎた頃、地域生活定着支援センター職員が施設を訪れ、本人、施設長と３人での面談を行った。

施設長：Ａさんが最近、施設周辺の木々の掃除をしてくれて大変助かっているんです。職員の手が回らなくて困ってたんですが、Ａさんがコツコツと掃除してくれるので、面倒だと思っていた職員も一緒に掃除するようになって、職員のやる気にもつながっています。

地域生活定着支援センター職員：すごいですね。Ａさんには、そんな特技があったんですね。

Ａさん：はい（照れくさそうな表情）。昼間が暇だから、何かしたいなと思って。

施設長：Ａさんが私たちのお手伝いをしてくれるから、ほかの職員もＡさんに対する見方を変え、元受刑者のＡさんではなく、目の前にいるＡさんを受けとめるようになってきたんです。数名の職員からは、「ほかの出所者も受け入れてみよう」という声まで上がっています。

地域生活定着支援センター職員：ほんとですか！　Ａさんのおかげですね。

Ａさん：はい（うれしそうな表情）。みんなに「ありがとう」って言ってもらえるのがうれしいんです。

施設長：以前は、排尿障害によりバルーンカテーテルをつけていましたよね。見てください。今はもうバルーンカテーテルもつけていないし、おむつも履いていないんですよ。出所後すぐに、内科の先生に診てもらって、投薬治療と排泄の練習をしたんですよ。そしたら、すぐに必要なくなりました。刑務所ではこまめなケアや自立支援の視点はないのでしょうか。あと、来月、白内障の手術もすることになっています。

地域生活定着支援センター職員：刑務所では必要な治療は受けられますが、自立支援やリハビリなどの機会は少ないですね。医師の数も限られていますし。

施設長：Ａさん、掃除を頑張ってくれるのはうれしいですが、頑張り過ぎないでくださいね。たまには、私たちに弱音も吐いてくださいね。

Ａさん：ありがとうございます。ここに来られて本当に幸せだと思っているので、愚痴などありません。

## 元受刑者を受け入れた施設の体験を広めたい

### •受け入れ先探しの困難さ

　地域生活定着支援センター内で、Ａさんを受け入れたこの施設のエピソードが共有されると、職員から「もっと多くの福祉施設にも知ってもらいたい」との意見が出た。

　地域生活定着支援センターの職員は、日頃、ケースの支援体制を調整しているなかで支援対象者の受け入れ先探しに苦心していた。

　「罪を犯した」という事実は、ケースの情報提供を行った相手に重く受けとめられ、「その人が事件を起こしてしまったらうちでは責任をとれない」「うちの人員体制では何か問題行動があったときに対応しきれない」「地域住民に迷惑をかけたら事業の運営にも支障を来しかねない」などの理由で、対象者本人に会ってもらう以前にかかわりを断られることが少なくなかった。

　資料などの情報だけでつくられる本人像と、実際にその人に会って受ける印象には隔たりがあることを地域生活定着支援センターの職員は経験的に知っていたが、それを言葉で伝えるのは困難だった。

　「受刑者」というネガティブなイメージがスティグマとなり、その人の生きてきた人生、感じてきた生きづらさ、生来もっているよい性質までもがすべて覆い隠されてしまっているような気がしてもどかしく感じていた。

### •勉強会の開催——顔の見える関係づくり

　そこで、このＡさんを受け入れた施設の体験をもっと多くの人や事業所に知ってもらう機会をつくったらよいのではないか、と企画を考えることとなった。

　Ａさんを受け入れた施設以外にも、矯正施設から出所した人を支援してくれた事業所はこれまでにもあった。また、関心はあるがどう支援してよいかわからず一歩が踏み出せないという事業所もあった。このような事業所や人が交流し、経験やノウハウ、悩み等を共有すれば、支援の裾野が広がるのではと、「触法行為を行った高齢者・障がい者の支援を考える勉強会」を立ち上げることにした。

　企画にあたっては、刑事司法関係者にも参加を呼びかけたいという意見が職員から出された。同じ人にかかわる刑事司法関係者と会話がかみあわなかったり、意思の疎通に困難を感じたりしたためである。それぞれ目的が異なり、もっている知識や感覚に隔たりがあることをお互いによく知れば今後の連携も円滑になるはずだと「多職種間の顔の見える関係づくり」もテーマの一つにした。

　こうして「触法行為を行った高齢者・障がい者の支援を考える勉強会」が開催されることとなった。Ａさんを受け入れた施設の施設長にゲストスピーカーとして参加してもらい、Ａさんを受け入れることになった経緯や実際に受け入れて感じたこと、Ａさんや職員の変

化などを話してもらうこととした。

　参加定員は 40 名ほどで、刑事司法関係者は矯正施設、保護観察所、地方更生保護委員会、弁護士などに、福祉関係者は地域包括支援センター、高齢者福祉施設、障害福祉サービス事業所、精神科病院関係者、福祉行政関係者等に案内を出した。

　また、ただ単に参加者が発表を聞くだけで終わらないように、グループワークや一緒に過ごす時間を設けて交流を深めてもらうこととした。グループ分けにも配慮し、1グループ5〜6名ずつで、福祉関係者と刑事司法関係者が均等に分かれるようにし、極力多様な職種が交流できる形を目指した。

　参加者にはアンケートをとり、感想や意見を書いてもらった。福祉関係者からは「"受刑者"と聞くとどんな怖い人たちだろうと思っていたが、ふだん自分たちがかかわっている人とそんなに違わないのだと感じた」「ふだん、会うことのない矯正施設の人と話ができてよかった」「今後、出所者を受け入れるための参考となった」等、刑事司法関係者からは「出所した人たちが、その後どのような生活をしていくのかイメージがもてるようになった」「受刑者の更生のためには矯正施設だけではなく福祉の力が必要だと感じた」等の感想が書かれていた。参加者はおおむねこの勉強会に意義を感じた様子だった。

　その後も定期的に勉強会を開催し、支援に携わるさまざまな立場の人にゲストスピーカーとして話してもらうこととなった。

## 犯罪行為者の支援を行う民間団体（よりそいネットおおさか）が仕かけたストーリー

### ●犯罪による新たな被害者を生まないための社会の仕組みづくり

　一般社団法人よりそいネットおおさかでは、犯罪による新たな被害者を生まないための社会の仕組みづくりを目的に、大阪府内の福祉・刑事司法・医療関係者と連携し、研修会や交流会、情報発信、居住支援、就労支援等の事業を実施してきた。

　その背景には、罪を償った出所者や必要な福祉サービスが行き届かずに罪を犯した者等はいつまでも犯罪者とみられ、本質的部分に焦点が当てられることが少なく、立ち直りの機会が十分ではないのが現実である。一方で、出所者等の支援について、最近ではメディア

有名ジャーナリストや、吉本興業の元専務である竹中功氏などの協力も得、府民にも親しみやすい工夫をした。

で取り上げられる機会も増え、さらに、再犯防止推進法の成立によって自治体にも再犯防止に関与する責務が明確になったことから、以前よりも「罪を犯した人の支援」に興味関心をもつ人が増えてきたように感じていることがあった。

### ● 府民向けの啓発活動の継続

そこで、2016（平成 28）年度から大阪府福祉基金を活用して、「排除のない地域社会づくり」と「救いのある福祉の実現」をテーマに掲げ、府民向けの啓発活動を積極的に行ってきた。

1 年目は刑務所の実態を知ってもらうこと、2 年目はインフォーマルな活動を地道に行っている支援者にスポットを当てた企画、3 年目は自治体による再犯防止の取り組みをテーマに、段階的に活動を行った。

少しでも多くの人の目に留まることを意識して、チラシのネーミングを工夫したり、親しみやすいイラストを起用したり、周知にはメディアを活用したりするなど、日頃の活動も含めて戦略的に行うことで、各フォーラムでは、毎年 150 名近い参加者を集めることができた。

また、フォーラムに参加した人だけでなく、そこからのさらなる広がりを期待して、啓発本を配布した。東日本大震災の被災者に心温まる漫画本「木陰の物語」を配布し続けてい

る家族心理療法家の団士郎さんに協力いただき、出版社・ホンブロックと共同で出版した『この街のどこかに』である。参加していなかった人にフォーラムの内容や感想を添えてプレゼントしてもらうことで、興味がなかった人にも関心をもってもらうこと、共感の輪を広げることを狙いとして、フォーラムの参加者に 2 冊ずつ配布した。

4 年間で約 9000 部を配布し、ネットなどでも注文を受け付けている。

### 2 解説

### ❶組織内のアドミニストレーション（メゾ）【SW2】【IP1】

高齢者福祉施設による特別調整対象者の受け入れに関する取り組みでは、施設長が、「特別調整」の受け入れを進められるよう施設内で職員への働きかけや調整を行っている。

社会福祉施設としての役割を果たしたいとの施設長の思いは、職員たちとの丁寧な対話や準備を通して、最終的には組織として受け入れることに結びつく。これは、組織内（施設内）のアドミニストレーション（メ

ゾレベル）の実践である。

　組織内においては、管理者から職員まで、それぞれの立場や専門性の違いがあるとしても、組織としての役割・機能を果たしていくうえでは、運営管理（アドミニストレーション）機能が必要となってくる。

　施設長が、福祉ニーズのある「元受刑者」の受け入れを考えたのは、地域における自組織の役割・機能を果たそうとしたからであり、そうした役割・機能を果たすためには、組織内での合意形成やそこに至るまでの十分な話し合い、必要に応じて研修等も必要である。

　施設長そしてこの施設は、実践において多様性と相違に対応する【SW2】、人権と社会的・経済的・環境的な正義を推進する【SW3】ということに取り組んでいる。

　また職員たちは、クライエントへの直接的支援（ミクロレベル）において、本人の関心に寄り添いつつ、福祉医療介護にかかるニーズを捉え、本人のやりたいことの実現、本人の暮らしの場での承認、役割や関係性をもつこと、自立につなげるケアを、高齢者福祉施設での支援の専門性を発揮して行い、その成果を出している。こうした実践の成果は職員、そして組織としての成長・成熟につながる。

❷地域のなかに理解者をつくり、顔の見える関係をつくる（メゾからマクロ）【IP2】【IP3】

　勉強会を立ち上げた取り組みでは、地域生活定着支援センターの職員は、日頃、ケースの支援体制を調整しているなかで支援対象者の受け入れ先探しに苦心していた。受け入れ先の施設等の物理的な「空き」がないというよりも、「罪を犯した人」を受け入れることに対する不安や、知識・経験のなさから来る誤解・思い込みがあることを感じ取っていた。

　支援者である専門職らの理解が得られないことには、すでにある施設等の社会資源や専門職の活用が進まない。

　この取り組みでは、支援者や関係者の不安も、無関心ではない、つまり関心の一端と捉え、そうした不安と関心に寄り添いながら、「受刑者」としてのネガティブなイメージで捉えるのではなく、福祉ニーズをもつ個人であることの理解を深めることを目指した。またその方法として、受刑者を受け入れた施設の体験から学びあえるように、人や事業所間の交流、経験・ノウハウ・悩み等を共有できる場をつくることを考え、実施した。

　支援者の不安や困難にも寄り添い、不安や関心に応じた勉強会を多職種が出会い学びあえる場として継続して開催しているこの実践は、目の

前にいるクライエントへの個別（ミクロレベル）支援のための直接的連携・協働というよりは、地域のなかに理解者をつくり、またその人たちの間での顔の見える関係づくりを目指したもので、主にメゾレベルの実践であり、またマクロレベルにもかかわる実践である。こうした場ができることで、個別支援での連携・協働にもつながることが考えられる。

そこではグループワーク、ファシリテーションといった技術を学びあう場づくりに活かしていることがわかる。

❸ 人権と社会正義を推進する組織内およびコミュニティにおける変革（メゾからマクロ）【SW8】

よりそいネットおおさかが行った、フォーラム開催、啓発本配布の取り組みは、メゾレベルからマクロレベルの働きかけである。

罪を犯した人が地域に戻っても排除されることのない、排除のない地域社会づくり、犯罪による新たな被害者を生まない社会の仕組みづくりを目指した啓発活動の実施である。

啓発活動は、支援が必要な人への直接的な援助やサービスの提供とは異なる。しかし、正しく深い知識が得られる機会を提供して地域住民や専門職らにある誤解や不安を解消し、意識や態度の変容を促し、関心をもつ者、理解者や協力者を地域社会のなかにつくっていくためには、ソーシャルワーク機能の発揮が不可欠である。問題への対応という側面以上に、進歩的な変革を起こしていこうとするものである。

この取り組みでは、市民レベルから専門職レベルまで、インフォーマル、フォーマルな支援者あるいは潜在的支援者の発掘、その人たちへの支援、つながりづくりなどを目指している。働きかけるターゲットを明確にし、ターゲットに応じた手段を選択し段階的に進める手法は、戦略的である。

これは、ふだんの実践活動のなかでコミュニティのニーズや課題を分析・把握しつつ、ふだんのミクロ・メゾレベルでの実践とも連動させたマクロレベルでの実践である。関心をもつ者や理解者の輪を広げることは、コミュニティへの参加支援と捉えることもできる。またこうした取り組みの成果が、クライエントへの直接的支援にも活かされるのである。

なお、この取り組みでは、公的な基金も活用している。こうした行政や民間による基金・助成金等の申請には、助成情報の取得、企画・申請書の作成、審査におけるプレゼンテーションなどに必要な技術が求められ、助成を受けられた場合には、計画の実施と進行管理、報告書や成果物の作成、成果報告のプレゼンテーションなどの技術も必要となる。

## 1　事例の展開と社会福祉士の実践能力

これまでの事例の展開と社会福祉士の実践を踏まえ、どのような実践能力が発揮されたのか、事例演習を通してどのような実践能力が習得できるのかについて、ソーシャルワークのコンピテンシー【SW1～9】・多職種連携コンピテンシー【IP1～6】に分けて解説する。

なお、**表3-11**では、社会福祉士が課題認識をもとにアクション（活動）した過程で発揮した実践能力について、【SW1～9】【IP1～6】を用いて一覧化した。加えて、「多角的に考えてみよう──別の可能性もないだろうか」での学びを通じて習得できる実践能力についても示している。

表3-11　事例の展開と社会福祉士の実践能力

| 事例展開 | 課題認識 | 社会福祉士のアクション（活動） | | コンピテンシー |
|---|---|---|---|---|
| 事例演習1【第4項】 | 知的障害のある人が服役を繰り返している | 小山洋 | ・東田さんの出所後の生活の希望を聞く<br>・東田さんの言葉に耳を傾け、本人がもっている感覚を理解する<br>・支援者会議を開催し、情報や意見交換する<br>・東田さんとグループホームで面談する | 【SW1】【SW2】【SW6】【SW7】 |
| 事例演習2【第5項】 | 東田さんが再犯をしてしまった。支援のあり方を見直そう | | ・弁護士と一緒に警察署に面会に行く<br>・支援者を集めて支援のあり方を見直す | 【SW1】【SW8】【IP1】【IP2】【IP3】 |
| 事例演習3【第6項】 | 東田さんへの新たなかかわり方の模索 | | ・東田さん自身が自分を見つめられるように支援する<br>・東田さんと一緒にクライシスプランを作成する | 【SW7】【SW8】【IP1】【IP3】 |
| 多角的に考えてみよう【第7項】 | 地域における出所者の受け入れ | | ・高齢者福祉施設で特別調整対象者の受け入れに取り組む<br>・元受刑者を受け入れた施設の体験を広めたい<br>・犯罪行為者の支援を行う民間団体（よりそいネットおおさか）が仕かけたストーリー | 【SW2】【SW8】【IP1】【IP2】【IP3】 |

## 2　ソーシャルワークのコンピテンシーの習得

❶実践場面で自身の個人的な価値に気づき、専門職としてのあり方を維持するために振り返りと自己規制を行う。専門的な判断と行動となるように、スーパービジョンとコンサルテーションを活用する【SW1】

地域生活定着支援センターの社会福祉士である小山は、東田さんとのかかわり（エンゲージメント）の当初、東田さんが「再犯を繰り返していること」に着目し、それを何とかしなければならないという自分自身の課題認識が強く、信頼関係を結ぶことや、東田さん自身の関心事、東田さんのこれまでの人生、置かれてきた環境や環境のなかでの思いや願い、しんどさや強さなど、東田さんのことを理解しようとする態度が不足していた。

東田さんが「小山さんは自分を信用してくれていない」と特別調整の辞退を申し出たことで、小山は面談の仕方がよくなかったのではないかと振り返り、川田所長にアドバイスを求め、スーパービジョンを活用した。そしてそこでの気づきや学びを、次の面談から活かすことができている。

このように、実践場面で自身の個人的な価値や偏見に気づき、専門職としてのあり方を維持するために振り返りと自己覚知、自己規制（自らの気づきを高め、自身をコントロールする）を行うこと、専門的な判断と行動となるように、スーパービジョンを活用することが必要である。

❷人生経験を形づくるうえで多様性や相違が重要であることを、実践のミクロ・メゾ・マクロレベルにおいて適用し、伝える。多様なクライエントや関係者とともに取り組む際には、自分の偏見や価値観の影響を抑えるために、自己覚知や自己規制（自らの気づきを高め、自身をコントロールする）を行う【SW2】

ソーシャルワーカーには、支援において自己覚知や自己規制が求められている。

小山は、川田所長のスーパービジョンを求めるとともに、自らのリフレクションを行い、自分の価値と専門職としての価値の違いを確認して、次の支援につなげている。

また、支援者を集めたカンファレンスでは、支援のあり方を見直すために、参加者らのリフレクションが必要とみられ、小山は、連携する職種や関係機関の背景が異なることに配慮しつつ、参加者が互いに互いの役割、意見、価値を伝えあうことができるようファシリテーション機能

を果たすことが求められている。

❸ソーシャルワーカーは、人間行動と社会環境についての理論を理解し、この知識をクリティカルに評価して、個人、家族、グループ、組織、コミュニティといったクライエントや関係者とのエンゲージメント（関係構築および取り組みの合意形成）を促進するために適用する。多様なクライエントや関係者に効果的にかかわるために、共感、反射、対人スキルを活用する【SW6】

ソーシャルワーカーには、SOSが言えない人の声を傾聴し、引き出すことや、見えない文脈を本人とともに探ることが求められている。また、クライエントに効果的にかかわるために、バイステックの7原則を意識しながら、共感、反射などの、対人スキルを活用することが求められる。

東田さんやほかの専門職らとのエンゲージメント（関係構築および取り組みの合意形成）においては、小山は、「環境のなかの人」という視点をはじめ、学際的な理論的枠組の知識を適用している。

刑務所から更生保護施設、グループホームでの地域生活へという生活環境の変化、「環境のなかの人」である当事者が置かれている状況とその影響をよく理解することが必要である。

人間関係や社会から排除され、逆境体験を経験してきた人のなかには、自己肯定感が低く、親密な人間関係や社会生活のなかに役割をもった経験が少ない人が多い。東田さんの生活は、衣食住、仕事、相談できる環境が整うことで、地域の一員として自律的に生活する「地域生活者」になっていたと言えるだろうか。仕事とグループホームとの往復で、時々飲酒で気を紛らわす毎日は、東田さんにとっては窮屈な生活だったかもしれない。

社会生活において、他者から求められることや、役割を発揮できる環境があることで、その人の素晴らしさや個性を活かせる。住まいは、単に生活するための機能的な場所から、安心感が得られる「居場所」へと変化しなければならない。また、新たな役割をもつことでアイデンティティや価値が変化し、良好な人間関係や社会とのつながりの獲得につながる。それがエンパワメントにつながる。

❹データを収集、整理し、クリティカル・シンキングによってクライエントや関係者からの情報を解釈する。クライエントと関係者のストレングス、ニーズ、困難についての重要なアセスメントに基づいて、相互に合意できる介入目標と課題を設定する【SW7】

　ソーシャルワーカーは、クライエントの声を傾聴し、引き出すことや、見えない文脈を本人とともに探ることが重要となる。

　刑事司法とかかわった人を支援するにあたっては、刑事司法と福祉の視点の違いを理解し、本人の置かれてきた状況にも思いをはせ、自分のもつ偏見等についても自己覚知する必要がある。

　小山は、東田さんのアセスメントやプランニングを適切かつ的確に行うために、クライシスプランを活用している。

　安心できる生活、失敗してもやり直せる状況を実感できるように、自分や状況をよく知り、また得られるサポートを理解し、またどのようなときにどのサポートを利用したらいいのかを考え、受け身ではなく自らが、状況（段階）に応じた対応の仕方や相談先を明確化する。小山は、東田さんのそのプロセスに寄り添い、一緒に考えたことになる。

❺有益な実践結果を得るために、必要に応じて専門職間で連携・協働する。相互に合意した目標に向かって進めるような効果的な移行と終結を促進する【SW8】

　福祉的支援につながることで再犯を防げる人もいれば、一部には再犯に至る人もいる。小山は、東田さんの再犯を機に、本人の意向が尊重できていたか、再犯防止を意識し過ぎた制約の多い支援になっていなかったか、必要なサービス・不必要なサービスはなかったかなど、これまでの生活や支援を振り返る機会にしている。

　リスクや再犯防止ばかりに着目して行動を制限したり、見守りよりも監視的な視点が強調されたりすると、本人には窮屈な生活になってしまうことがある。本人のニーズと支援との両立、「犯罪のリスク」と「生活の質」のバランスを考えた支援体制の構築が重要である。

　リスクアセスメントをしながら、本人のニーズと支援との両立が図れるよう、目標を共有したうえで支援をつないでいく。

### 3 多職種連携コンピテンシーの習得

❶利用者・家族・コミュニティのために、協働する職種で利用者、家族、地域にとっての重要な関心事／課題に焦点を当て、共通の目標を設定することができる【IP1】

東田さんのように、繰り返し罪を犯しており、福祉的ニーズもある人は、司法と福祉、それぞれ異なる制度のもとでの処遇がなされるが、支援者間の立場、本人を捉える視点の違いから、意見の食い違いが生じ、支援方針が定まらないこともある。

また福祉機関・支援者間であっても、意見の食い違いは生じる。罪を犯した人への理解が十分でなく、不安や偏見がもたれていることがあり、そのために本人がもつ福祉的ニーズに十分な関心が寄せられず、結果として、本来、福祉機関・施設や福祉専門職が果たすべき役割・機能が果たせていないこともある。

ソーシャルワーカーは、協働する職種等の立場や役割を十分に理解し、クライエント中心という視点で、共通の目標を設定できるように連携を図ることが求められる。

異なる機関が連携してアセスメント等を進めていくときは、それぞれの視点や価値、目的、方法などの違いをよく理解して進めることが大切である。それは同時にソーシャルワークの価値とその価値に基づく知識や技術の活用について、あらためて確認し問うていくプロセスでもあることを自覚しよう。

❷利用者・家族・コミュニティのために、職種背景が異なることに配慮し、互いに、互いについて、互いから職種としての役割、知識、意見、価値観を伝えあうことができる【IP2】

ソーシャルワーカーは、アセスメントプロセスのなかでより広い範囲で実践することの意味を認識し、そのプロセスにおいて専門職間の連携・協働の重要性を重視する。

刑事司法機関と連携してかかわるうえで、ソーシャルワーカーは、「犯罪」を中心としてではなく、「クライエント本人」を中心とした視点で、クライエントのニーズや困難についてのアセスメントを行うために必要なこと、留意すべきことを確認しておく必要がある。

❸互いの役割を理解し、互いの知識・技術を活かしあい、職種としての役割を全うする【IP3】

家族、知人との人間関係のない人、社会から孤立した人を再び社会につなぐ作業は、地域生活定着支援センターのソーシャルワーカーに求め

られる機能・役割であり、センターの社会福祉士である小山の果たすべき役割である。

そのうえで、地域での暮らしを支えるという面では、他の機関・施設等のソーシャルワーカーら福祉専門職、またその他の専門職、さらにインフォーマルな支援者との連携・協働が欠かせない。

地域生活定着支援センターで働くソーシャルワーカーであってもなくても、多職種での支援会議、あるいは受け入れのための施設内調整、勉強会や啓発活動への参加等、連携・協働の力をふだんから身につけ、こうした状況にある人たちがつながりをもって自立して生きていくことを支えられる地域づくりに積極的にかかわることが重要である。

◇引用文献
1）岩間伸之『支援困難事例と向き合う——18事例から学ぶ援助の視点と方法』中央法規出版，p. 141，2014.

◇参考文献
・脇中洋「科学鑑定の動き わからなくても、やりとりはできる——北野事件再審請求の供述・証言分析に見た「未理解同調性」」『刑事弁護』第20号，pp. 139-144，1999.
・脇中洋「うそを発達的に理解する」『発達教育』2015年7月号，pp. 4-11，2015.
・千葉県社会福祉士会・千葉県弁護士会編『刑事司法ソーシャルワークの実務——本人の更生支援に向けた福祉と司法の協働』日本加除出版，2018.
・東京 TS ネット編，堀江まゆみ・水藤昌彦監『更生支援計画をつくる——罪に問われた障害のある人への支援』現代人文社，2016.
・Bartlett, Harriet M., *The Common Base of Social Work Practice*, National Association of Social Workers, 1970. (H. M. バートレット，小松源助訳『社会福祉実践の共通基盤』ミネルヴァ書房，1978.)

第3章 実践的にソーシャルワークを学ぶ

# メンタルヘルス課題と社会福祉士の役割・機能を考える

## 1 本演習のねらい

### 1 ソーシャルワークのコンピテンシーの習得

❶ ソーシャルワーカーは、抑圧と差別の形態とメカニズムを理解し、社会的・経済的・政治的・文化的な排除などの文化の構造や価値がどれほど抑圧や疎外を起こしたり、特権や権力を生み出しているかを認識している。【SW2】

❷ ソーシャルワーカーは、社会財、権利、責任が公平に分配され、市民的・政治的・環境的・経済的・社会的・文化的な人権が守られるようにするために、抑圧的な構造をなくすための戦略を理解している。【SW3】

❸ ソーシャルワーカーは、エンゲージメントが多様な個人、家族、グループ、組織、コミュニティとともに、またそれらに代わって行うソーシャルワーク実践の力動的で相互作用的なプロセスのなかの継続的な要素だということを理解している。【SW6】

❹ ソーシャルワーカーは、介入が多様な個人、家族、グループ、組織、コミュニティとともに、またそれらに代わって行うソーシャルワーク実践の力動的で相互作用的なプロセスのなかの継続的な要素だということを理解している。【SW8】

### 2 多職種連携コンピテンシーの習得

❶ 患者・サービス利用者・家族・コミュニティのために、協働する職種で患者や利用者、家族、地域にとっての重要な関心事／課題に焦点を当て、共通の目標を設定することができる。【IP1】

❷ 複数の職種との関係性の構築・維持・成長を支援・調整することができる。また、時に生じる職種間の葛藤に、適切に対応することができる。【IP4】

## 2 事例演習のポイント

❶ 精神疾患は、回復と悪化を繰り返す場合も多く、それによって、本人に焦りや絶望感が高まることもあり、そうした思いや苦しみ、多様な生活のしづらさに寄り添っていくことの大切さを確認する。

❷ 症状に目を向けるだけでなく、その人（精神障害者）のストレングスにも意識を向けることが必要であることを学ぶ。

❸ メンタルヘルスに課題のある人やその家族を的確に支援する視点をもち、社会資源の活用や開発の重要性を学ぶ。

❹ 精神障害者やその家族を支援の中心に置き、多様な専門職・非専門職がかかわることや、連携の重要性を学ぶ。

❺ 連携・協働する職種の役割を把握し、そのなかにおいて、社会福祉士に求められる役割や機能を学ぶ。

## 3 事例の基本情報

事例（導入）

### 社会福祉士はどこにいる？

　光川蓮（31 歳）は、社会福祉協議会のボランティアセンターで働く社会福祉士である。大学で福祉を学び、社会福祉士と精神保健福祉士の国家資格を取得した。

　高校生の頃から地元のボランティアセンターが主催する「夏のボランティア体験（通称、ナツボラ）」に参加し、夏休みを利用して高齢者施設や保育園などでボランティア活動を行っていた。大学は迷わず社会福祉学部を選び、そこで多くの福祉の知識や技術を学んだ。

　在学中に地域福祉への関心が高まり、卒業後は、念願の社会福祉協議会に就職した。地域支援課に配属されたが、その当時、市内には困りごとを抱える人が増えつつあり、光川は、民生委員や地域住民、関係機関などと連携し、課題の解決や予防に向けて、日々、奔走していた。社会福祉協議会には、メンタルヘルスに関連する課題の相談が増えており、光川は戸惑うことも多かったものの、精神保健福祉士の資格を取得していたため、大学で、そして実習で学んだ知識や経験が大いに参考となった。

　6 年前に、併設されているボランティアセンターに異動となり、光川は、ボランティアをしたい人とボランティアを必要としている人をつなぐ調整や、ボランティア活動のための

学習の機会の提供をしている。仕事は気を遣うことやしんどいこともあるが、職場環境は明るく、困ったことは先輩や上司に相談しながら仕事を進めている。市民やボランティアの方々と出会えることが楽しく、日々、やりがいを感じている。と同時に、現在光川は、社会福祉協議会やボランティアセンターが、メンタルヘルス課題に取り組むことの必要性を痛感している。

## ボランティアセンターがある地域はどんなところ？

　光川が勤務しているボランティアセンターは、人口約5万人の地方都市にある。この市は港町で、漁業や観光が主な産業である。市内の中心部にある港は、夕日がきれいなスポットである。毎年7月末の夕方には、この港でジャズフェスティバルが開催され、全国から多くの観光客が集まる。ジャズファンの間では、名の知れた街になりつつある。

　高齢化率は30％。人口の流出は毎年一定程度あるが、市内には大手企業の工場が二つあり、新たな人口の流入もある。

　住民同士のつながりは、かつてより希薄になってきてはいるものの、まだ残っている。市内の小学校区ごとに毎年1～2回程度開催されている地区運動会や、年1回の、市の中心部にある大きな神社の夏祭りが、住民同士のつながりを維持する役割を果たしている。

　この市には、創立40年を迎えたZ精神科病院がある。市内で唯一の精神科病院である。入院病床は211床。デイケアと相談支援事業が併設されている。このZ精神科病院には、長期入院している患者が多く在院していた。

　5年前から、退院促進に重点を置いており、病院の精神保健福祉士が中心となって退院へ向けた取り組みや、地域生活支援に力を注いでいる。そのかいあって、退院し地域で生活を営む精神障害者が増えつつあった。しかしその一方で、地域住民から、精神障害者の存在を不安視する声や、自分の近所への退院を拒否する動きが増えてきていた。Z精神科病院が、2か所目となるグループホーム建設の計画を打ち出したとき、一気に反対運動へと発展した。

　こうした事態への対応の一環として、先日、社会福祉協議会の精神保健福祉士との協働で、精神保健福祉ボランティア講座が開催された。今まで多くの学習会が開かれてきたが、精神保健福祉に関する共同開催の講座は初めてだった。しかし、多くの地域住民が参加し、地域住民の精神障害者への理解促進につながる機会となった。また、この講座の受講をきっかけに、住民が精神保健福祉ボランティアのグループを立ち上げ、活動を開始した。このように、今、変化が少しずつ地域に起き始めている。

## クライエントの状況

桐山翔さん（28歳）は、大学を2年次に退学した。その後、就職するものの、その企業の労働環境は劣悪なものだった。1年後に気分障害（うつ病、パニック障害）を発症し、自殺をほのめかす言動が見受けられはじめ、やがて自殺企図があり精神科病院に医療保護入院となった。

退院後、定期的な外来通院と服薬で自宅療養をしていたが、病状が安定せず仕事を辞めた。その後も短期間の入院を繰り返し、最終退院後は、自宅にひきこもる日々が続いた。

翔さんの心のなかには、「このままでいいのだろうか」「毎日、家族だけと顔を合わせている。こういう生活は少し息苦しい」という思いがあったが、自分から何か行動を起こす気持ちにもなれなかった。もともと積極的な性格ではなく、そもそも、何をどうしたらよいのか見当もつかなかった。ふさいだ表情で過ごす日々が続いた。

## 家族の状況

翔さんは、父（57歳）、母（55歳）、兄（30歳）の4人で暮らしている。父は公務員で、一家の住んでいる県の職員である。子育てや家庭のことは、あまり積極的ではなかった。母親の薫さんは、専業主婦。光川が働いているボランティアセンターに登録し、主に子どもたちの支援を行っている。仲間たちと、子ども食堂を半年前に立ち上げた。

兄は、隣接している市にあるスポーツ施設で、スポーツトレーナーとして働いている。小学生低学年でサッカーを始め、一時はプロを目指すところまでいったが、試合中のけがで現役の引退を余儀なくされ、大きな挫折を味わい苦しんだ。自暴自棄になった時期もあったが、やがて、スポーツ選手のけがの予防や回復をサポートする仕事に就きたいと考えるようになった。スポーツトレーナーを目指し勉強を始め、資格を取得した。翔さんは、この兄の影響でサッカーを始めた。兄は、翔さんにとって、ずっと憧れの存在であり、今もよき相談相手である。

図3-6 翔さんの家族関係

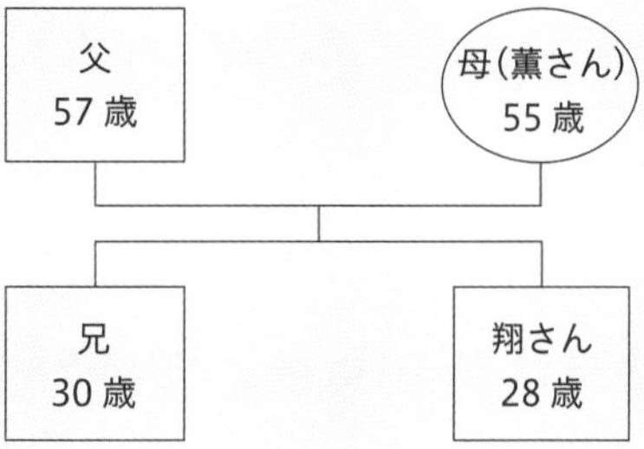

桐山さん家族は、経済的に安定しており、家族関係もおおむね良好である。しかし、翔さんが気分障害を発症したときには、家族は大きく動揺した。

母親の薫さんが、「自分の育て方が悪かったせいで精神疾患になった」と自分を責める時期が、長く続いた。薫さん自身がストレスにより、しだいに不眠となり、不安焦燥感が高まった。そのため、精神科病院に通院していた時期もあった。そこで主治医よりカウンセリングを受けることを勧められ、その病院の臨床心理士を紹介された。約1年間にわたる通院服薬とカウンセリングにより、薫さんは徐々に精神的な安定を取り戻していった。翔さんが精神疾患にかかったのは自分の育て方が原因ではないことも理解できた。

そしてこの経験が、ボランティアを始めるきっかけとなった。「私は苦しいときに、たくさんの人に支えてもらった。おかげで、つらい時期を乗り越えることができた。今度は自分が誰かの役に立ちたい」という思いが、薫さんのボランティア活動の原動力になっている。

表3-12 では、事例の展開のなかで、社会福祉士がどのような課題認識をもち、どのようにアクション（活動）していくのか、概要を示した。事例演習の学びに役立ててほしい。

表3-12　事例の展開と社会福祉士のアクション（活動）

| 事例展開 | 課題認識 | 社会福祉士・精神保健福祉士のアクション（活動） | |
|---|---|---|---|
| 事例演習1【第4項】 | クライエントとの出会い、そして揺れる病状に戸惑う | 光川蓮 | ・クライエントの思いや希望に寄り添う<br>・クライエントの危機的な状況に介入する |
| 事例演習2【第5項】 | フットサルとの出会いで変わっていく翔さんに寄り添う | ↓ | ・スポーツフェスティバルの準備に翔さんらの協力を得る<br>・フットサル交流会を開催する |
| 事例演習3【第6項】 | NPOの活動を地域の課題解決につなげられないか | 朝日なぎさ | ・新たな社会資源の開発に向けて検討する<br>・ファンドレイジングを活用する |
| 事例演習4【第7項】 | ともに地域の課題解決・変革にかかわれないか | ↓ 光川蓮 | ・地域福祉計画の策定に参画する<br>・地域福祉計画の策定過程を通して学ぶ |

# 4 ▶ 事例演習 1

## 1 事例の課題認識

●クライエントとの出会い、そして揺れる病状に戸惑う

事 例

### クライエントの思いや希望に寄り添う

　精神科病院の最終退院後、自宅にひきこもり、ふさいだ表情で過ごしている翔さんを見かねた母親の薫さんが、社会福祉協議会の光川に相談したのが、かかわりの始まりであった。薫さんの話を聞いた光川は、「一度、直接本人と話をしてみてはもらえないか」という薫さんの依頼を受け入れ、「わかりました。でも、あまり強引にしないで、本人が来る気持ちになったときにおいでくださいね」と伝えた。

　翔さんを伴い薫さんが社会福祉協議会を訪れたのは、その 1 か月後であった。

　光川は二人と面接をした。翔さんは、やせた身体にグレーのスウェットの上下を身につけ、サンダル履きで来所した。髪は長く伸びており、前髪が目にかかっていた。最初は押し黙ったままの翔さんであったが、やがて「自宅で家族とばかり話している今の生活は息が詰まる」「このままでは、ほかの人とかかわれなくなるのではないかという心配もある」「でも、自分ではどうしていいのかわからない」と、小さな声でポツリポツリと語り始めた。

　「どこか、外に出かける機会があるとよいのだけれど」と話す翔さんに、光川は、社会福祉協議会が開催しているサロンを説明し、見学してみてはどうかと勧めてみた。乗り気ではなさそうな翔さんであったが、「一度、見学に行ってみてもかまわないです」と答えた。

　数日後、光川は、翔さんと薫さんをサロンに案内した。最初は固い表情で身動きもせず過ごしていた翔さんであったが、たまたま実習に来ていた大学生と話を始め、そのあとは、お茶を飲みながらスタッフやほかの参加者と談笑する穏やかな時間を過ごし、1 時間半ほど滞在した。特に、同年代の藤田さん（男性）と話が合った様子だった。藤田さんも精神障害を抱えており、同じような経験や思いを抱えている人と話をしていると、翔さんは「自分ひとりが苦しんでいるのではないのかもしれない」と感じ、ホッとする気分になれた。藤田さんとの出会いは、翔さんには一筋の明るい希望のように思えた。

　帰り道、「試しに通ってみようかな」と、光川や母親の薫さんにつぶやいた。

　サロンに通い始めるようになった翔さんは、元々の明るさを少しずつ取り戻し、徐々に活動範囲も広げていった。光川は、週のうち 2 日ほど、このサロンに顔を出している。サロンで顔を合わせるたび、少しずつ笑顔が見られるようになっていく翔さんを見て、光川はホッとした。

## クライエントの危機的な状況に介入する

　翔さんは、ゆるやかなつながりをもっていた高校時代の友人たちに誘われて、久しぶりに飲みに出かけた。今までも年に2～3回誘われたことがあったが、その都度、断っていた。しかし、サロンに通い始めて、いろいろな人と話ができるようになっていたことが自信につながり始めていた翔さんは、誘いを受け、この日は居酒屋で一緒に深夜まで飲んだ。

　友人たちの話題は仕事のことが中心で、なかには、結婚が決まったという友人もいた。翔さんは、「結婚はおろか、仕事すらしていない自分」を急に自覚し、みじめな気持ちになった。ひとりだけ置いていかれるような不安や、自分も働かないといけないという焦りが次第に高まった。

　翔さんは、まずは精神科病院への通院と服薬をやめた。薬を飲んでいるうちは、「自分は病人だ」という気がしてつらいからである。また、翔さんは、就職の面接を受けに行ったが、職歴のブランクが壁となり、何度も挑戦したものの、採用には至らなかった。サロンに行くことで少しだけついた自信は打ち砕かれ、「自分はダメ人間だ。落伍者だ。生きている価値などない」と、絶望感が心を占めるようになっていき、眠れない日が増えた。

　ある日の夜、翔さんは、病院で出してもらっている睡眠薬を、指示されている量よりもかなり多く服用した。翌日、昼近くになっても起きてこない翔さんを心配し、部屋に様子を見にいった母親の薫さんは、ベッドでぐったりと横たわっている翔さんと、たくさんの空の薬袋がベッドの下に落ちているのを見つけた。大量服薬をしたことを悟った薫さんは、急いで救急車を呼んだ。翔さんは、総合病院の救急センターに搬送された。

　集中的な治療が効を奏し、翔さんは一命を取り留めたものの、「このまま消えてしまいたい。死んでしまいたい」という気持ちが薄れることはなかった。

　翔さんの体調は徐々に回復に向かった。「ICU（集中治療室）から一般病棟に転棟となり面会が可能となった」と母親の薫さんから連絡が入り、さっそく光川は面会に向かった。

　ベッドサイドでの面接となったが、ベッドに横たわる翔さんは、一回り小さくなったように見えた。枕に顔をうずめながら「自分はダメ人間だ。就職もできない。このままでは生きていても意味がない」と、泣きながら話した。光川は、とてもつらい気持ちになった。

　そんなある日、病院のMSW（医療ソーシャルワーカー）が、主治医に呼ばれた。「桐山翔さんの身体は回復したが、希死念慮がまだ残っている。この状態での自宅への退院は不安が大きい」と主治医は話した。

　MSWは、翔さんと面接をし、その数日後、カンファレンスが開かれた。精神面の病状の安定を図ることを目的に、Z精神科病院への転院が主治医から提案され、翔さんと母親の薫さんは、同意した。その5日後、翔さんは転院し、Z精神科病院へ任意入院した。光川は、何回も翔さんの元に面会に通った。翔さんは徐々に回復し、約3か月後に退院した。

## 2 事例を検討するための知識

### ❶社会的障壁の存在・特徴について確認しておこう

精神障害者が直面しやすい社会的障壁として、偏見やスティグマ、差別がある。偏見とは、偏った見方のことであり、客観的な根拠がないにもかかわらず、特定の個人や集団などに対して抱くネガティブな感情や認識、意見である。容易には変化しない性質がある。

偏見と類似した言葉に、スティグマ*がある。個人に対する否定的な反応を指し、対象となる人（たち）の差別にもつながる。

差別とは、「偏見や先入観などをもとに、特定の人々に対して不利益・不平等な扱いをすること。また、その扱い」のことである。[1]

精神障害者に対する偏見が形成されていく背景の一つには、精神障害者が犯したとされる事件報道がある。こうした報道によって、あたかも精神疾患をもっている人が危険な行動をとるような認識が広がってしまうが、令和元年版『犯罪白書』によれば、刑法犯の検挙人員総数に占める精神障害者等の比率は、平成 30 年で 1.3％である。誤ったイメージが広がることは、精神障害者やその家族の生活のしづらさにつながる。

### ❷エンゲージメント（インテーク）で求められることを整理しておこう

インテークは、「受理面接」とも呼ばれている。援助過程における初回（もしくはその後の数回）の面接のことである。個人を対象とする支援のエンゲージメント段階においては、従来からインテークが行われている。何らかの課題を抱え、相談援助を受けようとするクライエントと社会福祉士との最初の出会いの場面がインテークであり、どのような課題を抱えているのかなどの情報を収集し、クライエントの状況を把握する。また、信頼関係の形成にも努力が払われる。

そのうえで、ソーシャルワーカーが所属する機関が適切なサービス提供ができるかを検討し、クライエントとの間で利用についての合意がなされると援助契約となる。

インテークでは、高度な面接技術が社会福祉士には求められている。また、バーバル・コミュニケーション（言語的コミュニケーション）だけではなく、ノンバーバル・コミュニケーション（非言語的コミュニケーション）も重要な援助技術となる。言葉で表現していない・できないメッセージを、社会福祉士は注意深く丁寧に受けとめていくことが必要となる。

相談に際して、クライエントは不安や緊張を強めている場合が少なく

★スティグマ
もともとは、ギリシャで奴隷の所有権表示や社会的制裁のための烙印を指す言葉であった。

ない。安心感をもってもらうために、ソーシャルワーカーは自分がどのような役割を果たす者であるかをクライエントにわかりやすく伝え、守秘義務があることも理解してもらい、落ち着いた態度で辛抱強く、共感をもってインテークを行うことが大切となる。

また、必ずしも自ら望んで相談に来る人たちばかりではない。そして、心のなかの奥深くに溜まった悩みや思いを理路整然と説明できるとも限らない。ソーシャルワーカーは、そうしたクライエントの置かれている立場や思いにしっかりと寄り添ったインテークを行う必要がある。

**❸危機介入アプローチにおける危機について整理しておこう**

ソーシャルワーカーの実践においては、危機的な状況・状態にあるクライエントと向かいあうことは避けられない。

危機とは、クライエントがそれまでの生活や経験を通して獲得してきた対処方法では解決を図ることが困難となった際に起こす、情緒的に不安定になるなどの急性の感情的混乱のことである。危機への介入は、ソーシャルワーカーにとっては緊張を強いられる場面ではあるが、ここで的確かつ迅速に対応することが求められる。

危機は、必ずしも問題ばかりではない。危機介入アプローチによる支援が、クライエントのニーズの充足につながることや、新しい解決に向けた方策や行動パターンを獲得する機会になることもある。それがクライエントの対処能力の強化やレジリエンスを高めることにもつながる。

## 3 演習課題

❶　翔さんは、何度も就職の面接を受けたものの採用には至らなかった。こういった就職面における障壁のほかに、精神疾患・精神障害を抱える人には、どのような社会的障壁があるのか、具体的に考えてみよう。【SW2】

❷　インテークでは、翔さんのようになかなか話し出せず黙ったままでいるクライエントも少なくない。このような場面で、どのようなことに留意・配慮しかかわることが望ましいか考えてみよう。【SW6】

❸　大量服薬という危機的な出来事を通して、翔さんが物事に対する新たな対処方法や行動パターンを獲得するために、どのような働きかけをしたらよいのか考えてみよう。【SW8】

## ■4 ミニレクチャー

### ❶精神疾患・精神障害に対する社会的障壁を取り払う

　精神疾患や精神障害を抱えていても、入院による治療が必要ないのであれば、その人の望む場所で、その人の望む生活を送ることが基本である。しかし、現実には、偏見、スティグマ、差別によって、「住む」「働く」「集う」「つながる」など、社会生活における精神障害者に対する壁は、依然として高く、厚く存在している。

　演習課題❶では、具体的な障壁について考えてもらった。そこでは、自らのもつ偏見などにも自覚的であってほしい。目に見えにくい精神疾患・精神障害は、理解されないことや、誤解されてしまうことが多々ある。たとえば、症状のために朝起きづらく、仕事や学校に遅刻してしまう場合もある。周囲の人たちからは、「だらしない人」「時間にルーズな人」などと思われて、良好な人間関係が保てない場合もある。

　ソーシャルワーカーには、その社会的障壁を取り払うこと、そして新たな壁ができないよう予防することが求められている。偏見、スティグマ、差別といった社会的障壁への対応や方策を講じることも、ソーシャルワーカーの重要な業務であり、使命である。

　またその際、精神疾患・精神障害とひとくくりにせず、疾患ごとの特性、さらにその人に合わせた策を熟考することが大切である。

### ❷沈黙はクライエントの表現の一つである

　事例では、母親の薫さんと一緒に社会福祉協議会を初めて訪れた翔さんは、最初は押し黙ったままだった。インテークをはじめクライエントとの面接では、こうした沈黙の場面が時々ある。会話が途切れると、ソーシャルワーカーは不安になってしまうことがある。

　演習課題❷では、「沈黙もまた、クライエントの表現の一つである」ということを理解しておきたい。ソーシャルワーカーは、クライエントがなぜ沈黙しているのか、その意味を理解しようと努め、そういうクライエントに寄り添いたいものである。クライエントは、直面している課題を、まずは自分で解決しようと頑張ってきたかもしれない。また、誰かに相談するなどして、それでも解決の糸口が見つけられず、困りきって相談に来ているのかもしれない。相談することに不安だったり、専門職を目の前にして緊張しているのかもしれない。また、苦しさやつらさなどの感情が心のなかにあふれてきてしまい、言葉が詰まってしまったのかもしれない。

　ここでは、「相談を拒否しているクライエントだ」という早急な判断や

決めつけをすることは避けたい。苛立った態度をとらないことは言うまでもないが、矢つぎばやに発言を催促したりせず、ノンバーバル・コミュニケーションでクライエントから伝わってくるメッセージを丁寧に受けとめながら、沈黙の意味をしっかりと考えることが大切である。「待つ」というかかわりも、ソーシャルワーカーには必要であろう。クライエントの沈黙と向きあい、クライエントの気持ちや思いに寄り添いながら、適切な対応をとることが求められる。言語化されたことが、クライエントの表現のすべてではないことを理解しておくことが必要である。

また、最初の出会いの場面で、適切な「自己紹介」ができることも重要である。自己紹介は、単に所属と名前を伝えるものではない。初めて会ったクライエントとの間に信頼関係を構築するなど、自己紹介は援助技術の一つである。ソーシャルワーカーは、自分が誰で、どのような役割を担っている者で、どのような支援・サポートを提供できる可能性があるのかということを伝え、さらには他者・他所に相談内容が漏れることがないことを伝えるなどしながら、ゆっくりと信頼関係を構築していく。この際に、専門用語の多用を避け、わかりやすく、そして簡潔・的確な自己紹介ができるということがソーシャルワーカーには求められる。

### ❸危機はクライエントの対処能力の獲得やレジリエンスを高める機会にもなる

演習課題❸では、クライエントが危機に直面した際の働きかけを考えてみた。大量服薬などのような命にかかわる深刻度の高い危機は、クライエントのみならず、ソーシャルワーカーにも強い緊張感がもたらされる。まずは生命と健康、安全の確保が最優先になるが、それらが一定の安定状態に落ちついた際には、早期に支援を開始し、危機をクライエントの新たな対処能力の獲得や、レジリエンス<sup>★</sup>を高める機会につなげていくことが重要である。

そもそも危機とは、人が自分にとって大切なことや重要な目標に向きあうときに、障壁となることと直面し、今まで自分がとってきた対処方法では解決が図れない場合に生じるものである。しかし、危機は、問題への新たな対処方法を獲得する機会にもなる。ソーシャルワーカーは、クライエントがその問題をどのように理解しているのかをともに整理し、そして新しいやり方で危機に対処する力量を形成していくよう支援をしていく。危機的な場面と直面した際には、クライエントの成長を促進する一つの転機と捉え、早急に、そして適切にかかわっていくことが

★レジリエンス
弾力や復元力を指し、もともとは物理学の領域で使われていた言葉であるが、最近ではビジネスや災害などのさまざまな場面で用いられている。危機や逆境に直面した際に、そこから立ち直る力を意味する。リジリエンス。

求められている。

　一方、類似した危機に直面しても、立ち直りの早いクライエントと、そうでないクライエントがいる。相談できる人の存在などの環境や条件の影響も大きいが、レジリエンスという観点から考えていくのもよいだろう。レジリエンスは人によって異なるので、クライエントのレジリエンスを正確に把握することや、レジリエンスを高めることに向けた支援もソーシャルワーカーの役割の一つといえる。

## 5 事例演習2

### 1 事例の課題認識

●フットサルとの出会いで変わっていく翔さんに寄り添う

**事例**

### スポーツフェスティバルの準備に翔さんらの協力を得る

#### ・翔さんとフットサルとの再会

　翔さんは、退院後、サロンに頻繁に顔を出すようになった。藤田さんや顔なじみの人たちと一緒にいると安心できたし、光川の「困ったことがあったら何でも相談してくださいね」という言葉も、大きな心の支えになった。昼間に行く場所があることは、生活のリズムを整えることに効果的だったし、サロンで過ごす時間は、気分が晴れやかになった。すっかり元気を取り戻した翔さんの姿に、光川はホッと胸をなでおろしていた。

　その頃、光川は2か月後に迫った市主催の市民スポーツフェスティバルの準備に追われていた。今年から障害者の方々も参加することとなり、光川は障害者フットサルを担当することになった。しかし、元々、運動が苦手で、フットサルをやった経験がまったくなかった光川は、最初の段階から準備に手間取っていた。

　「ルールすらわからない」

　「フットサルって、いったい何人でやるスポーツなのだろう？」

　図書館から借りてきたフットサルのルールブックを開いてはため息をつく光川に、見かねた藤田さんが声をかけてきた。

　「ぼくは中学・高校とサッカー部に所属していました。何か手伝うことはありますか？」

　光川は、藤田さんの力を借りながら準備を進めた。遠目からしばらくその様子を眺めていた翔さんも、少しずつ光川を手伝い始めた。翔さんは、小学生の頃から大学2年までサッカーをやっており、プロになる夢を抱いていた時期もあった。翔さんは、フットサルのルー

ルすら知らない光川を、根気強くサポートした。

### ● 役割を通して自分の存在を確認する

迎えた市民スポーツフェスティバルは、好天にも恵まれ、盛況のうちに終了した。準備から手伝い、当日は裏方を務めつつ、いくつかの試合で副審を頼まれた翔さんは、忙しさに少し疲れたものの、楽しいと感じていた。フットサルをプレーする多くの参加者の笑顔も、翔さんにはうれしかった。帰宅後、翔さんは、母親の薫さんに、「自分の得意なことが光川さんの手助けになった。こんな自分でも、誰かの役に立つことができた」と話した。その言葉がうれしかった薫さんは、光川にもそのことを伝えた。

翔さんは、準備を手伝った2か月が、とても充実した日々だったことを実感していた。藤田さんとも、さらに打ち解けることができた。二人で、「フットサルをやりたいね」と話すことはしばしばあったが、精神疾患・精神障害によって集中力が長く続かないことや、体力が落ちていること、服薬のために体の動きが少し鈍いことなどがあり、「ぼくたちでは、一般のフットサルチームでプレーはできないね」と、すっかり諦めていた。

### ● アダプテッド・スポーツの実践として精神障害者フットサルを考える

しかし光川は、「何とか二人の夢を叶えられないだろうか」と粘っていた。というのも、大学生のときに、たまたま履修した講義で、アダプテッド・スポーツのことを学んだからだ。講義では、「障害があってもなくても、大人でも子どもでも、男性でも女性でも、スポーツは楽しめる。生じるさまざまな不具合は、ルールのほうを変えればいい。そうすれば、誰もがスポーツを楽しむことができる」と教授が熱く語っていたのを憶えていたのだ。

「簡単には諦めたくない」

二人の様子を日々間近で見ながら、光川は一生懸命に考えた。

そんなある日、大学の同窓会で、市内にある保健所に精神保健福祉士として勤務している浮川と再会した。互いの勤務先は徒歩で10分ほどの近距離であったが、そもそも保健所と社会福祉協議会は業務上の連携がまったくなかったため、一緒に仕事をする機会はなく、卒業以来の久しぶりの再会であった。

光川は、浮川が大学時代にサッカー部に所属していたことを思い出した。そこで思い切って声をかけ、「精神障害をもっていても、フットサルができないものだろうか」と相談してみた。しばらく何かを考えていた浮川は、定期的に開催されている地域の精神保健福祉士たちの勉強会のメンバーに、精神障害者フットサルにかかわっている人がいるという話をした。そして、一度、会ってみないかと提案してくれた。

### ● 仲間が集まり、活動の小さな歩みが始まる

数日後、3人は仕事終わりに喫茶店で集まった。浮川から紹介された朝日なぎさ（33歳）は、隣市にある精神科病院のデイケアで、精神保健福祉士として働いていた。

朝日は、「精神疾患にかかったことで、自分に自信がもてなくなる人が大勢いる。自分に

は価値がないと思い込んでしまう」と語った。そして、次のように話した。

「自分が勤務しているデイケアには、フットサルのプログラムがある。チームをつくっていて、たまにほかのチームと試合をしている」

「フットサルを通じて、自信をもつことができるようになるとよいと願っている。フットサル好きの仲間たちと出会い、一緒にプレーすることを通して、自分は独りぼっちではないということも知ってほしい」

それを聞いていた浮川も、「自分が業務でかかわっているひきこもりの青年たちのなかにも、サッカー経験者が何人かいる。ただ、彼らはデイケアに通っていないので、そのチームに参加してプレーすることはできない。でも、フットサル活動があれば、家から一歩出るよいきっかけになるかもしれない」と話した。

そして 3 人は、「地域のなかに、気軽に参加できるフットサル活動があるとよいのだけれど」と話しあった。

## フットサル交流会を開催する

さっそく 3 人は、同じ地域内にある医療機関や事業所などに声をかけてみた。すると、サッカー好きの社会福祉士や、活動の目的に賛同する精神保健福祉士たちが 10 人ほど集まった。将来的にどのようにしていくかはこれから考えるとして、まずはフットサル交流会を開催してみようということになった。しかし、民間のフットサルコートは利用料が高額なため、困った光川が、出身大学のゼミ担当だった先生に相談したところ、大学の体育館を無料で貸してもらえることになった。また、その大学の学生たちも一緒に参加してくれることになった。

交流会当日は、あいにくの雨天であったが、精神障害者はもとより、大学生、ボランティアセンターで一緒に働いている同僚とその家族、浮川の小学生の息子とその友だちなど多くの人たちが集まった。障害の有無や性別、年齢差などを超えた交流の機会となった。

身体を動かし爽快な汗を流した参加者たちは、帰り際、口々に「楽しかった」「気分がさっぱりした」「いろいろな人と出会えた」「また、やりたい」と話して帰っていった。

ボランティアとして準備と当日の運営を手伝ってくれた大学生たちも、熱い口調で感想を述べた。

「とても、楽しい時間を過ごすことができた」

「精神障害をもった人と出会うのは初めてだった。素敵な経験ができた」

「精神障害者といっても、あまり自分たちと変わらない」

「明るく元気な選手(精神障害者)の方々と一日を過ごすことができて、抱いていたイメージが大きく変わった」

藤田さんと一緒に企画・準備に携わった翔さんは、交流会当日も、フットサル経験のない

参加者たちを集めてフットサル教室を開き、コーチの役割を担った。

　後日、光川と翔さんは、話をする時間をもった。そこで、翔さんは光川に、今まで自分が歩んできた人生をじっくりと話し始めた。

### ● 翔さんの語り

　小学生のときに兄の影響を受けて始めたサッカーが、とても楽しく、自分にとっては生きがいだった。中学・高校では、レギュラーから外れたことはなく、高校3年のときには、部長を務めた。「サッカーは誰にも負けない」と思っていた。グラウンドにいるときは幸せだったし、自分が誇らしかった。いつしかプロになりたいという夢が芽生え、それは実現できる予感があった。

　大学は、サッカーの強化部がある大学のスポーツ学部に、スポーツ推薦で入学した。そのサッカー部からは、何人もの先輩がプロになっていたからである。学部でも、スポーツ栄養学やメンタルトレーニング論など、自分をより強くする科目が多く開講されていたのも魅力的だった。

　でも、大学の強化部は、そんなに甘いところではないという現実に、入学してすぐにぶつかった。200人を超える部員数。そして、自分よりうまい部員が山のようにいた。「サッカーは誰にも負けない」という子どもの頃からの自信やプライドは、簡単に崩れ落ちた。いくら練習しても、レギュラーにはなれない。試合に出られない日が続き、だんだん練習場から足が遠のいた。練習をさぼっていることを家族に知られたくないので、大学の授業が終わったあともまっすぐ家には帰らず、友だちと繁華街をぶらついた。でも、何をしても楽しいとは感じられなかった。「サッカーで認められない自分なんて、何の価値もない」自分が情けなくて仕方なかった。

　大学2年の夏休みに大学を退学した。両親も兄もとても驚き、思いとどまらせようと説得してきたが、惨めな気持ちになってしまうサッカー部には、もう戻りたくないし、サッカーができない大学にも通う意味が見出せなかった。

　家族の反対を押し切って退学したあと、一般企業に就職したものの、その企業の労働環境は劣悪だった。1年間は、なんとか頑張った。大学を辞めたうえに、仕事もすぐに辞めるのでは家族に説明しにくいし、何より家族をがっかりさせたくなかったから……。そして自分自身にも、「もう逃げたくない。負け犬の人生なんて嫌だ」という思いがあり、かなりの我慢と無理を重ねた。そのうち、眠れなくなり、朝も起きられなくなった。気分が沈み、何もする気がおきない。だんだん「死んだほうがよいのかも」「こんな自分は、生きていても意味がない」という思いが強くなってきていた。

　でも、サロンに通うようになり、最初はつまらないと思っていたけれど、そこで藤田さんという何でも話せる信頼できる友人ができた。そして、市民スポーツフェスティバルやフットサル交流会では、たくさんの人たちと出会えて、とても楽しい時間を過ごすことが

できた。また、コーチ役もやることができた。フットサルを教えるのは難しかったけれど、とても楽しかった。教えていた人（*精神障害者*）に、「もう、自分の人生のなかでこんな楽しい時間を過ごすことはないだろうと思っていた。本当に来てよかった」と満面の笑顔で言われた。

ずっと自分は何もできない*落伍者*だと思っていたけれど、そうでもないかもしれない。誰かの役に立つことができるという経験は、本当に素晴らしいことだ。そして、自分の苦しかった*経験*は、きっと誰かの役に立つのだと思う。今度は、自分が誰かを*助けたい*。自分たち精神障害者は、ただ助けてもらうだけの存在ではなく、誰かの役に立つこともできるのだ。

輝く笑顔でそう語る翔さんを見て、光川は胸が熱くなるのを感じた。

翔さんとの出会いとかかわりを通して、光川はさまざまなことを学んでいた。障害をもっていても、決して支援されるだけの存在ではないこと、自分の持ち味や力量を発揮できる場や機会が大切であること、そうした経験を積み上げながら強みを増やしたり、活かしたりできること、そしてそれこそが、支援において重要であることなどである。

大学の講義で習った「エンパワメント」や「ストレングス」という言葉が、ようやく腑に落ちた気がした。また、多様な社会資源があることがいかに重要なことであるかも、あらためて心に刻んだ。社会資源を活用するだけでなく、開発することも社会福祉士の役割として不可欠であることを再認識した。

## 2 事例を検討するための知識

### ❶アダプテッド・スポーツについて理解しておこう

一般的にスポーツはルールが決められており、選手（プレーヤー）は、それにのっとってプレーをする。そして、それが難しい場合、プレーをすることが困難／不可能になる。一方、アダプテッド・スポーツは、ルールや用具を改良することにより、障害の有無や活動能力、体力、性別、年齢などにかかわらずスポーツを楽しむことができるように工夫されたスポーツのことである。アダプテッド（adapted）とは、「適合」という意味である。

### ❷社会モデルの考え方を振り返っておこう

「障害」は、立つことができない、歩けない、目が見えない、耳が聞こえないなど個人の心身機能に制約があることと解釈される傾向がある。しかし、たとえば、建物にエレベーターがあれば移動することは可能である。その場合むしろ、階段しかない建物が障壁（バリア）になってい

るのである。個人の側に原因があるという考え方（個人モデル／医学モデル）ではなく、社会や環境の不備・不具合・未整備が、障害を生みだしているという考え方が社会モデルの基本にある。社会モデルは、社会や環境の側に工夫や改善を加えることで、個人の心身機能に影響を受けることなく生活や社会参加を可能にしていくという概念である。

　2006年に国連総会において障害の社会モデルの考えが示された「障害者の権利に関する条約（障害者権利条約）」が採択され、日本は、2014（平成26）年に批准している。この考え方に基づく対応が国内法にも求められ、2016（平成28）年4月には障害を理由とする差別の解消の推進に関する法律（障害者差別解消法）が施行されている。

❸エンパワメントとストレングスの知識を整理しておこう

　エンパワメントとは、その人の主体性や人権等が脅かされている状況や環境などから、本来もっている能力を十分に発揮できない状態にある個人もしくは集団、コミュニティに対して、社会的・心理的に支援を展開し、本来もつ力・強さを自覚して行動できるよう働きかけるものである。「自分がかけがえのない存在である」ということを、一人ひとりが信じ尊重することが概念の基本にある。もともとは、抑圧された女性や人種差別にさらされている人々に対する権利擁護運動のなかで生まれた概念である。

　ストレングスは「力・強み」のことであり、援助において個人のストレングスとして挙げられるものには、クライエントの性格や能力、願望や希望、才能やもっている技術、自信などがある。併せて、社会資源、機会、環境などにも着目し、問題解決や発生予防につなげていく。

❹ナラティヴアプローチについて整理しておこう

　ナラティヴアプローチそのものについては、第3章第1節を参照してほしい。社会福祉士は、その人がどのようなドミナント・ストーリーを抱え、悩んでいるのかを、しっかりと聞いていく。ナラティヴアプローチでは、決めつけや思い込みでその物語を勝手に解釈してしまったり、批判・否定したりはしない。クライエントが抱えている問題を外在化させ、反省的な質問によって、問題に誰がかかわっているのか、どのような出来事が影響しているのか、具体的な経験を聞き、例外的な結果を見出すことを通して、オルタナティヴ・ストーリーを構築していく。

　また、信頼できる人にこのストーリーを語るであろうことから、クライエントとの信頼関係の形成を丁寧に行っていくことが求められている。

## 3 演習課題

❶　現在、各地で活発に活動をしている障害者フットサルは、障害があっても安心して安全にプレーできるように、どのような工夫がなされているかを調べてみよう。【SW2】【SW3】

❷　事例中、ストレングスが示されている箇所に下線を引いてみよう。そして、それを手がかりに、社会福祉士である光川が行う援助とはどのようなものか、自分の言葉で説明してみよう。【SW8】

❸　翔さんの語りは、どのようなドミナント・ストーリーからどのようなオルタナティヴ・ストーリーに置き換えられているのか整理してみよう。【SW6】

## 4 ミニレクチャー

### ❶社会モデルを多様な場面や機会で応用していく

　事例では、光川は市民スポーツフェスティバルで障害者フットサルの担当者になった。演習課題❶では、昨今、各地で活発に活動を展開している障害者フットサルについて調べ、障害があっても安心して安全にプレーできるよう講じられている工夫を調べてみた。障害者フットサルは、アダプテッド・スポーツの一つであるが、アダプテッド・スポーツは、ほかにもある。どのようなスポーツがあり、それぞれどのようにアダプテッド（適合）されているのかを調べてみることをお勧めする。そこでは、心身に障害をもつ人や、高齢者、子どもなどが競技できるように、ルールや用具などに工夫・適合（adapt）がなされている。つまり、ルールや用具などの環境を工夫することで、障害の有無や身体活動能力、年齢、性別にかかわらず、スポーツをプレーしたり、楽しむことができるのである。

　ここには、社会モデルの考え方が反映されている。社会モデルの概念を用いると、社会（環境）を変えることによって、できることが増える可能性が高まる。これは身体障害だけに限らず、精神障害も同じである。演習課題❶では、その点も理解できるだろう。気分障害があるから社会参加ができないのではなく、気分障害があっても、またほかの精神障害をもっていても、社会や環境を変える／整えることによって、社会参加や自己実現が可能になることがある。社会福祉士は、クライエント個人やその家族に丁寧にかかわっていくことは言うまでもないが、地域や社会、環境を変えていく役割を果たすことも求められている。

★気分障害
気分に関する精神疾患の一群。感情障害ともいう。長期間持続する気分（感情）の変調により、日常生活に著しい支障をきたす状態をいう。気分障害に含まれる代表的な精神疾患が、うつ病、躁うつ病である。

**❷環境のストレングスにも着目した支援を展開する**

　ストレングスは、クライエント個人のストレングスに加え、環境のストレングスがある。支援にあたっては、個人のストレングスに目が向きがちになるが、クライエントが直面する問題の解決や予防に対しては、環境のストレングスも大きな影響がある。たとえば、家族が近所に暮らしていることや気軽に話ができる人、相談できる人がいることは課題や問題の解決もしくは新たな問題の発生予防に好条件となる。同様に、居住する自治体の制度やサービスの量の多さや質の高さ、住民の理解があること、持ち家に住んでいること、経済的に困窮していないことなども環境のストレングスにあたる。

　演習課題❷では、ストレングスが示されている箇所に下線を引いてもらったが、環境のストレングスにも着目できただろうか。

　個人のストレングスも環境のストレングスも、クライエント本人が気づいていない場合があるので、社会福祉士はクライエントとの丁寧なかかわりなどを通して、ストレングスを見出すとともに、それをクライエントに伝えていくことも大切になる。

**❸オルタナティヴ・ストーリーの構築につなげる**

　クライエントが、自ら新たな人生につながる語りをすることもあるが、ソーシャルワーカーがナラティヴアプローチでかかわっていくことで、オルタナティヴ・ストーリーの構築につながることもある。ソーシャルワーカーのかかわり方として、問題を外在化する方法や反省的な質問について、実践的に考えておくことが求められる。

　事例では、翔さんが自らの語りで、ドミナント・ストーリーをオルタナティヴ・ストーリーに置き換えている。演習課題❸については、たとえば「サッカーで認められない自分なんて、何の価値もない」といったことがドミナント・ストーリーと考えられるが、そこからどのようなオルタナティブ・ストーリーに置き換えられているのかを整理してほしい。

　なお、社会福祉士である光川は、スポーツフェスティバルやフットサル交流会などのこれまでのかかわりを翔さんのエンパワメントにつなげながら信頼関係を築いてきており、それが「翔さんの語り」につながっていることも確認してほしい。

# 6 ▶ 事例演習3

## 1 事例の課題認識

● NPO の活動を地域の課題解決につなげられないか

事例

### 新たな社会資源の開発に向けて検討する

　フットサル交流会は、参加した人たちの強い希望があり、2か月に1回程度のペースで継続した。多様な機関の職員たちがボランティアとして参加し始めたため、同じ地域内にあっても今まで連携をとっていなかった関係機関の職員同士の交流が少しずつ始まった。そしてそれは、業務面においても風通しのよさをもたらした。

#### ● NPO の立ち上げと地域との新たな接点

　2年後、一緒に取り組んできたメンバーのなかから、「NPO にして、活動をさらに定着させたい」という提案が出て、メンバーの中心人物であった朝日が、退職して NPO を立ち上げることとなった。また、交流会に参加していた大学生が、卒業と同時に、この NPO で一緒に活動することとなった。翔さんと藤田さんも、ボランティアとしてかかわることにした。

　この活動は、フットサルをプレーする機会であると同時に、今まで接点のなかった人たちをつなぐことも重要な目的としていた。朝日をはじめ、スタッフや翔さん、藤田さん、そしてボランティアたちは、フットサル以外にも何か活動を展開できないかと考えた。

　市内の校区ごとに毎年1～2回程度開催されている地区運動会があり、ここで地区の住民同士はつながりが保たれている。また、市の中心部にある大きな神社の夏祭りがあり、それも住民同士のつながりを維持する役割を果たしている。しかし、徐々に住民同士のつながりは希薄になりつつあるのも事実であった。また、地区運動会や夏祭りに、新しく転入してきた若い家族は参加しにくい雰囲気があった。

　子育て家庭は、それぞれに孤立しており、「孤育て」が新たな地域の課題になっていた。特に、雪が降り、公園などで遊ぶことができない冬場は、保育園や幼稚園に通っていない幼い子どものいる家庭は、家の中だけで過ごす時間が増える。それは、外で思い切り遊びたい子どもたちにとってストレスであり、同時に幼い子どもと家の中で過ごす母親たちにとっても苦痛であった。

#### ● フレームワークを活用したアイデア出しと新たな社会資源の模索

　朝日たちは、「冬場でも親子が安心して集い、遊べる場があるとよい」と意見が一致したものの、いくら話しあいを重ねても、なかなか具体的なアイデアはわかなかった。そこで、

朝日たちは SCAMPER（スキャンパー）というフレームワークを活用してみた。

図3-7　フレームワーク：SCAMPER

| | | |
|---|---|---|
| **S** | Substitute | ・何か代用できないか<br>・ほかの素材は何かないか |
| **C** | Combine | ・混ぜてみたらどうか<br>・ほかのものと合体したらどうか |
| **A** | Adapt | ・ほかにこれと似たものはないか<br>・何かで応用できないか |
| **M** | Modify | ・何かつけ足すことはできないか<br>・大きさや長さを変えられないか |
| **P** | Put to other uses | ・改善や改良して使い道はあるか<br>・そのままでほかに使い道はないか |
| **E** | Eliminate/minify | ・何か減らせないか<br>・省略できないか |
| **R** | Reverse/Rearrange | ・上下、左右を引っ繰り返したらどうか<br>・役割を反対にしたらどうか |

既存のもの（社会資源）　→　新しいもの（社会資源）

朝日たちは、以下のように、このフレームを用いて何度も話しあった。

「障害者フットサルを活動の一つとしてやっているが、このまちにはほかにも障害のある人だけでなく、高齢者や子どももいる。一緒に集えないか？（混ぜてみたらどうか＝Combine）」

「財政的に厳しいので新しい建物を建てるのは無理。何か代用できないか？（Substitute）」

「スタッフだけでは人手が足りない。来場者にも何か手伝ってもらえないか？（役割を反対にしたらどうか＝Reverse/Rearrange）」

話しあっていくうちに、雪が積もる冬の時期に家から出る機会がなくてつらいのは、子育て家庭だけではなかったことがわかった。高齢者もまた、出かける機会が少なくなっていたのである。また、定年退職後に何か役に立てることはないかと考えて、時間を持て余し気味の人たちがいることもわかった。

翔さんは、「障害者も、さまざまな経験をしている人が多い。その経験をもとに、自分を活かす場を探している人も少なくない」と話しあいの場で発言した。

そんなある日、薫さんが差し入れのお菓子をもって話しあいの場にやってきた。「後継者がいなくなった駅前の喫茶店が、店を閉じたままになっている。同じ敷地内にある家も空

---

i　SCAMPER は、オズボーン（Osborn, A. F.）のアイデア発想のための手法を改良したフレームワークで、七つの問いを使ってアイデアや発想を広げるものである。

き家のままである。友人がその家主なのだが、何か使い道はないだろうかと相談されているのだけど……」と話した。

その後、家主との交渉は薫さんが一緒に担ってくれ、朝日たちは安い家賃でその喫茶店と空き家を貸してもらうことができた。

「ここに、いろいろな人が集まる場所をつくろう」

「喫茶店だったので、食事を作ったり出したりできる」

「調理道具やおしゃれな食器もそろっている」

「駅前なので、交通の便がよい」

みんなの夢は広がった。

## ファンドレイジングを活用する

しかし準備を進めていくと、改装費や備品をそろえる初期費用が、予想以上に高くかかることがわかった。

「ここまで来て諦められない」

朝日は、ファンドレイザーである友人に相談した。結果、ファンドレイジングで、約200万円が集まった。

「これで何とかなるかもしれない」

しかし、集まったのはお金だけではなかった。この取り組みに関心を寄せた建築デザイナーが寄付を申し出てくれ、併せてリフォームを請け負いたいと連絡してきた。

この建築デザイナーは東京で仕事をしているが、出身がこの市ということで、「ふるさとで、人々の役に立つ仕事ができるとしたら、それは本当に光栄なことだ」と語った。

また、市内で子育てをしている女性からも連絡があった。「私は大阪の総合病院で管理栄養士として働いていた。1年前に結婚してこの市に転居してきたが、知り合いも友人もなく、寂しい毎日を過ごしている。食事を出す活動であれば、自分の経験が活かせると思う。ぜひかかわらせてもらいたい」。

ファンドレイジングで、お金だけではなく、多くの人の参加やつながりが、そこに生まれた。多くの人が、このNPOの応援者になってくれた。ホームページで活動の様子を見守ってくれる人、時には、朝日たちの話しあいの時間にイチゴを差し入れてくれる人もいた。大粒で真っ赤なイチゴは、朝日たちにたくさんの元気をくれた。

また、「食事を提供するようになるのであれば、自分が趣味で作っている無農薬の野菜を寄付したい」と言ってくれる地域住民も出てきた。

「キュウリとかナスは一度にたくさんなって、食べきれなくて、いつも困っているんだ。丹精込めて作っているのに、捨てるのは忍びなくてね。もらってくれるとうれしい。俺が作る野菜は、本当においしいんだ」

朝日たちは、活動を理解してくれたり、応援してくれる人たちの存在をとても心強いと感じた。

子どもたちが安心して遊べる場所、親が仲間をつくれる場所、誰が来てもいい場所、誰が手伝ってもいい場所、安全でバランスのとれた食事を安く食べられる場所。たくさんの人たちの思いや願いとともに、実現に向けて一歩ずつ歩みが始まった。

## ◼️2 事例を検討するための知識

### ❶フレームワークについて理解をしておこう

社会福祉士は、ソーシャルワーク実践において、困難な現状や課題に直面する。そして、その解決や予防に尽力することが求められ、短時間で的確な方法やアイデアを出すことが日々求められている。しかし、新たな発想や斬新なアイデアは、自然にあふれてくるわけではない。そこで用いるツールの一つがフレームワークである。

フレームとは、「枠組み」「構造」という意味であり、フレームワーク（framework）とは、枠組みを用いて情報や状況、考えをわかりやすく整理する方法である。昨今は、ビジネスにおいて用いられることが多いが、社会福祉士の実践においても効果的な活用が期待できる。

事例では、その一つである SCAMPER を使っている。SCAMPER とは、ブレーンストーミング\*の考案者である、オズボーン（Osborn, A. F.）によりつくられたもので、アイデアを出す方法として効果的である。検討内容を、チェックリストの質問に当てはめ異なる視点から発想することで、発想が広がったり、新たなアイデアを思いついたりする方法である。チェックリストは、事例の p. 154 に **図 3-7** として示してある。

### ❷ファンドレイジングについての知識を整理しておこう

ファンドレイジング（Fundraising）とは、民間非営利団体が活動のための資金を個人、法人、政府などから集める行為の総称である。なお、民間非営利団体には、公益法人\*、特定非営利活動法人、大学法人、社会福祉法人などがある。

周知のとおり、昨今、地域には複雑で解決困難な多様な課題が山積している。その解決に向けた活動への関心が高まっているが、その一方で、活動のための資金の確保が困難な団体も少なくない。その資金調達の手段の一つとしてファンドレイジングがある。ファンドレイジングを実施する専門家をファンドレイザーと呼び、認定ファンドレイザーや准認定ファンドレイザーの資格を創設している団体もある。また、指定の科目

★ブレーンストーミング
会議参加者が、問題やテーマに関して自由に発想しアイデアを出す方法。次のようなルールに沿って実施する。❶他人のアイデアを批判しない、❷自由奔放なアイデアを歓迎する、❸アイデアは多いほどよい（質より量）、❹他人のアイデアを活用し、発展させる。

★公益法人
社会公共の利益を図ることを目的とし、営利を目的としない法人をいい、公益社団法人と公益財団法人の2種類がある。

を単位取得することで資格を得られる大学もある。

　ただし、ファンドレイジングは、資金調達だけを目的としてはいない。寄付を集めるという行為に伴う過程のなかで培われる社会貢献に資する人材の育成など、果たす機能は多様である。

## 3 演習課題

❶　SCAMPER を活用して課題解決する練習をしてみよう。【SW3】

〔取り組むテーマ〕

　あなたの学校で、重複障害（聞こえない・見えにくい（弱視））のある学生が安全に安心して学ぶために、どのような環境があるとよいだろうか。SCAMPER を使って、アイデアを出してみよう。

❷　事例を手がかりにしながら、ファンドレイジングでは、資金調達以外にどのようなことが達成できるのか考えてみよう。その際、インターネットや書籍などで、各地で展開されているファンドレイジングの事例も調べて参考にしよう。【IP1】

## 4 ミニレクチャー

### ❶アイデアをひねり出すフレームワーク SCAMPER

　社会福祉士のソーシャルワーク実践にあたって、既存の社会資源を有効活用することは言うまでもない。その一方で、地域や社会に不足している社会資源を開発（創造）していくことも社会福祉士の重要な業務になる。しかし、社会資源を新たに創ることは簡単なことではない。考えても、そして関係者と話しあっても、アイデアがわかないことは往々にしてある。そのようなときにアイデアをひねり出す方法がフレームワークである。発想を広げることで、当初は思いもよらなかったアイデアが生まれることもある。

　演習課題❶では、SCAMPER というフレームワークを活用する練習をした。自分が現在学んでいる学校で、障害のある学生が学ぶ際にどのような環境が整えられているのか把握できたと同時に、実は多様な改善・改修などが必要となることが明らかになったと思う。しかし、経費や場所（スペース）、マンパワーなどには制限があり、すべてを新しく創ることは困難な場合が多い。その際にも、アイデアを広げ、実現可能性の高いものをあぶり出すツールとして、SCAMPER は効果的である。

　事例でも、SCAMPER を用いている。潤沢な資金や十分なマンパワーなどがあるわけではないのであれば、現在あるもの・人を活かすことは

できないかを検討することも必要である。また、それによって、既存の社会資源に新たな機能を付随させるなど効果的な影響が及ぶ可能性も生まれる。既存の社会資源を「代用」できないか、ほかの社会資源と合体できないか（「結合」）、ほかの使い道はないか（「転用」）など多様な角度から検討していくことで突破口が見つかることもある。

フレームワークには、SCAMPER のほかに、地域のストロングポイントを分析・把握する「SWOT 分析」や、アイデアを生み出す「KJ 法」、複雑な課題を分析し本質的な原因を探る「ロジックツリー」などがある。こうしたフレームワークを活用することが、問題解決の糸口の発見や効果的な実践につながる可能性を高める。

❷ 「寄付」という行為と寄付文化の醸成

演習課題❷では、ファンドレイジングにおいて、資金調達以外にどのようなことが達成できるのか考えてみたが、単にお金を贈るという行為にとどまってはいなかったことが理解できたと思う。

寄付とは一般的に、金銭や財産などを他者（公共事業、福祉団体、その他）に無償で提供することであり、地震や台風などの災害発生の際にメディアにより私たちの目に触れる機会が多い。寄付は、寄付する者（団体）から寄付される者（団体）への一方的な行為であるといわれることが少なくないが、これは狭義の理解である。寄付は、「利他性」を含むもので、自分が関心ある活動への応援の一形態でもある。たとえば自然災害が発生し、ボランティア活動に現地に赴きたいと切望していても、時間がない、活動に耐えうるだけの体力がないなど、さまざまな限界をもつ人たちも少なくない。その際、現地で活動するボランティア団体に寄付することは、活動への参加の一つの形態ともいえる。

日本は、寄付文化が根づきにくいといわれており、実際に寄付の総額もほかの先進諸国と比較して多くはない。寄付に対する正しい知識の普及と、豊かな寄付文化の醸成は、社会福祉士の重要な役割である。

# 7 事例演習4

## 1 事例の課題認識

●ともに地域の課題解決・変革にかかわれないか

**事 例**

### 地域福祉計画の策定に参画する

#### ● 光川と翔さんの地域福祉計画への参画

　この市では、第三次地域福祉計画の策定時期を迎えていた。委員には、福祉課題を抱える当事者も加わることとなっている。光川は、翔さんに「委員をやってみてはどうか」と勧めてみた。翔さんは、自信がない様子で、「自分に務まるのかな」と即答を避けたが、光川が「実は、自分も委員になることになりそうなのだ」と伝えたところ、表情が明るくなった。3日後に翔さんは、「せっかくの機会だから、挑戦してみようと思う」と光川に伝えた。

　この市では、市民や福祉課題をもつ当事者も、計画策定に参画することになっており、希望する人は少なくなかった。そのため希望者は、志望理由書を市の障害者福祉課に提出し、書類審査を通過すると、次に面接があり、それに合格すると委員に就任することとなっていた。

　志望理由書の作成に奮闘している翔さんに光川は、「何かお手伝いできそうなことはありますか？」と声をかけた。翔さんは「大丈夫。これは自分の力で書きたいのです」と答えた。

　倍率は高かったが、翔さんは無事に書類審査と面接を通過し、委員に就任することとなった。翔さんは、「地域福祉計画は、自分たち障害者だけの計画ではない。高齢者、子育て支援など、多様な課題が検討される。よく考えてみたら、自分は障害者福祉には関心が高かったけれど、ほかの福祉課題には注目していなかった。計画づくりが始まるまで、少し勉強する必要がある」と光川に話した。

　いよいよ、計画策定に向けて委員会がスタートした。委員たちは、まず、市の担当者から、上位計画である総合計画について説明を受けた。光川と翔さんは、市の上位計画の重要性と、各個別計画への影響の大きさを学んだ。と同時に、この市には、いろいろな課題があることを再認識した。

　小学校は老朽化が進んで建て替えの必要がある。クリーンセンター（ゴミ焼却場）も処理能力を超え始めている。漁業が主な産業であるこの市は、漁獲高が市民の生活を左右していて、生活に困窮する漁師も少なくない。課題は市民生活の全般に及んでいる。

　二人は「福祉だけではないのだ。視野を狭くしてはいけない」と考えた。

その後、委員会とは別に3回にわたる住民懇談会が開かれ、そのなかで、この市の福祉課題があぶり出された。

## あぶり出された福祉課題

- ・今後、急速な高齢化が進むこと
- ・認知症に罹患する高齢者が増加していること
- ・介護を必要とする高齢者が、住み慣れた地域で生活を続けたいと願っていること
- ・交流やふれあいの機会が少なくなってきつつあること
- ・障害者の参加の機会が少ないこと
- ・団塊の世代の退職により、何かの役割を地域で果たしたいと思っている住民が増えていること
- ・その一方で、活躍する場が少ないこと
- ・ボランティアの育成の機会や支援が必要になっていること
- ・緊急災害時に、十分な対策が講じられているか不安に思っている住民が多いこと
- ・子育て家族が、孤立傾向にあること
- ・冬になり、雪が積もると子どもたちの遊び場がなくなってしまうこと

たくさんの課題や市民のニーズがあることを光川は改めて確認した。

## 地域福祉計画の策定過程を通して学ぶ

### 計画の策定過程

計画策定には、多くの時間と労力が費やされた。最初は、委員同士お互いのことを知らないため緊張感のある雰囲気であったが、この委員会のミッションが繰り返し丁寧に委員長から説明されるなかで、委員たちは自分たちに求められている役割について理解を深めていった。光川や翔さんも、次第に自分の役割を果たすように発言を心がけた。

その後、意見の食い違いや計画策定の作業についての対立が起きた。異なった職種、多様な人たちが集まっているがゆえに、それぞれの考え方や物事の解決の方法が持ち込まれたため、議論は進む方向をしばしば見失い、混沌とした。専門用語が飛び交うなかで、翔さんは、「自分たち障害をもつ当事者は発言がしにくいなあ」と思うこともたびたびあった。

しかし、司会進行役を務めていた委員長は、あまり衝突に対して否定的ではなかった。委員長は対立を押さえ込むのではなく、率直な意見を出しあうことを促した。翔さんにも意見を求めてくる場面が何度もあった。翔さんは緊張して、口が乾き声も震えたが、自分の意見を丁寧に伝えようと努めた。

委員会が何回か続いたあと、委員たちはあらためて、地域福祉計画の意義や自分たち委員の役割・使命を認識することができた。委員たちのモチベーションは上がり、各委員の

持ち味が発揮されだした。多様な立場の委員が集まっているからこそ、それぞれの立場から見えている地域の問題や福祉課題が異なっていること、立場が異なるからこそ多様な解決方法を考えることができることなど、立場が異なることがかえって強みになっていった。

### ● 委員会の終了と振り返り

7か月にわたる計画策定の末、第三次地域福祉計画が完成した。最終回の委員会終了後、委員たちはみんなで誘いあって市役所の隣にあるレストランへ食事に行った。そこで翔さんは、「途中、苦しいことや困ってしまうこともたくさんあった。福祉についての知識もあまりなかった。でも、障害をもつ当事者として自分が果たす役割は何なのかを常に考え続け、それを大切にした。それに、委員になったことで新しい出会いも得られた。みんなで力を合わせることには難しさが伴うけれど、いろいろな人同士が力を合わせることでできること、だからこそ可能なこともあるということを学べた」と、笑顔でみんなに話した。

光川にとっても、多くを学ぶ機会になったが、特に委員長が丁寧に進めたチームビルディングに関心が高まった。

光川は委員長に、「チームで取り組む際に対立が起きることは、よく経験します。そういうとき、自分は対立が起きないように必死になるし、対立が起きたときには不安になって動揺してしまうんです。今回の計画策定でも最初、委員の意見が食い違う場面がたくさんありましたが、委員長はとても落ち着いて対応をなさっていました。何かコツはあるのですか？」と質問してみた。

委員長は、「チームがもつ力は絶大だよ。異なる人たちが集まることが大切。そして、チームが立ち上がったあと、よく対立が起きるんだ。でも、それはチームビルディングのプロセスの一つで、必ずしも悪いことではないんだよ」と話し、チームビルディングについて勉強することを勧めてくれた。

## 2 事例を検討するための知識

### ❶「当事者」という概念を整理しておこう

当事者という概念は、大変広義なものである。かつては、たとえば障害のある人を当事者と呼称していたが、昨今は、福祉課題を自らのかかわる問題と認識し、解決に向けて取り組もうとする人（たち）を当事者という。しかし、行政等が策定する地域福祉計画などの諸計画やプロジェクト、協議会、条例づくりなどへの当事者参加場面では、障害のある人などに「当事者」の範囲を限定している現状にある。

現在、認知症当事者の条例づくりへの参加、ひきこもり当事者や家族の協議会への参加など、各地で当事者参加が促進されている。

**❷チームビルディングについて整理しておこう**

　一人では成し遂げられない仕事やプロジェクトなどを達成していくためにチームを作り上げていくことを、チームビルディングと呼んでいる。

　チームと類似した用語に、グループがあり、チームもグループも、複数の人が集まるという点では同じだが、一般的にこの二つは、共通する目的や目標をもっているかどうかで区別される。

　チームビルディングは、五つの段階に分かれるといわれている。提唱したブルース・タックマン（Tuckman, B.）の名前からとって「タックマンモデル」と呼ばれている。

　チームが誕生してから解散するまでのプロセスは、❶フォーミング（Forming）、❷ストーミング（Storming）、❸ノーミング（Norming）、❹パフォーミング（Performing）、❺アジャーニング（Adjourning）の五つに分類される。

**❶フォーミング（Forming）**

　チームが結成された初期の段階である。まだ、メンバー同士がお互いの人柄や参加目的、背景などを把握できていないため、互いを知り、理解を深めようとする段階である。

**❷ストーミング（Storming）**

　メンバー同士が意見を主張し始めることから起きる衝突の段階である。ストーミングは「嵐」のことであるが、その名のとおり、意見の対立や軋轢が高まるものである。しかし、フォーミングの段階を越えられたからこそ起きることを忘れてはならない。

**❸ノーミング（Norming）**

　Norm は、「規準」のことであり、「嵐」を乗り越えたあとに訪れる、秩序が形成されていく段階である。メンバーが互いのことを理解しあい、自分の役割を正確に認識し、役割分担ができるようになる。

**❹パフォーミング（Performing）**

　チームのメンバー同士にフォローしあうことが生まれる段階である。同じ目的のために一人ひとりが主体的に行動し、ほかのメンバーとも協力しあいながら、チームが一体となって目的の達成を果たしていく。

**❺アジャーニング（Adjourning）**

　終結と解散の段階である。チームは目的・目標を達成し、役目の終わりを迎える。

## 3 演習課題

❶ 昨今、計画策定に当事者が参加する機会が増えているが、計画策定における当事者参加の意義、当事者参加を促進する方法、参加に際して必要となる配慮について考えてみよう。【SW2】

❷ 委員長は、地域福祉計画の策定を目的とする委員会の運営にあたってどのような対応をしているか、整理してみよう。【IP4】

また、自分がチームビルディングを行う場合に、どの段階でどのようなかかわりをするか考え、ほかの学生と話しあってみよう。

## 4 ミニレクチャー

### ❶参加とは何か

ただそこに居さえすれば、参加しているということになるのだろうか。それは、単なる出席ではないだろうか。では、参加するとはどういうことなのであろうか。参加とは、ある目的や使命をもった集まりに、その一員として加わり、その使命を達成すべく行動をともにすることである。しかし、障害があることや疾患をもっていることで、その使命を果たすことに困難が伴うこともある。

演習課題❶では、計画策定における当事者参加について、その意義や、当事者参加を促進する方法、参加に際して必要となる配慮などを考えてみた。さまざまな配慮や工夫を講じることで、「出席」ではない「参加」に必要となる環境を整えることが可能となる。社会福祉士には、参加の意味と意義を正しく理解すること、そして参加できる条件や環境の整備に力を発揮することが求められる。

### ❷「連携」「協働」に向けてのチームビルディングを理解する

ソーシャルワーク実践では、他者と協力し、協働で進めることが少なくない。協働の効果は高く、チームは、一人では成し遂げられないことを実現する力をもっている。しかし、その一方で、チームには葛藤（チームコンフリクト）が起こりやすく、ストーミングの段階があることも忘れてはならない。

多職種と連携・協働する場面は、ソーシャルワーク実践においてたくさんある。その際に、チームづくりに段階・プロセスがあることを把握しておくと、対応や行動に幅が生まれる。

事例では、地域福祉計画策定の委員会を、目的を共有するチームと捉えることができ、その運営で委員長によるチームビルディングが展開されていた。演習課題❷では、委員長によるかかわり方を振り返り、自分

のかかわり方を考えるなかで、チームビルディングにおいて大切にすべきことを理解してほしい。ソーシャルワーカーは、チームビルディングの重要性や効果などを理解するだけでなく、その展開方法も熟知し実践に活かすことが求められる。

## 8 ▶ 多角的に考えてみよう
### ――別の可能性もないだろうか

本項では、NPO法人ミューによるメンタルヘルス福祉教育の目的を紹介し、その実践について解説を加えている。

### ■1 事例の課題認識
●地域における精神保健福祉の増進を図る

**事 例**

### ◖メンタルヘルスをテーマとした福祉教育実践「こころの色」◗

実施主体であるNPO法人（特定非営利活動法人）のある市内の公立学校（小・中学校）、都立ならびに私立の高等学校、ボランティア団体、民生児童委員などを対象に、メンタルヘルスをテーマとした福祉教育「こころの色」が展開されている。この授業の対象者は、児童・生徒だけに限定されない。大人も受講対象として位置づけている。

実施主体は、NPO法人ミューである。ミューは東京都武蔵野市に拠点を置き、市民として生まれてから亡くなるまでの生活をトータルに捉えたメンタルヘルスの向上と精神保健福祉の増進を目指すこと、および、精神障害者とその家族の生活をあらゆる面からサポートすることによって地域全体の健康に貢献することを目的としている。

2014（平成26）年に、法人内に福祉教育を実践する委員会が発足した。メンバーは、法人の利用者である精神障害者、法人に所属する精神保健福祉士、元小学校の教諭、そして研究者である。

このメンタルヘルス福祉教育「こころの色」のねらい（目的）を、ミューでは次のように位置づけている。

「福祉教育は自己および他者を理解しようとする姿勢から、身近な福祉に関する課題を学びます。疾患や障害に関する理解にとどまるのではなく、人を大事にする気持ち、色々な人と『共に生きる』ことを考える力を身につけます。また、対人関係能力や問題解決能力など現代のこどもや青少年に必要な生きる力を育みます」
（「こころの色」パンフレットより）

## 2 解説

### ❶社会的障壁を取り除く実践である【SW2】

日本では、精神障害者は病者として認識され、長いこと治療の対象とされてきた。つまり、医学モデルの枠組みのなかで対応がなされてきた。しかし、精神障害者が生活を営んでいくうえで、疾患だけが生活のしづらさをもたらすわけではない。

社会モデルは、多くは身体障害を主として論じられている傾向が見受けられるが、精神障害者を支援する際にも重要な考え方である。精神障害者やその家族の直面するバリア（障壁）の一つに、偏見やスティグマ、差別がある。就職すること、住まいを確保すること、社会活動に参加することに大きな制限がかかることは、今の日本の社会においても決して珍しいことではない。

これら偏見や差別を少しでもなくすための方策が重要となるが、福祉教育は、その重要な一つとなり得る。NPO法人ミューで実施されているメンタルヘルス福祉教育「こころの色」は、その一つである。

### ❷多様な人たちによる実践である（協働実践）【IP1】

精神保健福祉士、元小学校の教諭、研究者、精神障害をもつ当事者により実施されている。もともとは、元小学校の教諭はメンバーとして参加していなかったが、参加後は、この福祉教育に大きな進歩をもたらすこととなった。

精神保健福祉士や当事者は、教育のプロではない。教育方法について元小学校の教諭からアドバイスをもらうことができるようになってからは、授業技術の発展や、新しい授業の考案が進むようになった。具体的には、小学3年生を対象とした授業の依頼があった際、配付するプリントなどを3年生が習っている漢字で作り直したり、3年生に伝わる表現に書き換えることができた。

多様な人がともに実践をすることで、それぞれのもつ知識や専門性の違いや立場の違いから、より的確かつ効果的な実践を創り出すことが可能となる。多様性は、豊かな実践につながる。

また、福祉教育実践を理解してもらうために、それまでの福祉教育の様子を録画しているビデオを上映する会など、ミューではさまざまな場や機会を設けている。上映会には、社会福祉協議会の社会福祉士や企業、マスコミの方などが参加し、参加者同士のつながりの場ともなっている。

❸精神障害のある当事者もメンバーの一員である（当事者参加）
【SW2】

メンタルヘルス福祉教育の授業のなかで、「語り部」として当事者それぞれの自身の体験を話す時間を設けている。もちろん、それを行ううえで生じるさまざまなリスクについて確認し、予防策を講じたうえでの実施である。

当事者の語りは、受講者に非常に大きな影響を与える。精神疾患を発症したときの絶望、そこからのはい上がり、今の自分、精神障害をもったことで得たものなどの語りは、受講者の心の奥深くに届き、受講者がたくさんのことを感じ、考える機会となる。これは、精神障害をもつ当事者にしかできないことであろう。

同時に、受講者からのフィードバックを受けて、自分の体験が受講者の勇気や元気につながったことを実感できると、語り部（精神障害者）の側にも変容が生じる。自分が誰かの役に立てているという手ごたえと喜びを得ることができ、それは次第に「自分だからこそできること」への気づきと使命感を生んでいく。それは、自身の存在意義を確認することにつながっていく。

ソーシャルワーカーは、こうした機会の創出に大きな役割をもつ。

## 9 解説（総括）

### 1 事例の展開と社会福祉士の実践能力

これまでの事例の展開と社会福祉士の実践を踏まえ、どのような実践能力が発揮されたのか、事例演習を通してどのような実践能力が習得できるのかについて、ソーシャルワークのコンピテンシー【SW1〜9】・多職種連携コンピテンシー【IP1〜6】に分けて解説する。

なお、**表3-13**では、社会福祉士が課題認識をもとにアクション（活動）した過程で発揮した実践能力について、【SW1〜9】【IP1〜6】を用いて一覧化した。加えて、「多角的に考えてみよう——別の可能性もないだろうか」での学びを通じて習得できる実践能力についても示している。

表3-13　事例の展開と社会福祉士の実践能力

| 事例展開 | 課題認識 | 社会福祉士・精神保健福祉士のアクション（活動） | | コンピテンシー |
|---|---|---|---|---|
| 事例演習1【第4項】 | クライエントとの出会い、そして揺れる病状に戸惑う | 光川蓮 | ・クライエントの思いや希望に寄り添う<br>・クライエントの危機的な状況に介入する | 【SW2】【SW6】【SW8】 |
| 事例演習2【第5項】 | フットサルとの出会いで変わっていく翔さんに寄り添う | ↓ | ・スポーツフェスティバルの準備に翔さんらの協力を得る<br>・フットサル交流会を開催する | 【SW2】【SW3】【SW6】【SW8】 |
| 事例演習3【第6項】 | NPOの活動を地域の課題解決につなげられないか | 朝日なぎさ | ・新たな社会資源の開発に向けて検討する<br>・ファンドレイジングを活用する | 【SW3】【IP1】 |
| 事例演習4【第7項】 | ともに地域の課題解決・変革にかかわれないか | ↓<br>光川蓮 | ・地域福祉計画の策定に参画する<br>・地域福祉計画の策定過程を通して学ぶ | 【SW2】【IP4】 |
| 多角的に考えてみよう【第8項】 | 地域における精神保健福祉の増進を図る | | ・メンタルヘルスをテーマとした福祉教育実践「こころの色」 | 【SW2】【IP1】 |

## 2 ソーシャルワークのコンピテンシーの習得

❶ソーシャルワーカーは、抑圧と差別の形態とメカニズムを理解し、社会的・経済的・政治的・文化的な排除などの文化の構造や価値がどれほど抑圧や疎外を起こしたり、特権や権力を生み出しているかを認識している【SW2】

　社会福祉士の光川は、アダプテッド・スポーツとしての精神障害者フットサルの活動を推進することで、社会モデルの考え方を実践に取り入れ、翔さんの役割の獲得やエンパワメントにつなげていった。

　時にクライエントは、地域や家族のなかで居場所を確保することが難しい場合がある。そのため、地域や社会のなかに、精神障害者の役割や出番を創出することも重要な使命となる。出番や役割は、広義には社会資源である。

　翔さんは、市民スポーツフェスティバルやフットサル交流会にかかわる機会を得て、準備や当日の副審、コーチを担った。また、地域福祉計画の策定では、当事者として委員会に参画した。こうした役割は、物理的な空間としての居場所だけではなく、自分を活かすことのできる、そ

して誰かの役に立っていることが実感できる情緒的な空間となる。大切なのは、この両方が含まれることである。

　精神障害者は、ただ単に支援されるだけの存在ではない。病状によっては本来のその人らしさや持ち味が前面に出にくいこともある。また、障害の程度によっては、社会参加に支障が生じることもある。しかし、同時に健康な側面、秀でた側面も併せもっている。その強みに着目する視点をもつことが必要である。

　ソーシャルワーク実践では、支援にあたっての社会的障壁を認識し、自分の偏見や価値観の影響を抑えるために自己覚知や自己規制を行い、多様性や相違が重要であることをクライエントに伝え、エンパワメントしていくことが求められる。

❷ソーシャルワーカーは、社会財、権利、責任が公平に分配され、市民的・政治的・環境的・経済的・社会的・文化的な人権が守られるようにするために、抑圧的な構造をなくすための戦略を理解している【SW3】

　精神保健福祉士の朝日は、NPO を立ち上げ、フットサル以外にも、地域の課題である「孤育て」の解消に取り組み、SCAMPER というフレームワークを用いて新たな社会資源の検討をした。そして、その実現のためにファンドレイジングを活用し、歩みを進めていった。ソーシャルワーカーは、社会的・経済的・環境的な正義を擁護する実践を行うにあたり、抑圧的な構造を理解するだけでなく、その構造をなくすための戦略を理解していることが求められる。

❸ソーシャルワーカーは、エンゲージメントが多様な個人、家族、グループ、組織、コミュニティとともに、またそれらに代わって行うソーシャルワーク実践の力動的で相互作用的なプロセスのなかの継続的な要素だということを理解している【SW6】

　社会福祉士の光川は、翔さんとのインテーク面接では、その沈黙を理解し、「ほかの人とかかわれなくなるのではないか」という不安に寄り添い、「外に出かける機会があるとよい」と話す翔さんに、既存の社会資源であるサロンを紹介している。

　ソーシャルワーカーは、自身の個人的な経験と情緒的な反動が多様なクライエントや関係者にかかわる能力にどのように影響するかを理解して、クライエントや関係者にかかわるとともに、必要に応じてほかの専門職との関係構築や多職種間連携を行う。

❹ソーシャルワーカーは、介入が多様な個人、家族、グループ、組織、コミュニティとともに、またそれらに代わって行うソーシャルワーク実践の力動的で相互作用的なプロセスのなかの継続的な要素だということを理解している【SW8】

　翔さんは、最初は支援を受ける側だった。しかし、サロンの利用や、そこで出会った人たちとのかかわりのなかで病状が改善され、自信を取り戻していった。

　事例では、社会福祉士の光川による危機への介入や、ナラティヴアプローチが直接的に行われていたわけではないが、光川とのかかわり、信頼関係のなかで、翔さんはエンパワメントされ、ストレングスを発揮していった。

　介入は、相互作用的なプロセスのなかの継続的な要素だということを理解し、必要と判断されるときには、意図的・戦略的に、自信や尊厳を取り戻すための支援を行う。

## 3 多職種連携コンピテンシーの習得

❶患者・サービス利用者・家族・コミュニティのために、協働する職種で患者や利用者、家族、地域にとっての重要な関心事／課題に焦点を当て、共通の目標を設定することができる【IP1】

　一人のクライエントが、一つの生活課題だけに直面しているわけではない。多様な課題を抱えているケースも増えており、こうした場合は特に、多機関が協働することで実践の効果が高まることが期待できる。地域課題もまた同様である。

　翔さんへの個別支援には、社会福祉士の光川だけがかかわっていたわけではなかった。フットサル交流会は、精神保健福祉士の浮川や朝日と連携し、多くの人たちとつながることで、実行・継続された。また、朝日が立ち上げたNPOの活動も、目的を共有するボランティアを含め、いろいろな人たちによって活動が展開された。地域にとっての重要な関心事である「孤育て」に焦点を当てて地域住民と協働し、ファンドレイジングでは、資金だけでなく、建築デザイナーや新たな地域住民の関心・協力を集めることができた。

　ソーシャルワーカーは、個人、家族、グループ、組織、コミュニティを含むクライエントと関係者の目標が合意できるものとなるよう設定すること、その達成のための専門職間、組織間の協働の必要性を認識していることが求められる。

❷複数の職種との関係性の構築・維持・成長を支援・調整することができる。また、時に生じる職種間の葛藤に、適切に対応することができる【IP4】

　翔さんと社会福祉士の光川が委員として参画した地域福祉計画の策定は、行政だけではなく、市民や課題を抱える当事者など多様な人たちの協働により行われた。そこでは、委員長がミッションの共有を図り、生じた葛藤をチームビルディングの段階の一つと捉えて適切にかかわっていく様子がみられた。

　ソーシャルワーカーは、連携・協働で生じる葛藤について、単に解消を図るのではなく、関係性の構築の段階の一つと捉え、どのように支援・調整するのが適切かを探ることが求められている。

◇引用文献
　1）松村明・三省堂編修所編『大辞林 第三版』三省堂，p.1025，2006.

◇参考文献
　・大嶋祥誉監『マッキンゼーで学んだフレームワークの教科書』洋泉社，2019.

# 子どもや親のSOSに気づき、家族全体のレジリエンスを高めることを考える

## 1 本演習のねらい

### 1 ソーシャルワークのコンピテンシーの習得

❶ クライエントやその家族、関係者にかかわるために、人間行動や社会環境、環境のなかの人、そしてその他の学際的な理論的枠組みを適用することができる。多様なクライエントや家族、関係者に効果的にかかわるために、共感、反射、対人スキルを活用することができる。【SW6】

❷ ソーシャルワーカーは、アセスメントが多様な個人、家族、グループ、組織、コミュニティとともに、またそれらに代わって行うソーシャルワーク実践の力動的で相互作用的なプロセスのなかの継続的な要素だということを理解している。【SW7】

❸ 実践目標を達成し、クライエントや家族、その他関係者の能力を強めるために、注意深く介入の方法を分析し、特定し、実施することができる。有益な実践結果を得るために、必要に応じて専門職間で連携・協働することができる。【SW8】

### 2 多職種連携コンピテンシーの習得

❶ 患者、サービス利用者、家族、コミュニティのために、職種背景が異なることに配慮し、互いに、互いについて、互いから職種としての役割、知識、意見、価値観を伝えあうことができる。【IP2】

❷ チームやネットワークにかかわる専門職同士が、互いの役割を理解し、互いの知識・技術を活かしあい、職種としての役割を全うすることができる。【IP3】

❸ 自職種の思考、行為、感情、価値観を振り返り、複数の職種との連携協働の経験をより深く理解し、連携協働に活かすことができる。【IP5】

❶　子どもをめぐる不適切な養育などの事例では、子どもだけではなく、その親を含めた家族を支える視点が求められる。ソーシャルワーカーは子どもおよびその親を含む家族とどのように関係を築き、ニーズをキャッチしていくのかを把握する。

❷　子どもとの何気ない会話や面接、あるいは地域の関係者から集めた情報を統合し、子どものストレングス、家族が抱いている不安や困難などをアセスメントし、ニーズを特定し、適切なアプローチを選択して介入目標を立てていくプロセスを確認する。気がかりな一人の子どもから、世帯全体のアセスメントに視点を広げていこう。

❸　この事例では、家庭内のさまざまな事情が絡みあい、子どもの育ちに大きな影響を及ぼしている。見ようとしないと見逃してしまう子どもたちのSOSを発見し、アウトリーチし、代弁し、子どもが再び安心した暮らしを取り戻していくことにかかわるソーシャルワーカーのアプローチを学ぶ。

## 3 事例の基本情報

### 事例（導入）

#### 社会福祉士はどこにいる？

　日比野恵子（31歳）は、社会福祉法人が経営する児童館に、児童厚生員として勤務している社会福祉士である。この児童館では、社会福祉士か保育士資格をもっている人を採用している。日比野は、入職当初から児童館内の放課後児童クラブ（学童保育）事業の担当をしている。

#### 児童館はどんなところ？

　この地域の児童館の運営は、保育所、高齢者福祉施設、社会福祉協議会などを運営する社会福祉法人に委託されている。A市では、放課後児童クラブ事業は、児童館の一事業として運営されている。

　近隣の他市では、学童保育に小学校内の空き教室を活用するところも多くなってきてい

る。しかし、A市の場合、学童保育を利用している児童は、小学校から徒歩で児童館に移動することとなる。なお、2015（平成 27）年の児童福祉法の一部改正により、学童保育の対象は小学校 3 年生までから 6 年生までへと引き上げられた。さらに、受け入れ時間の延長、受け入れ対象児童の拡大（保護者の就労だけでなく病気や介護などを理由とする場合も利用可）により、各学童では職員の人員を増やすなどの体制拡大についても検討がなされている。

### クライエントのいる場所・状況

加藤太郎くんは現在小学校 4 年生。小学校 1 年生の頃から、教育熱心な母親が塾や習いごとに毎日通わせる日々だったので、放課後に友達と遊ぶという経験があまりなかった。しかし 1 年半前に母親が脳梗塞を患ったことをきっかけに、放課後児童クラブに通うこととなった。はじめは、一人でポツンとしている姿もみられたが、仲のよいクラスの男友達も一緒であったため、児童館の児童やスタッフにすぐに打ち解けた。

これまで、帰りは父親が迎えに来ていたが、ある時から父親に代わり中学校 1 年生の兄健助くんが迎えに来ることが多くなった。

在籍する児童の数が多く、毎日のお迎えの際にすべての保護者とじっくり話すということはなかなか難しい。それでも、気になる児童については、日比野はなるべくお迎えの時間に保護者をつかまえ、家庭や学校での様子を聞いたり、学童保育での様子を伝えたりしてコミュニケーションをとるように心がけている。

太郎くんについても、父親の代わりに来るようになった兄と挨拶を交わし、家庭での様子を聞こうと意識していた。しかし、やってくる兄の服装の汚れがひどいことが気になっていた。また、太郎くんから聞く小学校でのエピソードなどから、「太郎くんの家では、家のことがうまくまわっていないのではないかな。家事の負担が、もしかしたらお兄ちゃんやお姉ちゃんたちにかかっているのかな」など、気になることが重なってきていた。

### 家族の状況

太郎くんは、父、母、兄 2 人、姉 1 人の 6 人家族である。父親は電機メーカーの工業デザイナーで、電化製品などのデザインを担当している。パソコンでデザインをするなど、担当している職務としては、在宅勤務が可能である。母親は、専業主婦である。もともと糖尿病があり通院していたが、1 年半ほど前の春、脳梗塞を発症し、現在は自宅で療養している。きょうだいには、太郎くんの通う小学校の横の公立中学校に通う中 3 の双子の兄（健太くん）と姉（紗代さん）、同じ中学に通う中 1 の兄（健助くん）がいる。

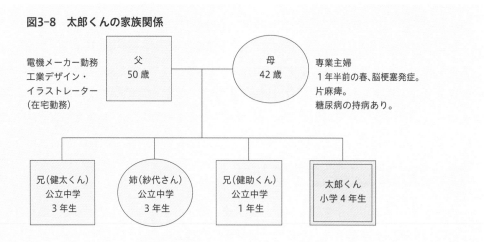

**図3-8　太郎くんの家族関係**

電機メーカー勤務
工業デザイン・
イラストレーター
（在宅勤務）

父
50歳

母
42歳

専業主婦
1年半前の春、脳梗塞発症。
片麻痺。
糖尿病の持病あり。

兄（健太くん）
公立中学
3年生

姉（紗代さん）
公立中学
3年生

兄（健助くん）
公立中学
1年生

太郎くん
小学4年生

## 地域の状況

　この地域は、新興住宅地と旧村からなる地区である。電車の主要な駅が近くにあり、都市部に通勤するサラリーマン家庭が住むベッドタウンでもある。山を切り拓いて開発された新興住宅地には、比較的高学歴な親が世帯主である家庭が多い。父親が就労し、母親は専業主婦という家庭が多く、平日の放課後はもちろん、土日も子どもたちのおけいこごとや塾通いの送迎で母親たちが忙しくしている家庭が多い。

　少子化のため子どもの数が減っており、旧村の地区を中心に行われている地元の祭りや子ども会の行事は、年々参加する人数が減少している。最近では、「何回も役員が回ってくるので子ども会活動は荷が重い」と、地域の活動に負担を感じる親たちが子ども会を脱退したり、子ども会自体を解散させたりする地区も複数でてきている。子育てをしている家庭が多いはずではあるが、子育てサークルなどの自主的な活動もあまりみられない。

　近くには鉄道と並行して幹線道路が走っている。幹線道路沿いには広い駐車場を備える大型スーパーや飲食店などもあるので、車があれば生活には困らない。分譲住宅の一戸当たりの敷地はかなり広く、経済的にも裕福だと思われるが、隣の家とのつながりや地域の活動はそれほどない地域であるといってよい。

　　　　表3-14では、事例の展開のなかで、社会福祉士がどのような課題認識をもち、どのようにアクション（活動）していくのか、概要を示した。事例演習の学びに役立ててほしい。

**表3-14　事例の展開と社会福祉士のアクション（活動）**

| 事例展開 | 課題認識 | 社会福祉士のアクション（活動） | |
|---|---|---|---|
| 事例演習1<br>【第4項】 | お迎えに来るお兄ちゃんとお父さんの様子が少しおかしい?! | 日比野恵子 | ・太郎くんと家族の状況を気にかける<br>・太郎くんの父親に話しかける<br>・太郎くんの家庭について思いを巡らす |
| 事例演習2<br>【第5項】 | 兄が要保護児童対策地域協議会の個別ケース検討会議に上がってきた | | ・太郎くんと家族の状況を小学校の先生と共有する<br>・健太くんの個別ケース検討会議への参加 |
| 事例演習3<br>【第6項】 | 長期的なスパンでこの家族を支えるにはどうしたらよいか | 渡辺誠 | ・健太くんとの面接を行う<br>・健太くんのリソースをつかみ、この先の支援に活かす |

第3章 実践的にソーシャルワークを学ぶ

# 4 　事例演習1

## 1 事例の課題認識

●お迎えに来るお兄ちゃんとお父さんの様子が少しおかしい?!

事 例

### 太郎くんと家族の状況を気にかける

　場所は小学校から徒歩5分のところにある児童館内の放課後児童クラブ。お迎えの保護者たちが多く押し寄せる18時前後の時間帯に、学校帰りと思われる中学生の男子が混じり、入口ドアのところに顔をのぞかせた。

　児童厚生員の日比野は、太郎くんの兄である中1の健助くんを中に迎え入れた。ここ数日、父親に代わり、連続して健助くんが迎えに来ていたので、何か事情があるのではと気になっていた。

日比野：お兄ちゃん、今日も太郎くんのお迎えありがとう。今日は、お父さんは来ない？

健助：家、です……。

日比野：そうなんだ。お母さんの体調はどう？　お元気ですか。

健助：はいっ……。

日比野：お母さん、お元気ならいいんだけど……。お父さんともしばらくゆっくりお話してないから。

健助：あっ、はい……何か伝えておきましょうか。いつも連絡とか、聞いてくるように言

われているんで。

日比野：大丈夫、大丈夫。急がないから。お兄ちゃんやお姉ちゃんも、どう、元気にしてますか。

太郎：（ぐずるように、横から会話に入ってきた）帰ろうよ〜、お腹へった〜。

健助：（太郎に話しかけるように）早く帰ろう帰ろう。先生、失礼します。帰ります。

　日比野は、このときに、健助くんの靴下の汚れがひどいこと、そして身につけていた体操着の汚れやほつれがひどいことが気になった。今日の部活動や体育などでついた汚れではなく、何日も洗濯ができていない汚れであるように見受けられた。しかしそれを話題にすることはしなかった。

　そして、翌日は小学校が午前中で授業が終わるため、給食がないこと、お弁当を用意してくる必要があることを兄に伝えようと思い、呼びかけた。

日比野：お兄ちゃん！　明日は小学校、給食ないからお弁当らしいよ！　太郎くんに聞いてね。連絡帳に書いてあると思うけれど。

健助：わかりました。ありがとうございます。

太郎：日比野先生、また明日ね。さようなら。

　日比野は、太郎くんと兄を見送った。

## 太郎くんの父親に話しかける

　その翌日、13時40分。小学校の授業を終え、太郎くんが児童館へと入ってきた。荷物をロッカーに置くと、太郎くんは早々に庭に飛び出ていった。

　ロッカーに置いてある太郎くんのカバンから、何かが滲んできているのが日比野の目に留まった。カバンを開けてみると、ざるそばの汁がプラスチックの器からこぼれて教科書に染みているのがわかった。

　日比野は太郎くんの名を呼びかけたが、思い止まり、先輩の児童厚生員（社会福祉士）の佐藤に声をかけた。

日比野：佐藤先生、すみません。太郎くんのカバン、そばの汁がこぼれてしまっていて、カバンの中、汚れちゃってます。このまま放っておいたら教科書にますます汁が染みてしまうし、拭くっていうか、カバンを洗ってあげてもいいですか。

佐藤：あら、それは大変。どうしておそばの汁が入っているのかしら？

日比野：今日小学校に持参したお昼のお弁当が、どうやらざるそばだったみたいですね。容器の中の汁を捨てずに蓋をして、そのまま、またカバンにしまったんじゃないですかね。中でこぼれちゃってるみたいです。

佐藤：あらあら。そうね……太郎くんに確認してからにしようか。

（太郎の名前を大きな声で呼びながら）太郎くーん、ちょっとこっち来て。

（するとすぐに太郎は部屋に戻って来た）これ、汚れちゃったんだね。ざるそば、学校に持ってきたの？　お昼に食べたの？

太郎：うん、そうだよ。今日のお弁当は何がいい？　ってお姉ちゃんに言われたから、ざるそばがいいって言ったら、朝、コンビニで買ってきてくれた。汁、どこに捨てたらいいかわからなくて……。

佐藤：そうか。わかった。じゃあ、このままだと染みてしまうし、匂いも残っちゃうから、教科書とか出して、先生がカバンの中、洗っても構わないかな。

太郎：うん。ありがとうございます。

　太郎くんは、すぐに外に出ていった。

　日比野は佐藤の対応を見て、まず太郎くん自身に事情を尋ねて、カバンを洗ってよいか確認をとることが必要であったとハッとさせられた。その後、日比野は、連日兄がお迎えに来ていること、その兄の衣服の様子が気がかりであったことを佐藤に話し情報共有をした。

　佐藤と相談した結果、しばらく太郎くんについて注意深く見守ろう、カバンの件については、できるだけ早く父親に報告しようということになり、「もし今日お迎えに来たら話をしてみよう」という話になった。

　日比野は、夕方のお迎えのときに父親と話す機会を逃さないように、17 時半過ぎから窓の外を気にして見ていた。すると、この日は久しぶりに父親が太郎くんを迎えに来た。こちらから声をかけ、カバンの一件と、カバンを洗わせてもらった対応について報告した。それに対して父親は、「わかりました」「大丈夫です」と何度も繰り返した。

　続けて日比野は、「お父さん、久しぶりですね。昨日はお兄ちゃんがお迎えに来てくれましたね。しばらく会ってないですが、お母さんのお加減はどうですか」と思い切って尋ねてみた。しかし、父親は先ほどと同じく「大丈夫です」を繰り返すだけであった。

　「大丈夫です」と繰り返され、日比野はまるで「これ以上言いたくない」と言われているような気分になり、ますます太郎くんの一家のことが心配になった。また、日比野はそのとき、父親の着ているシャツの袖がひどくほつれていること、履いているスラックスの片膝が擦れて穴が開いていることにも目がいった。物持ちがよいとも捉えられるが、薄汚れており、洗濯がされていないようにも思えた。また、父親が腕にぶら下げていたスーパーの袋には、できあいの総菜とインスタントラーメンが詰め込まれていた。

　日比野は、久しぶりに会った父親に一方的な説明をしただけで終わってしまったことを悔やんだ。母親の最近の様子や、中 1 の兄の様子などについてももっと話したかった。話が弾めば、太郎くんから聞いていたエピソード（今日の昼食のざるそばを姉がコンビニに買いに行ってくれた）に触れ、何か生活で困っていることがないか聞き出そうと思っていたが、父親とはほとんど会話にならなかった。

この日、太郎くんと父親が児童館から帰って 20 分ほどして、太郎くんと同じクラスの男児の母親がお迎えにやってきた。そのときに「太郎くんのお母さん、どうしているんでしょうか。何かご存知ですか？」と日比野から切り出してみた。

すると、その母親は「実は、わからないんです。ずっと携帯にメールしてるんだけれど、大丈夫です、と返信があるだけで……。太郎くんのママの顔、ずっと見てないし、すごく心配しているんです」と話してくれた。

日比野は「クラスの担任の先生は、ご家族の状況とか把握しておられるかな？」と聞いてみると、「担任は新任の先生で、ほかの手のかかる児童への対応に手が一杯で、特に手のかからない太郎くんの家庭の事情までは目が届いていないのではないか」というのが男児の母親の見解であった。

日比野は、太郎くん、そして兄や父親の様子が気がかりでならなかった。その夜、頭のなかでは次のようなことを考えていた。

・お父さん、もっと私たちに話してくれたらいいのになぁ。

・お父さん、もっと私たちに頼ってくれたらいいのになぁ。

・お父さんは大丈夫と言うけれど、子どもたちにしわ寄せがいっているのではないかなぁ。洗濯もできていないみたいだし、ご飯や栄養面でも心配なことがあるのではないかなぁ。

・太郎くんのお兄ちゃんやお姉ちゃんたちの中学校の先生たちは何か気づいているのかなぁ。知っていることはあるのかなぁ。

・私が太郎くんに学童保育でかかわることができるのも小学校 6 年生まで。まだ先のことだけれど、この家族のこと、これから先も誰か心配しておいてほしいよなぁ。

・太郎くんの家に家庭訪問できたら家族の様子もわかるのだろうけれど、それは考え過ぎかしら。私が気にすることでもないのかもしれない。その必要があるのかどうかもわからないしな……。

そして日比野は晴れない気持ちのなか、「まあ、私の考え過ぎかなぁ。何もなければよいのだけれど」と自分自身に言い聞かせるしかなかった。

翌朝、先輩の佐藤に自分のなかでどんどん膨らむ太郎くんとその家族への気がかりな気持ちを話したところ、佐藤からこう言われた。

「日比野さん、今は十分な情報がないかもしれないけれど、一度アセスメントしてみたらどうかな。アセスメントってね、情報が十分に揃ってから行うというイメージがあるかもしれないけれど、ソーシャルワーカーがかかわる瞬時瞬時にアセスメントってやっている、という考え方もあるのよね。アセスメントを重ねることで見えてくることがあって、もっと知りたいポイントが自分のなかでより明らかになってくるのではないかしら」

## ▌2 事例を検討するための知識

### ❶ストレッサーについて確認しておこう

生活モデル（ライフモデル）では、人々がライフコース<sup>★</sup>をたどるときに、さまざまな出来事を経験し、発達や成長を遂げていくと考える。

生活上のストレスをもたらすものをストレッサーと呼ぶが、ライフコースを通過していく途上におけるストレッサーとして、主に三つが定義されている<sup>1)</sup>。

一つ目は、人生移行<sup>★</sup>に伴い生じるものである。二つ目は、環境からのプレッシャーにより生じるものである。三つ目は、対人関係におけるコミュニケーション障害により生じるものである。

どのようなことがクライエントに生活上のストレスをもたらすのか、ソーシャルワーカーは理解しておく必要がある。

### ❷マルトリートメントという考え方を復習しておこう

子どもに十分なケアが与えられていない状況を指す、マルトリートメントという用語がある。「不適切な養育」などと訳され、身体的、性的、心理的虐待およびネグレクト<sup>★</sup>を包含する用語として用いられている。

「子どもは近づかなければ良いわけではなく、適切な養育、つまり子どもにとって必要なケアを与えることが必要」であり、それがなされないのがネグレクトである。たとえば、食事のネグレクト（適切な食事を与えない）、衣服のネグレクト（年齢や気候に合った衣服を与えない）、清潔のネグレクト（清潔を保たない）、監督のネグレクト（危険から守る監督をしない）、教育のネグレクト（学校へ行かせない）、医療のネグレクト（必要な医療を与えない）などがある<sup>3)</sup>。

子どもの貧困も、社会構造による子どものマルトリートメントとして注目されている。

### ❸「チームとしての学校」という、教育、福祉にかかわる現場における近年の動向を確認しておこう

2015（平成 27）年に中央教育審議会において専門知識をもつ人や地域の人たちと協力する「チームとしての学校」について、当時の文部科学相に答申がなされている。

複雑化・多様化した学校の課題に対応し、子供たちの豊かな学びを実現するため、教員が担っている業務を見直し、専門スタッフが学校教育に参画して、教員が専門スタッフ等と連携して課題の解決にあたることができる「チームとしての学校」体制を構築することが必要である、と打ち出された。

★ライフコース
個人が一生の間にたどる道筋、人生の道程を意味する。その人の人生をキャリア、経歴で捉えたもの。

★人生移行
たとえば、就学、就労、結婚など、人生のステージが変わっていくことを指す。ライフコースにおけるステージの移行にうまく対応できないとストレスが生じることとなる。

★ネグレクト
児童・高齢者・障害者などの社会的な弱者に、必要な養育や介護などを提供しない行為。虐待類型の一つ。心理的虐待・身体的虐待の一種でもある。育児放棄は、子どもに対するネグレクトである。

第 3 章 実践的にソーシャルワークを学ぶ

養護教諭や栄養教諭、スクールソーシャルワーカーやスクールカウンセラー、看護師など、数が少ない専門スタッフも含む学校全体での協働の文化、子どもの安全確保などに取り組む地域のボランティアとの連携なども視野に入れることがますます求められている。

### 3 演習課題

❶ 太郎くんとその家族が直面している生活上のストレスについてアセスメントしてみよう。その際、**表3-15** を活用してみよう。【SW6】【SW7】

表3-15 生活上のストレス

| 家族 ＼ ストレッサー | 人生移行 | 環境からのプレッシャー | 対人関係におけるコミュニケーション障害 |
|---|---|---|---|
| 太郎くん | | | |
| 健太くん（中3兄） | | | |
| 紗代さん（中3姉） | | | |
| 健助くん（中1兄） | | | |
| 父親 | | | |
| 母親 | | | |

❷ 太郎くんとその家族に何らかの支援がなされない場合、この家族はどうなっていくか予測をしてみよう。【SW6】【SW7】

❸ アセスメントと予測を踏まえて、日比野は次にどのような行動をとるべきか、アセスメントしたことを根拠に考えてみよう。【SW8】【IP2】

### 4 ミニレクチャー

❶適切な介入のためにアセスメントをしてみる

アセスメントは、情報が十分に揃わなければできないというものではない。クライエントとかかわりながら、瞬時、瞬時に情報を収集し、変化がみられたときや追加の情報が入ったときには、労を惜しまずにリア

セスメント（再アセスメント）を行う姿勢が求められる。

　ソーシャルワーカーには、本人や家族が、どのようなライフコースに置かれているのかを念頭に置きながら、それぞれに現在生じ得る生活ストレッサーに対して、対処するだけの内的あるいは外的資源が十分にあるかどうかをアセスメントすることが求められる。また、人と環境の接触面で不均衡や不適応の事象が起きていることが予測されるのであれば、早期に介入が必要であると判断し、実行することが求められる。

　太郎くんの家庭や学校、児童館（学童保育）という環境について、またそれらの交互作用によって何らかの摩擦が生じているのか、生じているとすればその摩擦が太郎くんやその家族にどのようなストレスを与えているのかについてアセスメントすることが、適切な介入のためには必要となる。

　演習課題❶では、太郎くんと家族の生活上のストレスについてアセスメントしてみた。事例の基本情報からもアセスメントに必要な情報が得られるので、活用してほしい。事例中の日比野は、少しずつ情報を得ながら支援につなげていくこととなる。

　人生移行に伴い生じるストレスについては、太郎くんの家庭の場合、たとえば、母親の病気により、太郎くんの放課後の過ごし方、父親の仕事のあり方や家事へのかかわり方が変化し、きょうだいの学校生活に課題が生じていると考えられる。つまり、変化にうまく対応しきれないストレスがあると予測される。

　環境からのプレッシャーにより生じるストレスについては、太郎くんには、児童館という新たな環境になじむまでの間にストレスが生じていた時期があったと考えられる。また、父親について考えてみると、在宅勤務への切り替えにより、母親の介護に専念できるメリットが生まれているが、慣れない介護や家事の負担、その負担から逃れられないストレスが生じている可能性があると予測できる。

　対人関係におけるコミュニケーション障害により生じるストレスについては、日比野が父親に声をかけても「大丈夫です」とだけ繰り返す様子や、お迎えにきた兄の健助くんが言葉少なげでコミュニケーションをとろうとしない様子から、家族のなかで何らかのコミュニケーション不全があり、ストレスが生じていることを推察できる。

❷介入の必要性を確かめるために不均衡や不適応を予測しておく

　ソーシャルワーカーは、生活ストレスに対処するだけの内的・外的資源が、クライエントに十分にあるかどうかもアセスメントし、不均衡や

不適応が予測されるのであれば、早期に介入することが求められる。

　演習課題❷については、母親以外の家族が何とかしようとしているものの、それぞれがその役目を十分に果たすことができずにいることがうかがえ、全員が疲弊していくことが予測される。太郎くんとその家族に支援がなされないとすると、食事やお風呂、その他の必要なケアが子どもたちに十分に提供されず、家庭機能は弱体化の一途をたどることが見込まれる。

　ソーシャルワーカーには、このようなマルトリートメントの状態に陥っている子どもを発見し、介入し、子どもたちに必要なケアを提供し、守ることが求められる。また、家族にかかわり、親の育児負担を軽減したり、不安を取り除いたりするかかわりが必要となる。

　早期発見・介入は、子どもたちのレジリエンスを高めることにつながる。日常生活のなかで、子どもにとって必要なケアが与えられている状況と与えられていない状況を把握し、子どもには本来どのようなケアが必要なのかを理解したうえで、子どもの課題に早期に予防的に介入することが求められる。

❸チームで子ども・家庭を支える視点をもつ

　アセスメントをすれば、現在わかっている情報に加えて現状ではわからない情報が明らかとなる。たとえば、太郎くんのお母さんはどうしているのだろうか、学童保育にお迎えに来られない状態なのだろうか。この家族の状況を知って心配している人はいないのだろうかなど、わからない情報が明らかになることで、次にどのような行動をとるべきなのか、どの立場の人とチームを組み連携・協働したらよいか、どのように足りない情報を入手すればよいかがみえてくるだろう。

　学校で起こっていることは学校で対応し、学童保育で起こっていることは学童保育で対応するという縦割りの発想ではなく、太郎くんを支えるには、太郎くんの家族を地域全体で支える視点が重要となる。

　ここでいう地域全体とは、学校内外のさまざまな立場の人たちを含んでいる。学童保育、民生委員、地域のボランティアなどとの連携を視野に入れ、支援を展開していくことがますます求められている。ソーシャルワーカーは、それを後押しする近年の政策動向も理解しておく必要がある。

　演習課題❸について考えると、日比野による気がかりが、ニーズキャッチの一つのきっかけとなったが、アセスメントをしたうえで、支援の必要性があると判断した場合、学童保育だけで何とか解決しようとせずに、

チームで支援する発想が重要である。

　太郎くんやそのきょうだいが、安全で安心な暮らしを送ることができているのか、必要なケアを受けているのかを把握できるのは、地域の民生委員や近所の人、地域の安全ボランティアなどである場合もある。

　特に子どもの場合は、SOS を発信しづらい。かかわっている支援者間で早期に会議を開催し情報を共有することが求められる。

　その後日比野は、まず太郎くんの通う小学校に連絡をとり、太郎くんの様子や家庭状況に関する情報の交換を行うことにした。

# 5　事例演習2

## 1　事例の課題認識

● 兄が要保護児童対策地域協議会の個別ケース検討会議に上がってきた

### 事 例

#### 太郎くんと家族の状況を小学校の先生と共有する

　日比野は、先輩の佐藤からの助言を受けて、太郎くんとその家族についての気がかりを放っておかずにアセスメントを行った。そしてその内容を小学校の先生と共有しようと決意した。翌日、児童たちが児童館に来る前の時間に小学校に電話をして訪問のアポイントをとった。

　直接小学校に出向いて教頭先生と情報交換を行い、日比野から、「太郎くんや中 1 のお兄さんの様子から、それぞれが対処しきれない課題に直面し、負担を抱えている可能性を感じています。太郎くんも、そのきょうだいも、何らかの生活ストレスを抱えていると思われます」と、アセスメントした内容を根拠に伝えてみた。

　それから数日後、A市子ども家庭児童相談室の職員から児童館に連絡が入った。

　一番上の兄、中 3 の健太くんが中学の担任の先生に「俺、もうやる気が出ない、死にたい」と漏らしたという。驚いた中学校側はこの事態を重く受けとめ、弟のいる小学校に連絡をとり情報収集を行ったところ、数日前に児童館の日比野から小学校に情報共有があったことがわかった、という経緯であった。

　子ども家庭児童相談室の職員によると、一つの家庭の複数の子どもたちがさまざまな形で SOS を表しているかもしれないこの事態を重要視した中学校側の申し入れにより、A市要保護児童対策地域協議会（以下、要対協）の個別ケース検討会議が招集されることになっ

たのである。

## 健太くんの個別ケース検討会議への参加

　子ども家庭児童相談室から日比野への連絡は会議への参加依頼であり、児童館からは日比野が、そのほか、中学校の三きょうだいの担任の先生、中学校のスクールソーシャルワーカーである渡辺誠、太郎くんの小学校の教頭先生、母親担当のケアマネジャー（CM）、児童委員などが会議に参加した。司会は子ども家庭児童相談室の相談員が担当することとなった。

### ● 健太くんの問題をはじめとした加藤家の情報の共有

司会：本日はお集まりいただきましてありがとうございます。さっそくですが、中３の加
　　　藤健太くんの件について、要対協の個別ケース検討会議に挙げさせていただきまし
　　　たのは、早期発見や適切な保護を図るために関係機関が集まり、情報共有させてい
　　　ただく必要があるのではないかとの理由からです。

　　　まずは健太くんの担任の先生、よろしくお願いいたします。

健太くん担任：はい、健太くんは中学３年生で、双子の妹が同じ学年にいます。さらに中
　　　学１年生の弟が１人、小学校に弟がもう１人います。

　　　健太くんは勉強もよくできて、部活でもサッカー部のエースでした。サッカーは熱
　　　心にやっていたのですが、去年お母さんが病気で倒れられてから、地区の強化選手
　　　としての練習にも参加しなくなりました。

　　　家のことがたくさんあるんでしょうかね。お父さんが家事を一人でやっているよう
　　　です。近くにおじいちゃんやおばあちゃんなどもいません。

　　　勉強も急激におろそかになり、それまで通っていた塾にも行かなくなったようです。
　　　中３に入ってからは、学校も休みがちです。夏休み前の進路相談の三者面談にもお
　　　父さんは来られませんでした。

　　　夏休みに入る直前に、「先生、もう、なんもやる気が出ない。死にたい」と私に漏ら
　　　しました。それで心配になって、学年主任、教頭、校長にも報告し、今日みなさんに
　　　お集まりいただくことになりました。

　　　元気のいいお母さんのお姿はもちろん全然見なくなりましたし、お父さんとも２、
　　　３回やりとりしたことはあるのですが、口数が少ないというか……。健太くんのこ
　　　とは心配していたのですが、クラスにはほかに手がかかる生徒がたくさんいるので、
　　　後回しになってしまいました。

**図3-9　個別ケース検討会議でみえた加藤家の支援者・支援機関**

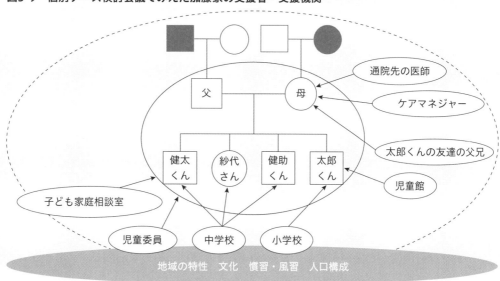

地域の特性　文化　慣習・風習　人口構成

**紗代さん担任**：健太くんの双子の妹の紗代さん（中学 3 年生）と弟の健助くん（中学 1 年生）は、音楽が大変得意で、中学校では 2 人とも吹奏楽部に入っています。

　私は、部活の顧問であり、紗代さんの担任でもあるため、今回の会議の前に、紗代さんに家での様子をさりげなく聞いてみました。お母さんが病気になってからは、お父さんが家で仕事をするようになり、家事もやっているらしいです。けれども、なかなかうまくいかないことも多いらしく、紗代さんと健助くんが相談し、部活帰りに一緒に夕飯の買い物に行ったり、弟の太郎くんのお迎えに行ったりしているみたいです。

　実質は、紗代さんと健助くんの 2 人が家事をやっているようです。健太くんも心配なんですが、私としては紗代さんと健助くんもとても心配です。吹奏楽部としても 2 人は大切なメンバーで、秋の演奏会でも活躍してもらわなければなりません。ところが昨日、紗代さんは健助くんとともに「退部したい」と私に申し出てきました。何とかしてあげたいのですが……。

**司会**：そうでしたか。家事の負担が子どもたちにかかっているという課題もありそうですね。お母さんの療養の状況はどうなんでしょうか。お母さんは介護の必要があるのでしょうか。お母さんの担当のケアマネジャーさん、お願いします。

**CM**：実は、元担当だったケアマネジャーというのが正しいかと思います。

　少し前までは、うちの法人がやっているデイサービスセンターに週 2 回ほど通っていて、様子を伺うことがありましたが、「お年寄りに交じってやるのはかなわないと言っている」と、ご主人がサービスを断ってきたんです。それ以降、お電話しても「もう大丈夫です」と言われるだけで、お目にかかれていません。

お母さんは、もともと糖尿病があったようですが、1年半前に脳梗塞になり、大学病院での入院後、3か月間回復期リハビリテーション病院に入り、今は自宅で療養されています。

お子さんたちによると、とても明るく元気な性格で、一家の中心的存在だったようですね。教育熱心で、特に一番下の太郎くんの塾通いが忙しかったみたいです。でも、今は、外出するのはかかりつけの病院への定期通院だけだと思いますよ。身体の片側に麻痺があり、リハビリ中は、左側が見えていないことによって人や壁にぶつかるような行動がみられていたようです。高次脳機能障害が疑われていたと思います。

司会：それは大変ですね。高次脳機能障害の程度はいかがなのでしょうか。

CM　：麻痺もありますが、理解や認識の部分の障害が少し重いようですので、コミュニケーションも大変かと思いますし、ご家族の障害の受けとめ方も心配です。お子さんたちは、お母さんの今の状況に戸惑っているのではないでしょうか。

　以上のように、子どもたちや母親の様子について情報共有がなされた。

　母親について、現在介助が必要で、以前のようには動くことができないこと、高次脳機能障害により身体だけでなくさまざまなことに支障が出ている可能性があることも共有できた。今まで家族のなかで精神的な支えとしての役割を果たしていた母親の突然の病気により、家事負担だけではない、大きな影響がある可能性が確認できた。

　話題はその後、父親のこととなった。

### ●父親に関する情報の共有

司会：ところで、お父さんの様子がわかる方、おられますか。今はこの家族のキーパーソンであると思うのですが。

CM　：私が一番接触しているのかもしれませんね。ご主人、健太くんからみればお父さんですが、なかなか、コミュニケーションが上手にとれない方、というか……。

司会：どういう意味でしょうか？

CM　：パソコンでお仕事ができる職種のようで、在宅で仕事をする許可を会社からもらっていると聞いていました。自宅療養が始まった頃は、訪問時やデイサービス送迎時もご主人が家の前に出てきたりしていました。

でも、話があまり続かないんです。尋ねた質問には答えてくれますが、答えるだけというか……。お子さんたちとも、もともとそんなにしゃべらないようです。

以前訪ねていた訪問リハビリテーションのスタッフに聞いてみると、お父さんは、訪問中は部屋から出てこないようです。お子さんたちは居間に来てお母さんのリハビリの様子をそばで見ていたようです。

ご主人は、介護保険などの手続きも何度も説明しないとできず、期日までに申請書

も持ってこないので何度も催促しました。

「ご主人、ちゃんとしてくださいね」なんて私が何度も言うから、それでサービスを辞めることになったのかもしれないと責任を感じています。どうやって生活しているのか、とても心配です。決して器用な方にはみえません。

児童委員：私は加藤さん宅のある地区の担当なんですが、どのようなご主人かはわかりません。山を切り拓いたところにできた新興住宅地で、広くて大きな家が並んでおり、ご存知のとおり、生活にあまり困っていない世帯が多く住んでおられます。近所付き合いをされないご家庭が多いので、どんな人たちがいるのか、わかりにくい地域です。外からは家の中でどんなことが起きているのかわかりません。

いつだったか、「静かな地域なんで、目立ちたくない。救急車のサイレンを鳴らさないで来てほしい」と強く要望されたと消防本部の方が話しておられました。

私たちのようなものが、目を配っていなければならないのでしょうね。気をつけておきたいと思います。

司会：一番下のお子さん、太郎くんの様子はいかがでしょうか。

小学校教頭：とりあえず今のところは、特に問題ないお子さんだと聞いてきているのですが、また様子を担任に聞いておきます。お母さんはそんな状況だったんですね。太郎くんは、お母さんのご病気がきっかけで学童保育に通っています。日比野先生がいろいろ気づいておられることがあったようで、この会議に先立って情報をいただいていたところです。

そこで発言の機会が日比野に回ってきたため、これまでの経過を報告した。

その後、この家庭を引き続き見守っていこうと合意し、要支援見守りケースとして分類し、会議は終了した。

## 2 事例を検討するための知識

### ❶記録について復習しておこう

ソーシャルワーカーにとっての記録は、個別支援記録（ケース記録）が主であるイメージがあるが、職場内外の多職種との会議の記録も支援の質的向上にかかわる重要なものである。

多職種連携やチームアプローチといった、複数の関係者が支援にかかわる場合には、会議の記録を残し、共有し、支援に活かすことが特に求められている。

カンファレンス記録など会議の記録を作成する際は、開催日、開催地、参加者、開催理由・目的はもとより、誰が、どのような内容（課題やニーズ）を発言したのかを記し、協議のプロセス、協議の結果としての今後

**表3-16　記録の種類**

| | | |
|---|---|---|
| 支援記録 | 相談援助記録 | 個人・家族への支援の記録 |
| | 集団援助記録 | 集団援助活動の記録 |
| | 地域援助記録 | 地域援助活動の記録 |
| 運営管理記録 | 会議記録 | ケアカンファレンスや委員会等の記録 |
| | 業務管理記録 | 日誌や日報、登録台帳等の記録 |
| | 教育訓練用記録 | 事例検討会やスーパービジョンのための記録 |

の方針、協議しきれなかった積み上げ課題などを明確に記しておくことが必要である。特に、会議で方針が決まらなかった話題や積み残し課題は、忘れないようにしっかり記録に残し、次回以降の会議で引き続き取り扱いを検討する必要がある。

❷脳梗塞とその後遺症について確認しておこう

脳梗塞は、脳の血管が突然詰まって血流が途絶え、脳の細胞が死んでしまう病気である。早期に適切な治療を受けないと、後遺症をきたす可能性、死亡する可能性がある。脳梗塞が起こると、右半身か左半身のいずれかに運動麻痺が起きたり、言葉がうまく話せなくなったり、意識がはっきりしなくなったりする。後遺症が残れば、日常生活に手助けが必要になる。

脳梗塞を避けるには、高血圧、糖尿病、脂質異常症などの危険因子をしっかり管理し、禁煙や体重管理、運動などにより生活習慣の改善を図ることが大切である。

脳梗塞の後遺症には、さまざまなものがあるが、高次脳機能障害もその一つである。高次脳機能障害は、脳卒中（脳梗塞、脳出血、くも膜下出血）や交通事故などによる脳の損傷が原因で、脳の機能のうち、言語や記憶、注意、情緒といった認知機能に起こる障害をいう。注意が散漫になる、怒りっぽくなる、記憶が悪くなる、段取りが悪くなる、などの症状があり、全国に50万人くらいいると推計されている。

物の置き場所を忘れる、新しい出来事を覚えられない、同じことを繰り返し質問するなどの記憶障害、ぼんやりしていてミスが多い、二つのことを同時に行うと混乱する、作業を長く続けられないなどの注意障害、自分で計画を立ててものごとを実行することができない、人に指示してもらわないと何もできないなどの遂行機能障害、興奮する、暴力を振るう、思いどおりにならないと大声を出すなどの社会的行動障害などが代表的なものである。

高次脳機能障害は見えにくく、わかりにくい障害とされ、周囲の理解

とサポートが必要である。かつ、診断、リハビリテーション、社会復帰支援などのシステムが確立されていないため、早急な環境整備や対策が求められている。

### ❸ヤングケアラーについての視点をもっておこう

母親が病気であることが、家族にどのような影響を与えることとなったのかを考える際に、ケアラーとなった子どもへの視点が必要になる。

特に近年では、晩婚化、高齢出産のケースの増加などにより、子どもが幼い間に親が病気等を発症、場合によっては障害をもつ家庭も増えている。また、核家族および離婚・離別・死別などによるひとり親家庭においては、子どもが親と分担して生活を支えている場合もあり、親が病気になれば、たちまちその家事負担等が子どもにかかることになる。

家族にケアを要する人がいる場合に、本来ならば大人が担うケアを引き受け、家事や家族の世話、介護、感情面のサポートなどを行っている18歳未満の子どもを、ヤングケアラーと称している。

ヤングケアラーによるケアが必要な人は、主に、障害や病気のある親や高齢の祖父母であるが、きょうだいやほかの親族の場合もある。

本来ケアされる立場である子どもや若者たちが、料理や洗濯、掃除などの家事、投薬管理、着替えや移動の介助などの一般的なケア、見守り、声かけ、励ましなどの情緒的サポート、入浴やトイレの介助などの身辺ケア、きょうだいの世話や見守り、その他金銭の管理、通院の付き添い、家計を支えるための労働、家族のための通訳などを担っている[4]。実際多いのは、家事手伝いやきょうだいの世話程度とされている[5]。

ヤングケアラーたちの陥る状況・困難は、部活動や塾通い、放課後の友達との交流の機会をあきらめる、学校を中退する、進学や就職をあきらめるなど、本人たちの人生にかかわる形で現れる。

しかし一方で、「面倒見がいい子だね」「よくお手伝いする子だね」と称賛の対象となったり、外からは単なるお手伝い程度にみえたり、子どもたちのニーズがみえにくい場合もある。当の本人たちも、友人など同世代には相談できず、社会的孤立に陥りやすい。

### ❹倫理原則のスクリーン、追い詰められた子どもにみられる兆候、TALK の原則を把握しておこう

#### ① 倫理原則のスクリーン

ソーシャルワーカーが倫理的ジレンマに直面したときに、原則的には、倫理綱領に基づいて判断をしていくが、倫理原則のスクリーンに沿って優先順位づけをすることが、状況に応じた適切な判断をするのを助ける

こととなる。ドルゴフ（Dolgoff, R.）らによれば、倫理原則のスクリーンにおいて、上位の原則がより優先されることとなり（**図3-10**）、最上位の原則として「生命の保護」が挙げられている。

**図3-10　倫理原則のスクリーン（Ethical Principles Screen：EPS）**

1. 生命の保護
2. 社会正義
3. 自己決定と自律と自由
4. 最小限の被害
5. 生活の質
6. プライバシーと守秘義務
7. 誠実さと開示

資料：Dolgoff, R., Harrington, D., et al., *Ethical Decisions for Social Work Practice, 9th Ed.*, Brooks / Cole Publishing Company, 2012.
出典：日本ソーシャルワーク教育学校連盟「ソーシャルワーク演習のための教育ガイドライン」p.17, 2020.

### ② 自殺の危険因子——追い詰められた子どもにみられる兆候

死にたいほどつらい状況にあるとされる子どもたちは、たとえば、学校へ行き渋る、眠れない、食べられないなどの状態にあるとされている。

どのような子どもに自殺の危機が迫っているのかの目安となる「自殺の危険因子」としては、自殺未遂を図っている、心の病である、安心感のもてない家庭環境である、独特の性格傾向である、喪失体験がある、何らかの孤立感を感じている、安全や健康を守れない傾向にある、などが挙げられる。また、自分を責めたり、イライラしていたり、兆候によってはうつ病の可能性を探る必要もある。

### ③ TALK の原則

アセスメントをした結果、万が一自殺の危険が迫っている子どもの兆候に気づいた場合は、TALK の原則に則り、子どもとのかかわりをもちながらその背景をじっくりと把握していくことが求められる。子どもの気持ちに気づいた周囲にいる大人や支援者は、誰かに手渡したら終わりにはせずに、子どもを重層的なネットワークで支える姿勢が求められる。

**表3-17　TALK の原則**

| T（tell） | ：言葉に出して心配していることを伝える |
|---|---|
| A（ask） | ：死にたいという気持ちについて率直に尋ねる |
| L（listen） | ：子どもの気持ちを傾聴する |
| K（keep safe） | ：安全を確保する |

## 3 演習課題

❶ 今回の個別ケース検討会議の目的を確認したうえで、会議の記録を
書いてみよう。【SW8】【IP5】

**表3-18　カンファレンス記録**

| | |
|---|---|
| 会議参加者 | |
| 開催理由・目的 | |
| 協議内容 | |
| 協議結果 | |
| 残された課題 | |

❷ 個別ケース検討会議で収集した情報を踏まえ、加藤家について再ア
セスメントしてみよう。【SW7】【IP3】

**表3-19　再アセスメントのポイント**

| 表面化している課題 | 本人は<br>どう思っているか | 専門職は<br>どう捉えているか |
|---|---|---|
| | | |

❸ 演習課題❷で挙げた加藤家の課題について、支援に着手する際の優
先順位を、理由と一緒に考えてみよう。【SW8】

## 4 ミニレクチャー

**❶会議を今後の支援に活かす記録を作成する**

　ソーシャルワーカーが記録を行う目的としては、主に次のことが挙げ
られる。❶支援の質を向上させるため、❷施設・機関の支援の質を向上
させるため、❸専門職の訓練のため、❹法的な根拠とするためである。

　カンファレンス記録は、参加者、開催理由、協議内容を記録しておく
ことが重要であるが、特に重要なのは、協議の結果と、残された課題を
明確に区別しておくことであり、それにより必要な支援がみえてくる。

　また、カンファレンス記録を残すことで、会議後に、会議に参加して
いない職場の職員とも内容を共有できる。連携・協働にあたっては、今

後のチームの支援行動の根拠にもなる。ソーシャルワーカーは、多職種とかかわる会議における記録をとる際のポイントや注意点を把握していなければならない。

　健太くんの個別ケース検討会議への参加によって、さまざまな立場の関係者からみた家族の情報が明らかとなった。演習課題❶については、それらの情報をあとからみた人が確認できる記録でなければならない。今回の会議は、情報の共有が主目的であったが、支援チームでの連携・協働を目的とした会議であれば、チームで支援の目的を確認でき、行動の根拠がわかるように記録が作成されることが望まれる。

　学童保育の児童厚生員である日比野は、記録を用いて児童館のほかの職員とも情報を共有し、さらに再アセスメントして学童保育における個別支援計画に活かすことになる。

　なお会議には、児童委員のようにこのケースを知らなかった人もいるが、「要支援見守りケースとして見守っていく」という方針が示され、会議参加が支援チームに加わるきっかけにもなっている。

❷家族をチームで支えることにつなげる再アセスメントを行う

　演習課題❷について、個別ケース検討会議は、同じ社会福祉士であるスクールソーシャルワーカーの渡辺をはじめ、多職種が出会う場である。関係者の多様な見方が出てきて、日比野が学童保育でのかかわりだけでは気づかなかった太郎くんや家族の側面を知ることとなる。

　たとえば、太郎くんの母親は、脳梗塞にかかり、現在その後遺症がある状態であることが共有された。母親の病気の状態、および病気になったことが、この家族の暮らしに身体的・心理的・社会的にどのような影響を与えているのかを考えることは、加藤家のニーズを的確にキャッチするために必要なことである。子どもたちの食事や睡眠、入浴などのケアが保たれ、家族全員の健康が維持されているかどうか、心の支柱のような存在だった母親の状態が変化したことで、ほかの家族、特に子どもたちにどのような心の変化が生じているのか、父親の仕事や子どもたちの通学や余暇活動、母親の友人とのつながりなど社会とのつながりがどのように変化しているのかなどである。

　記録で情報を整理し、母親の病気発症（脳梗塞の発症および後遺症）による家族への影響なども含めて再アセスメントすることで、家族のニーズをより的確につかむことができる。

　また、ヤングケアラーという視点から、子どもたちが直面している状況や行き場のない思いを把握し、しっかりと傾聴して受けとめることも

支援者には求められる。

### ❸自殺に追いつめられる子どもの心理を理解しかかわる

演習課題❸については、加藤家に複数のニーズがあるなかで、倫理原則のスクリーンなどに基づき、生命の保護にかかわる課題を最優先事項として、今回健太くんが口にした「死にたい」という言葉に対してかかわる必要がある。

「死にたい」という発言の解釈については、専門家のコンサルテーションを受けたり、関係者間でカンファレンスをしたりと、引き続き検討する必要があるが、支援チームとしては、健太くんが死んでしまいたいほどつらい状況であることをしっかり受けとめ、父親や母親にもかかわり、家族のなかで何が起こっているのかを情報収集しながら、自殺のリスクを含めたアセスメントを行い、必要に応じて両親をも支える支援を開始することが求められる。

子どもとの面接や関係者の情報から、夫婦仲やきょうだい間の葛藤、虐待や親の養育態度による子どもへの影響を確認し、家庭に居場所を得ることができない状況に置かれていないかを探る必要がある。

また、離別や死別、失恋や病気、予想外の失敗など、子どもが大切なものを失う事態に直面した経験がなかったかを探る必要もある[6]。

そのため、ソーシャルワーカーは、何らかの事情により、死にたいほどつらい追いつめられた状態にある子どもに対する具体的なアプローチ方法を身につけておく必要がある。

「死にたい」という投げかけには、TALK の原則にそってしっかり受けとめ、関係性を構築し、健太くんを孤立させないかかわりが求められる。

●長期的なスパンでこの家族を支えるにはどうしたらよいか

事 例

### 健太くんとの面接を行う

　要保護児童対策地域協議会の個別ケース検討会議のあと、中学校では職員会議が開催された。中学校では、まず健太くんへのかかわりから始め、紗代さん、健助くんへも何らかの働きかけができないか検討していくこととした。そしてスクールソーシャルワーカー（SSW）の渡辺誠が健太くんの面接を行うこととなった。

　渡辺は、インテーク面接において解決志向アプローチを採用した。

健太：お母さんが病気になったことで、家のことがハチャメチャになってきて、サッカーも続けられないし、塾にも行けない。こんなに大変になるとは思わなかった。妹たちはすごい。自分はダメです。

渡辺：お母さんがご病気になって1年間。休むことがあっても、学校に来ることができていますね。この1年間、大変ななかでどうやって学校に来る生活を保つことができたのでしょうか。

健太：きょうだいで一番上だし、自分が何とかしなければと思って半年くらいは頑張ってきました。きょうだいとても仲がよいので、協力しあってきました。

渡辺：先ほど健太くんは、自分はダメだと言っていましたが、健太くんには4人きょうだいの一番上の兄としての強い思いがあるのですね。

健太：でも、最近はなんだか、一番上なのに、やらなきゃいけないことができていません。

渡辺：たとえば、どんなことができたら、自分もきょうだいとして、家族としてできることがあると思えそうですか。

健太：今は学校を休む日もあるので、とりあえず妹や弟たちと一緒に毎日学校に行きたいです。

渡辺：自分が元気に過ごしている状況を思い浮かべるとすると、どんなふうに過ごしているといいなと思いますか？

健太：やっぱりサッカーが大好きだし、部活仲間とサッカーがやりたい。それと、勉強も好きなんで、週に1回でも英語の勉強を先生とかにみてもらいたいです。そうしたら、勉強が遅れてしまうという焦りはなくなって、ずいぶんと楽になれそう。

渡辺：そうですか。それだったら、まずは中学校の先生に、放課後英語の勉強をみてもら

うことをゴールとして、学校に行くために朝起きること、きょうだいと一緒に登校すること、学校で昼食をとること、今までの勉強の遅れは学校に来て質問をすることで取り戻すこと、放課後 1 時間残って英語の勉強をしてから帰宅するという行動からやってみましょうか。

### 健太くんのリソースをつかみ、この先の支援に活かす

スクールソーシャルワーカーの渡辺は健太くんとの信頼関係の構築を目指しつつ、彼のリソースをつかみ支援に活かすことを考えていた。

外的リソースとしては、中学校の教員の理解があること、部活を辞めかけた双子の妹も「私も一緒に英語の勉強がしたい」と言っていることが確認できた。内的リソースとしては、勉強や通学への意欲があること、きょうだいや家族を大切に思う気持ちがあること、今の自分を率直に他者に語る真摯な姿勢があることを支援のなかで引き出すことができた。

一方で、この家族を支援していくために、父親と、そして可能ならば母親とも面談を行い、家族支援の方向性を探る必要があると考えていた。また、高校進学の希望があるため、中三の双子の受験生活をどのように支えていくのかの方向づけをしなくてはならない。

健太くんと紗代さんはあと数か月で中学校を卒業してしまうが、健助くんはあと 2 年在籍する。短期的目標と長期的目標を立て、家族を包括的に支える体制のコーディネートを行う長期的支援を考え始めていた。

## 2 事例を検討するための知識

❶解決志向アプローチについて確認しておこう

解決志向アプローチは、原因を深掘りせずに、解決を目指すということを大切にしたアプローチである。支援の段階は表 3-20 のとおりである。

解決志向アプローチのプロセスのなかで、次のような基本的面接技法を用いる。

クライエントにとって重要な人と事柄を聞き取る、可能性のヒントに注目する、質問を組み立てる、詳細な情報を得る、クライエントのキーワードを繰り返す、クライエントの言葉を組み込む、オープンクエスチョンとクローズドクエスチョンを用いる、要約する、言い換える、沈黙を活用する、クライエントの非言語行動に注目する、自己開示する、コンプリメント（称賛・ねぎらいの言葉を伝える）、クライエントの見方を肯定する、自然に共感する、ノーマライズする（普通の生活でも起こることを伝える）、クライエントに焦点を戻す、クライエントの意味を探す、

表3-20　解決志向アプローチの段階

・問題の描写とデータ収集の段階
　この段階でクライエントは軽減させたい心配について述べる。臨床家は、専門的アセスメントを行うためにクライエントに問題の詳細を尋ねる。
・問題のアセスメントの段階
　問題の話を聞いた後、臨床家はクライエントの問題の性質と程度を判断し、問題の分類、理論、研究成果、臨床知見といった専門性を活用してアセスメントする。
・介入作りの段階
　臨床家はクライエントと目標のリストを作り、問題によるマイナスの帰結を解決もしくは改善するための一連の介入法を作る。ここでもまた臨床家は自身の専門性を利用する。
・介入段階
　問題を軽減するための問題解決行動（介入）を実行する。
・評価とフォローアップの段階
　クライエントと専門家は介入後、結果を追跡し、介入の成否を判定する。失敗であれば介入を修正するか、新しい行動をとる。

出典：P. ディヤング・I.K. バーグ，桐田弘江ほか訳『解決のための面接技法——ソリューション・フォーカストアプローチの手引き 第4版』金剛出版，p.4，2016. を一部改変

関係性の質問をする、ソリューショントークを増幅するなど[7]。

　このアプローチが目指す解決像は、クライエント自身が望んでいるよりよい状態や、快適な状態、望ましい自分自身についてのイメージとされている。

　クライエントは、悩みや問題に気持ちを奪われていることが多いため、自分自身が何を望んでいるのか、どうなりたいかを明確に捉えられていないことが多く、そこに焦点を当てていくこととなる。

　その際重要になるのが、リソース（資源）である。リソースには、クライエント自身がもっている内的なリソースと、クライエントの周囲にある外的なリソースの二つがある。解決志向アプローチでは、リソースを活用することを通して、クライエントが解決に近づいていくと考える。よい面、得意なこと、好きなこと、秀でた能力、助けてくれそうな友人や家族、所有しているものなどを見つけ、引き出していくかかわりが面接で求められる。

❷ロールプレイという演習の方法について理解しておこう

　演習の方法の一つとしてロールプレイがある。ロールプレイは、役割演技と呼ばれ、第一に、獲得したい役割を演じることで身につけ、適切に対応できるようになる。第二に、その役割を演じることでその立場の人の思考や感情を理解することができ、相互理解が深まる。

　ロールプレイは、簡単な設定だけを与えて、さまざまな役割を自由に演じる方法もあれば、役のシナリオが用意され、それを交互に読みあう方法もある。多職種連携教育（研修）などにおいては、職種ごとの簡単

な設定がカードに書いてあるものをもとに演じていくものや、災害訓練
や危険予知演習など、刻々と変わる状況の設定に応じて役になりきって
参加するシミュレーション演習などもある。

　演習の際には、役割や状況などの設定を確認する、思い切って演じて
みる、事後の気づきを積極的に言語化するなどの姿勢が求められる。

### ▌3 演習課題

❶　スクールソーシャルワーカーの渡辺が、なぜ解決志向アプローチを
　採用したのかを考えてみよう。【SW8】【IP3】
❷　健太くんとの面接場面（pp. 194-195 参照）を用い、シナリオロー
　ルプレイに取り組んでみよう。健太くん役と渡辺役を交替してやって
　みよう。【SW6】
❸　解決志向アプローチのほかに適したアプローチがあるか考え、提案
　してみよう。【SW6】

### ▌4 ミニレクチャー

❶未来志向でクライエント自身が望んでいるよりよい状態を目指す

　解決志向アプローチの最大の特徴は、問題やその原因、改善すべき点
を追求するのではなく、解決に役に立つリソース（能力、強さ、可能性
等）に焦点を当て、それを活用することにある。

　演習課題❶については、死にたいほどつらい状況にある健太くんに、
「何がいけないのだろう？」と原因を考えさせるのは、ディスエンパワー
につながると考えられる。渡辺は、その代わりに、「自分が望む未来を手
に入れるために、何が必要なのだろう？」「何ができるのだろう？」「ど
うやったらできるのだろう？」を引き出し、ともに考え、協働して解決
策をつくり上げていくアプローチを採用した。

　自分のやりたいことやできそうなことを話題にしながら解決像を構築
するために効果的な質問を行い、ゴールについて話しあう。解決志向ア
プローチだと、本人の描く解決像に向かって、スモールステップで取り
組むことができる。

　予防的、開発的な活動としての意味をもつ解決志向アプローチは、学
校現場で活用しやすく、児童や生徒の自己肯定感を上げるのに効果的と
されている。

　渡辺は、健太くんのストレングスを引き出し、そのストレングスに本
人自身が気づき、それを自分で活用していくことを目指したのである。

**❷ロールプレイにより解決志向アプローチを練習し、身につける**

　健太くんのよい面、得意なこと、好きなこと、能力や関係のある人々などのストレングスに意識を向けながら、ロールプレイに取り組んでみよう。このロールプレイを通して、ストレングスを引き出すには、どのような具体的なかかわりが必要かを体感してほしい。

　渡辺と健太くんの面接の場面。この場面は、渡辺が解決志向アプローチで健太くんにかかわる場面である。シナリオを読むことで、かかわりの実際を体験できる。まず、「休むことがあっても、学校に来ることができていますね。」といったコンプリメント（称賛やねぎらいの言葉を伝える）、次いで「4人きょうだいの一番上の兄としての強い思いがあるのですね。」とクライエントの意味を探し、さらに「たとえば、どんなことができたら、～と思えそうですか。」と質問を組み立てている。そのうえで「自分が元気に過ごしている状況を思い浮かべるとすると」と可能性のヒントに着目し、「中学校の先生に、放課後勉強をみてもらうことをゴールとして」と健太くんに焦点を戻しながら、「学校に行くために朝起きること、きょうだいと一緒に登校すること、学校で昼食をとること」などと意味を探すかかわりをしている。

　シナリオロールプレイは、アプローチを用いた具体的なかかわり方が身につく方法である。

**❸その他のアプローチの可能性も考えてみる**

　演習課題❸では、解決志向アプローチ以外の可能性を考えてもらったが、まず、健太くんの「死にたい」という状況が危機的な状況であると判断されれば、危機理論に基づく危機介入アプローチを採用することを考える。今の状況が、精神的・身体的・社会的に健太くんに大きな影響を及ぼしていると判断されれば、速やかに介入していく必要がある。

　また、健太くんのこれまでの人生を形づくってきた支配的な物語（ドミナント・ストーリー）を、渡辺によるかかわりを通じて、健太くん自身が語り直し、新しい側面に目を向け、新たな物語（オルタナティヴ・ストーリー）を創造することで問題の解決を図っていくナラティヴアプローチも検討できる。

　あるいは、認知行動理論に基づくソーシャルスキル・トレーニング（SST）も検討できる。ソーシャルスキルとは、他者との関係を形成する社会生活を営むうえでのスキルであり、挨拶の仕方、助けの求め方、余暇の過ごし方や学校生活の過ごし方などを具体的に練習しながら身につけていく。具体的かつ現実的な生活技能が身につくことで、健太くん

の精神的・身体的・社会的な状況が解決する場合もある。ソーシャルワーカーには、状況やその変化に応じて複数のアプローチを実行できることが求められる。

# 7 多角的に考えてみよう
## ——別の可能性もないだろうか

### 1 事例の課題認識

●不適切な養育状況を改善するには

社会福祉協議会のコミュニティソーシャルワーカーの立場から、小学校の子どもたちの気がかりな事例がどのようにみえるのかを別の事例で体感してみよう。なお、本項の事例は、南アルプス市社会福祉協議会地域福祉課ふくし相談支援センターの協力を得て共同執筆したものである。

**事 例**

### 民生委員からの相談を支援につなげる

今年の春、近所の方から民生委員に相談があり、社会福祉協議会のコミュニティソーシャルワーカー（CSW）に 1 件の相談がつながった。A ちゃん、小学校 3 年生。母親と二人暮らし。1 年前に都会から母親の実家のある B 市に引っ越して生活をしている。

民生委員によると、「夕方になると、A ちゃんが一人でお弁当を買っている姿をよくコンビニで見かける」「夜間、A ちゃんが駅前のビデオレンタル店や本屋で一人でいるところを見かける」「母親の姿はほとんど見ない、夜間もいない様子」「元気がない表情で一人で駅のあたりを歩いているところをよく見かける」「ほかの児童やその家族から心配の声が上がっている」「夜中まで家の明かりがついていることが多い」などの声が、近所の住民から寄せられているということだった。また、民生委員が母親を何度か訪ね様子を聞いたところ、「誰かに相談したいけれど、頼れる人がいない」と言っていたこともわかった。

コミュニティソーシャルワーカーは、A ちゃんの養育状況の確認と安全の確保のため、また、A ちゃんの母親が抱える子どもの養育や生活にかかわる相談ごとへのアウトリーチのため、A ちゃんの通う小学校に連絡をとり、個別ケース検討会議の開催を依頼した。

その小学校にはスクールソーシャルワーカーも勤務しており、翌日の午前中には、教頭先生、スクールソーシャルワーカー、民生委員、コミュニティソーシャルワーカーで情報を共有する場が設けられた。

すると、以下のようなことがわかってきた。

## ● Aちゃんの学校での様子

- ・穏やかな性格で人懐っこい
- ・落ち着いて授業を受けることができない（立ち歩く、座っていても動きが多い）
- ・学習の遅れがある（就学前より発達障害の疑いがあり、母親、教員、養護教諭間ではそのことを共有している）
- ・してはいけないことがわからず、友達から責められることがある
- ・遊びのルールがわからず、友達と遊ぶことができずに一人でいることが多い

## ● 母親の様子

- ・居酒屋の店員をしている
- ・居酒屋の仕込みのために、15時には出勤しなければならない
- ・夜22時までの勤務だが、帰宅はもっと遅いこともある
- ・市内に母方の叔母が住んでおり、宴会などで仕事が夜遅くなることがわかっているときはAちゃんの世話をお願いしている
- ・両親は近所との付き合いがあったが、母親本人はしばらく地元を離れていたため近所とのつながりはない
- ・小中学校時代の同級生はいるが、人間関係は途切れてしまっている。特に、当時の女友達は結婚などで離れてしまっている
- ・子育てや日々の生活について気軽に相談できる人はいない
- ・Aちゃんの成長に関しては、心配をしているがどうすればいいのかわからない。発達障害の疑いがあるのはわかっているが、昼間は体がしんどくて寝ていることが多く、なかなか平日にAちゃんの受診ができない

### ● 担任からの情報──母親の思い

　現在の担任が春先に家庭訪問に行った際、母親はいろいろな話をしてくれた。

　「転職も考えているが、なかなか仕事もない。居酒屋は家から近いので、踏ん切りがつかない」「宿題をみてあげたい」「遊びにも連れて行ってあげたい」「温かいごはんを作ってあげたい」「学校での生活が心配。発達診断を受けるための受診も考えているが、時間がとれないこともあるけれど、納得できない部分もある」「いろいろ考えているが、仕事から帰ったときには、疲れ果ててしまっていて、結局何もやれていない」と、無念そうに話す母親の思いを、担任の先生が聞き取っていたことがわかった。

### 援助方針を立て、役割を分担し協働する

　話し合いの結果、幸い小学校の担任に母親が率直な思いを語っていることがわかったため、担任の先生が母親と連絡をとり、今の状況をさらに聞き取ること、民生委員やコミュニ

ティソーシャルワーカーは、Aちゃんと母親の様子を気にかけ、異変があればすぐに連絡をとりあうこと、地域でこの親子の暮らしの見守りを行うことなどを援助方針として立てた。

小学校側の対応は早く、すぐに担任が母親に連絡をとり、「今日は仕込みだけで18時には帰宅するそうです」と情報共有があったので、その時間に担任、スクールソーシャルワーカーと一緒にコミュニティソーシャルワーカーも家庭訪問することとなった。

個別ケース検討会議の際、学校に母親を呼び出すことも検討されていたが、「わざわざ学校に呼び出すのも母親の負担になるので、私たちが訪問しませんか」とコミュニティソーシャルワーカーが提案し、「確かにそうですね。母親がよければ、私たちが出向いてみましょうか」と先生方からも賛同を得ていた。

実際、担任が電話で母親に尋ねてみると、「家に来て下さるとありがたいです」と家庭訪問することをすんなりと受け入れた。

## 連携して家庭訪問を実施する

18時過ぎに3人で母親を訪問した。

担任は、「せっかく早く帰ってこられた日に、すみません。以前家庭訪問に伺った際にお母さんがおっしゃっていたことが気になっていて、Aちゃんの子育てのこと、受診のことなど、お話ができればと思って来ました。こちらのスクールソーシャルワーカーさんは外の機関と連携して支援体制を整えることに力を貸してくれるので、今日は一緒に来てもらいました。また、こちらのコミュニティソーシャルワーカーさんは、この地域のことをよく知っている方です。Aちゃんが学校から帰ったあとの生活に必要なことを一緒に考えてもらえるので来てもらいました。その後、いかがですか」と切り出した。

母親は「先生、皆さん、気にかけてくださり、ありがとうございます」と頭を下げ、話し出した。

### ● 母親の思いと気がかり

「やっぱりAの学校での生活が気になっています。というのも、娘は、自分の着替えや身の回りのことが、何度言ってもうまくできるようにならないんです」「自分にもう少し時間の余裕ができれば、いろんなことが解決すると思うのですが、生活のためには今の仕事は辞められないんです」「温かいご飯も食べさせてやりたい」「宿題もみてやりたい」「Aももう少し大きくなれば、いろんなことができるようになり、受診しなくてもよいのではないかとも思っているんです」と語ってくれた。

コミュニティソーシャルワーカーは、そこで質問をしてみた。「Aちゃん、よくレンタルショップとか公園に行ってるみたいですね。好きな場所なんですか」

すると、「そうなんです！ 駅の周りをうろうろしたらだめよとは言っているんですが、

自転車に乗って、私を駅まで見送りに来てくれるんですよ。たぶんすぐに帰らず、レンタルショップに寄っているんだと思います」との返事が返ってきた。

Aちゃんについては、学童保育はうまくなじめなかったこと、小学校には休まず毎日登校していること、公園で自転車に乗るのが大好きであること、公園に遊びに来ている子どもたちと遊んだことを楽しそうに話してくれること、お話するのが大好きなことを聞き取れた。

母親は、仕事で疲れて帰ってきてもAちゃんの話を聞くのが楽しみであること、休みの日にレンタルショップでアニメのDVDを借りてAちゃんと一緒に観るのも楽しみであることも話してくれた。

### ● かかわることの約束

同行したスクールソーシャルワーカーは、「Aちゃんとお母さんが今の生活の負担に感じているところに手を貸してくれる人やサービスを考えてみましょう。少しずつ生活を整え、心配であれば、一度時間をつくってAちゃんの育ちに関する相談に行ってみる、というのはどうでしょうか。そのようなお手伝いが、私たちの仕事ですので」と切り出した。

すると、少し間をおいてから、母親は「お願いしたいです。どこに相談したらよいかもわからなかったので」と答えた。

### ● 周囲の環境や安全面の再認識

訪問の途中、コミュニティソーシャルワーカーは、面談から抜けて、Aちゃんと一緒に近くの公園に遊びに出た。今日の午前中のケース会議でも、Aちゃんは公園が好きでいつも公園で遊んでいること、1年生の頃には児童館の学童保育にも行っていたが、うまくなじめず結局辞めることになったこと、母親が帰宅する夜遅くまで一人で公園や駅で遊ぶことが日常的になってきていることなどの情報が共有されていたことを思い出した。

日中は子どもや家族連れなどでにぎわっている公園も、19時にもなると人気がなく、静まり返っている。人通りも少なくなり、「これは小学3年生が一人で遅くまで遊んでいたら安全面でも心配だな」と確認できた。

### 会議で方針と役割分担を合意する

家庭訪問の翌日、再度小学校に集まり、情報の共有や方針の確認を行う個別ケース検討会議を開催し、以下の方針を確認した。

**母親**―Aちゃんのことや生活のことで心配なことがあれば、小学校のスクールソーシャルワーカーや担任、民生委員、社会福祉協議会のコミュニティソーシャルワーカーに連絡をすることを約束する。

**学校**―近所の住民へAちゃんへの声かけをお願いしている。母親がいないときの見守りネットワークの検討、学校で本人が安心し、落ち着いて生活できる環境づくりを行

う。

近所—Ａちゃんへの声かけ、何か気になることがあったときに支援者に連絡をしてもらう。保護者が気づいたことは学校に連絡してもらう。

CSW—主にこの家族の地域での見守りを民生委員と連絡を密にとりあい担当する。夕方以降のＡちゃんの居場所づくり、協力者へのつなぎ、あるいは社会資源の創出を行う。

## 2 解説

### ●子どもをめぐる不適切な養育へのかかわり【SW8】【IP3】

　事例は、社会福祉協議会のコミュニティソーシャルワーカーが、民生委員からの情報提供を受けて、小学校の先生やスクールソーシャルワーカーらとチームで連携してソーシャルワーク実践を展開していく一場面である。

　子どもをめぐる不適切な養育などの事例には、学校のスクールソーシャルワーカー、児童館の児童指導員（社会福祉士等）のほか、地域のさまざまなところで活動するソーシャルワーカーや関係者がかかわる。

　子どもに必要なケアが与えられていない状況を早期にキャッチするために、チームやネットワークを活用した連携・協働の実践が必要となる。地域の人たちが、子どもやその家族の変化に気づき SOS をキャッチしている可能性もある。

　子どもとその家族がどのような暮らしを営んでいるのか、そこでどのようなニーズを抱えているのかをアセスメントするには、学校内外の専門職の専門性を連携・協働において活かし、子どもを含めた家庭全体を眺め、支援することが必要である。

　最後に、実際にスクールソーシャルワーカーがチームやネットワークに参加し、多職種とともにそれぞれ役割を発揮し支援に活かすことができている二つの連携・協働の事例を紹介しておこう。

### ①　早期に子どもとその家族のニーズをキャッチする仕組み——ネウボランドだいとう

　もし、就学前から、あるいは出産前から、長いスパンで母子を包括的に支援できる体制があれば、ソーシャルワーカーは子どもの発育発達における母親の不安を早期にキャッチすることができるだろう。

　何か問題が起きてから相談する窓口では、ニーズキャッチのタイミングが遅い場合もある。何気ないふだんの会話を交わしあう関係性のなか

**図3-11 大東市版ネウボラ（ネウボランドだいとう）の実施**

大東市版の特徴

　妊娠・出産期から子育て期、就学期に至る各ステージにおいて、子育て家庭の抱える様々な不安・悩みに継続的に寄り添い、切れ目のない支援を提供することにより、「子育てしやすいまち大東」の実現を目指す

❶　母子保健、子育て支援、学校教育の連携による、妊娠・出産期から子どもが概ね18歳になるまでの幅広い期間における包括的な支援の実施

❷　ワンストップサービスの実現による、途切れのない相談支援の実現

❸　スクール・ソーシャル・ワーカーの配置による、就学年齢への対応

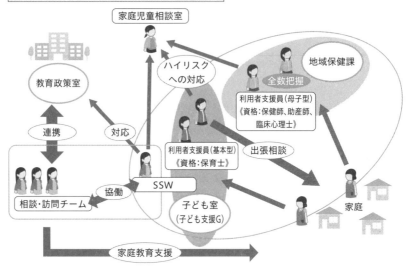

出典：大東市資料

で、SOS の表明につながる場合がある。

　就学前どころか、結婚、妊娠、子育てなど家族の営みを長いスパンで支えるネウボラ★を導入しているのがフィンランドである。この、フィンランドのネウボラによる家族支援の仕組みを採用した子育て支援の取り組みが日本でも始まっている。

　大阪府大東市の「ネウボランドだいとう」は、保健師、保育士、臨床心理士、スクールソーシャルワーカー（社会福祉士）を配置し、ワンストップによる途切れない相談体制をつくり、母子保健、子育て支援、学校教育の連携による包括的支援体制の仕組みを構築している。

　まず、妊娠届、母子手帳の交付時にニーズキャッチを行い、支援の必要な母親を見つけ出す。また、生後 28 日までに新生児訪問、4 か月までにこんにちは赤ちゃん事業（乳児家庭全戸訪問事業）による訪問をするなど、保健師・助産師・保育士がそれぞれ訪問し、予防的に介入する。こういった活動は乳幼児の死亡事故の未然防止などに成果を上げている。

**★ネウボラ**
フィンランドにおいて、妊娠期から出産、子どもの就学前まで、母子および家族を支援する目的で、地方自治体が設置・運営する拠点のこと。日本版ネウボラとして、子育て世代包括支援センター（母子保健法では、母子健康包括支援センター）が設置されている。

図3-12　制度のはざまの困りごとに対する実践例（縁創造実践センター）
**福祉施設を活用した、しんどさを抱える子どもの居場所「フリースペース」**

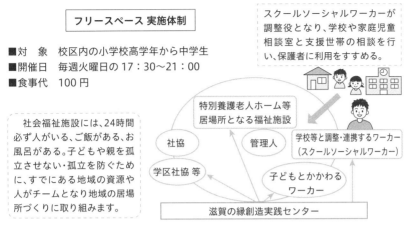

出典：滋賀県社会福祉協議会　滋賀の縁創造実践センター資料

　地域の民生委員と連携し、生後 6 〜 8 か月の第 1 子のみが対象だが、離乳食訪問事業を実施している。近隣に支援者がいない母親、子育て支援センターを知らない母親などに対しては、保育士が地域のサロン等の情報提供・同行支援を行っている。また、市内に住む外国人家庭のネットワークづくりなど、子育てによる孤立家庭への介入も行っている。

　さらに、未就園の幼児を把握し、就学に向けて、個別にスクールソーシャルワーカーにつなぎ、就学に向けてさまざまな相談支援を行うなど、未就園児の把握と学校へのつなぎにも取り組んでいる。

## ②　キャッチしたニーズに応える地域の多職種による活動——滋賀の縁創造実践センターフリースペース事業

　もし母親が夜遅く帰宅するまでの間、子どもの面倒を見てくれる場所や人があれば、母親の負担感も減り、子ども自身も安心して過ごすことができるだろう。母親の困りごとは、冷たいご飯を子どもに食べさせ続けなければならない生活や子どもの話し相手になってやれない生活への不満からくるものである。

　母親の真のニーズをキャッチし、オーダーメイドで対応するなかから生まれた事業がある。

　滋賀県において、2018（平成 30）年度の就学援助率（滋賀県の公立小中学校児童生徒数に占める要保護・準要保護児童生徒数の割合）は 12.65％（40 人学級 1 クラスに 5 人）、ひとり親世帯の貧困率（2018 年子育て世帯全国調査）は、母子世帯では 51.4％、父子世帯では 22.9％、2019（令和元）年度の児童虐待相談件数は 7873 件という数字がある。

滋賀県の子どもの孤立、貧困を表す数字である。

　経済的な問題だけではなく、親のさまざまな困難がからみあって、それが子どもの育ちに大きな影響を及ぼしている。この「見えにくい貧困」に取り組み、不安や不幸に悲しむ子どもを見逃さない地域ぐるみの取り組みを進めているのが、滋賀の縁創造実践センター（滋賀県社会福祉協議会）である。

　「放っておけない」課題を共有することなくして協働はできない、を合い言葉に、子どもの貧困、児童養護施設の子どもたち、ひきこもりの人と家族、重度心身障害者の生活支援等、滋賀のなかにある福祉課題を知り、考える場から縁創造実践センターの活動は始まった。

　「うちの社会福祉法人、高齢者のデイサービスエリアは、日中しか使っていない。デイサービスのエリアには台所もお風呂も居間もある。そこを提供するから、何かできるのではないか」という提案を受け、高齢者福祉施設の一角に、子ども支援の専門家であるスクールソーシャルワーカーやボランティアスタッフが出向き、親が仕事を終えて帰るまでの間、温かい食事やだんらんの時間と居場所を提供する形で始まったのがフリースペース事業である。

　少数のニーズに対応する社会資源を生み出す取り組みである。

## 8　解説（総括）

### ■1　事例の展開と社会福祉士の実践能力

　これまでの事例の展開と社会福祉士の実践を踏まえ、どのような実践能力が発揮されたのか、事例演習を通してどのような実践能力が習得できるのかについて、ソーシャルワークのコンピテンシー【SW1～9】・多職種連携コンピテンシー【IP1～6】に分けて解説する。

　なお、表3-21では、社会福祉士が課題認識をもとにアクション（活動）した過程で発揮した実践能力について、【SW1～9】【IP1～6】を用いて一覧化した。加えて、「多角的に考えてみよう——別の可能性もないだろうか」での学びを通じて習得できる実践能力についても示している。

**表3-21　事例の展開と社会福祉士の実践能力**

| 事例展開 | 課題認識 | 社会福祉士のアクション（活動） | | コンピテンシー |
|---|---|---|---|---|
| 事例演習1【第4項】 | お迎えに来るお兄ちゃんとお父さんの様子が少しおかしい?! | 日比野恵子 | ・太郎くんと家族の状況を気にかける<br>・太郎くんの父親に話しかける<br>・太郎くんの家庭について思いを巡らす | 【SW6】<br>【SW7】<br>【SW8】<br>【IP2】 |
| 事例演習2【第5項】 | 兄が要保護児童対策地域協議会の個別ケース検討会議に上がってきた | | ・太郎くんと家族の状況を小学校の先生と共有する<br>・健太くんの個別ケース検討会議への参加 | 【SW7】<br>【SW8】<br>【IP3】<br>【IP5】 |
| 事例演習3【第6項】 | 長期的なスパンでこの家族を支えるにはどうしたらよいか | 渡辺誠 | ・健太くんとの面接を行う<br>・健太くんのリソースをつかみ、この先の支援に活かす | 【SW6】<br>【SW8】<br>【IP3】 |
| 多角的に考えてみよう【第7項】 | 不適切な養育状況を改善するには | | ・民生委員からの相談を支援につなげる<br>・援助方針を立て、役割を分担し協働する<br>・連携して家庭訪問を実施する<br>・会議で方針と役割分担を合意する | 【SW8】<br>【IP3】 |

第**3**章　実践的にソーシャルワークを学ぶ

## 2 ソーシャルワークのコンピテンシーの習得

❶クライエントやその家族、関係者にかかわるために、人間行動や社会環境、環境のなかの人、そして他の学際的な理論的枠組みを適用することができる。多様なクライエントや家族、関係者に効果的にかかわるために、共感、反射、対人スキルを活用することができる【SW6】

　クライエントや関係者に介入する際には、人間行動や社会環境、環境のなかの人、多領域にわたる理論的枠組みの知識を活用することなどの専門的な知識や理論を理解しておく必要がある。

　学童保育、児童館、小学校、中学校など、子どものいる場所でもソーシャルワーカーは活動している。児童厚生員の日比野は、子どもの見えにくい SOS にアウトリーチし、早期にニーズを発見し、背後にある家族の直面している困難や社会的孤立の状況に気づき、その気づきを専門職間で慎重に共有しながら介入していった。生活上のストレスといった知識に加え、マルトリートメントなど、子どもとのかかわりで必要性が高い知識を有していることが、早期の気づきにつながる。また、「チームとしての学校」などの動向を把握しておくことで、学校との協働もより効果的なものにすることが可能となる。

❷ソーシャルワーカーは、アセスメントが多様な個人、家族、グルー
プ、組織、コミュニティとともに、またそれらに代わって行うソー
シャルワーク実践の力動的で相互作用的なプロセスのなかの継続
的な要素だということを理解している【SW7】

　社会福祉士の日比野は、情報が少ないなかでも、太郎くんとのエピソー
ドやきょうだいの様子の観察、父親とかかわってみた印象などから抱い
た気がかりをきっかけに、太郎くんやその父親を含めた家族について、
生活ストレスを考慮してアセスメントを行った。その後、中学校との情
報交換で得た情報や要対協の個別ケース検討会議への参加で得た情報で
さらにアセスメントし直し、太郎くんへのかかわりを中心とした支援や
介入について検討していくこととなる。

　また、日比野だけがアセスメントを行うのではない。スクールソー
シャルワーカーの渡辺も、中学校に通うきょうだいを中心として、個別
ケース検討会議で得た情報も踏まえてアセスメントを行いながら、太郎
くんの兄の健太くんらへのアプローチを考え実践していく。

❸ 実践目標を達成し、クライエントや家族、その他関係者の能力を強
めるために、注意深く介入の方法を分析し、特定し、実施すること
ができる。有益な実践結果を得るために、必要に応じて専門職間で
連携・協働することができる【SW8】

　日比野は、アセスメントの結果をもとに、自分や所属機関だけで対応
するのではなく、注意深く加藤家への介入方法を検討し、小学校との情
報交換から開始している。ここから、健太くんの個別ケース検討会議へ
の参加につながっていく。

　要対協の個別ケース検討会議などでは、ソーシャルワーカーは、子ど
もやヤングケアラーの見えにくいSOSを代弁し、家族支援は予防ケア
であると同時に、児童虐待防止であるという認識をもち、コミュニケー
ションを十分にとって共通認識や合意を形成していくことが求められ
る。個人情報の取り扱いに注意が必要となるが、生命の危機などのリス
クがある場合は、倫理原則などをよりどころとして支援の優先順位を検
討・協議し、多職種で共通目標の達成に向かって支援することが求めら
れる。

## 3 多職種連携コンピテンシーの習得

❶患者、サービス利用者、家族、コミュニティのために、職種背景が
異なることに配慮し、互いに、互いについて、互いから職種として
の役割、知識、意見、価値観を伝えあうことができる【IP2】

社会福祉士の日比野は、加藤家のアセスメントを実施し、小学校へ訪
問してその結果を伝えるとともに、要対協の個別ケース検討会議でも経
過を報告している。日比野の働きかけが、支援の一つのきっかけとなっ
たが、そこには、他職種から得られる情報があることを理解し、太郎く
んやその家族を中心に支援のあり方を考えるという姿勢がみられる。

情報交換の場や個別ケース検討会議などでも、ソーシャルワーカーと
しての役割を意識し、知識、意見、価値観を伝えることで、多職種との
協働関係が構築されていく。各職種の意見や価値観などについて職種間
で十分にコミュニケーションをとり、子どもやその家族にとって重要な
課題に焦点を当て、情報を共有することが重要になる。

❷チームやネットワークにかかわる専門職同士が、互いの役割を理解
し、互いの知識・技術を活かしあい、職種としての役割を全うする
ことができる【IP3】

チームでの会議を経ることで、各専門職が個別にアプローチする方針
も明確になっていく。日比野は、児童館に個別ケース検討会議で得た情
報を持ち帰り、再アセスメントをしながら、太郎くんらにかかわってい
くことになる。そして、会議に参加していたスクールソーシャルワー
カーの渡辺は、個別ケース検討会議のあと、職員会議を経て健太くんと
の面接を行っている。

会議等を通じて、互いの知識や技術を共有し、自職種の役割を全うす
る。キャッチしたニーズに対して、ハンズオフアプローチにせず、ネッ
トワークで支える姿勢が求められる。

会議等で協議することで、互いの役割を理解することにつながり、互
いの知識や技術を活用していく契機となる。

また、世帯全体を支援するためには、役割を分担し、スクールソーシャ
ルワーカーの渡辺や中学校の先生は、健太くんら中学生のきょうだいを、
学童保育の日比野や小学校の先生は太郎くんを、ケアマネジャーは母親
を、気づいた人が父親をなど、支援者がそれぞれの機関・職種の役割を
担い、さらに自分の担当にとらわれずに家族への関心を広く向けながら
かかわることが求められる。

❸自職種の思考、行為、感情、価値観を振り返り、複数の職種との連携協働の経験をより深く理解し、連携協働に活かすことができる【IP5】

　個別ケース検討会議では、担任らによって子どもたちの情報の提供が行われる場面、ケアマネジャーによって母親・父親の情報の提供が行われる場面が取り上げられている。一つの機関の一人の専門職だけでは得られない情報がこの場で提供されている。

　事例の場面では、スクールソーシャルワーカーの渡辺や児童委員の発言はみられないが、会議は、各職種がコミュニケーションをとりあい、情報を共有する場、合意をする場となる。

　このプロセスから、自分は何ができるかを考え、ソーシャルワーカーとしての支援方針を決定することができるようになる。

　また、会議の記録をとることは、連携・協働にあたって情報共有を確かなものとする。そして、その内容を確認することで、ソーシャルワーカーは、複数の職種がもつ情報・視点を理解し、他職種との連携・協働の経験を理解しながら、さらなる連携・協働に活かしていく。

◇引用文献
1 ）川村隆彦『ソーシャルワーカーの力量を高める理論・アプローチ』中央法規出版, p. 39, 2011.
2 ）奥山眞紀子「マルトリートメント（子ども虐待）と子どものレジリエンス」『学術の動向』第15巻第 4 号, p. 46, 2010.
3 ）同上, p. 47
4 ）ヤングケアラープロジェクト　https://youngcarerpj.jimdofree.com/
5 ）北山沙和子・石倉健二「ヤングケアラーについての実態調査——過剰な家庭内役割を担う中学生」『兵庫教育大学学校教育学研究』第27巻, p. 26, 2015.
6 ）文部科学省『教師が知っておきたい子どもの自殺予防 マニュアル』2009.
7 ）P. ディヤング・I. K. バーグ, 桐田弘江ほか訳『解決のための面接技法——ソリューション・フォーカストアプローチの手引き 第 4 版』金剛出版, pp. 18-52, 2016.

◇参考文献
・高橋睦子『ネウボラ フィンランドの出産・子育て支援』かもがわ出版, 2015.
・張賢徳「精神医療と自殺対策」『精神神経学雑誌』第114巻第 5 号, pp. 553-558, 2012.
・奥山眞紀子「アタッチメントとトラウマ」庄司順一・奥山眞紀子・久保田まり編著『アタッチメント——子ども虐待・トラウマ・対象喪失・社会的養護をめぐって』明石書店, pp. 143-193, 2008.
・澁谷智子『ヤングケアラー——介護を担う子ども・若者の現実』中公新書, 2018.
・文部科学省『教師が知っておきたい子どもの自殺予防 マニュアル』2009.
・三菱 UFJ リサーチ＆コンサルテーション「ヤングケアラーの実態に関する調査研究 報告書」（平成31年 3 月）

# 第5節 クライエントが一番気になっている問題から支援を考える

## 1 本演習のねらい

### 1 ソーシャルワークのコンピテンシーの習得

❶ 個人的な価値と専門職としての価値との区別について認識でき、個人的な経験や情緒的な反応が専門職としての判断や行動にどのように影響するかを理解することができる。【SW1】

❷ 実践に役立つ根拠は、学際的な情報源から複数の探求方法で引き出されることを理解している。実践や政策、サービス提供について情報提供したり、改善したりするために、調査による根拠を使用したり、わかりやすく伝えたりする。【SW4】

❸ ミクロ・メゾ・マクロレベルでの実践現場において、社会政策の開発と実施に関する社会福祉士の役割を理解するとともに、クリティカル・シンキングを適用して、人権と社会的・経済的・環境的な正義を促進する社会政策を分析、策定、擁護する。【SW5】

❹ 個人、家族、グループ、組織、コミュニティといった多様なクライエントと関係者のストレングス、ニーズ、困難についての重要なアセスメントに基づいて、相互に合意できる介入目標と課題を設定する。【SW7】

### 2 多職種連携コンピテンシーの習得

❶ 利用者・家族・コミュニティのために、協働する職種で利用者、家族、地域にとっての重要な関心事／課題に焦点を当て、共通の目標を設定することができる。【IP1】

❷ 自職種の思考、行為、感情、価値観を振り返り、複数の職種との連携協働の経験をより深く理解し、連携協働に活かすことができる。【IP2】

❸ 互いの役割を理解し、互いの知識・技術を活かしあい、職種としての役割を全うする。【IP3】

## 2 ▷ 事例演習のポイント

**❶** 人が望む生活は千差万別であり、そこには一人ひとりの生活に対する考え方や価値観、これまでの経験などが反映されている。そしてソーシャルワーカー自身も、一人の人間として生活に対する価値観や考え方をもっている。したがって、支援のなかで、「自分であればこういう選択はしないだろう」と思う場面もたくさん出てくる。そうしたとき、ソーシャルワーカーとしてどのように考えて取り組むことが求められるのか確認する。また、主体性の尊重や人間の社会性などのソーシャルワーカーが大切にしなければならない価値とも照らし合わせながら演習に取り組む。

**❷** 家族の抱える問題の背景について、社会構造からの影響にも目を向ける。ソーシャルワークでは、人と環境との交互作用から問題を捉える。家族の問題がどのように発生しているのか、そしてその問題を解決していくうえで、家族の努力や既存の社会資源だけではなく、人々の生活に影響を与える社会の構造にも目を向けて、ソーシャルワーカーとしてどう実践していくのかを考える。

## 3 ▷ 事例の基本情報

**事例（導入）**

### 社会福祉士はどこにいる？

満田太郎（38歳）は、X市から委託を受けた社会福祉法人Yが設置する地域包括支援センターに勤務する社会福祉士である。社会福祉法人Yに就職して10年、地域包括支援センターに配属されて5年になる。地域包括支援センターの前には、同法人の特別養護老人ホームの生活相談員をしていた。

### 地域包括支援センターはどんなところ？

地域包括支援センターは、高齢者の地域生活について相談支援等を行う機関である。保健師、社会福祉士、主任介護支援専門員等を配置して、3職種のチームアプローチにより、住民の健康の保持および生活の安定のために必要な援助を行う。

X市は中小の工場が多く立地しているが、特に満田が所属する地域包括支援センターの地域には、小さな工場が立ち並び、工場で働く人たちが多く住む下町の雰囲気がある。

満田が所属する地域包括支援センターでは、認知症カフェを民生委員やボランティアの人たちと一緒に運営し、住民同士の交流や居場所づくりに取り組んでいる。

## クライエントのいる場所・状況

杉浦康介さん（41歳）は、音楽の専門学校を卒業後、27歳になるまでバンドを組んで音楽活動をしていた。その後、バンドは解散し、派遣社員として、製造工場に勤めることとなった。もともと機械いじりが好きで、製造工場での仕事は好きであった。

康介さんの熱心な働きぶりをみた工場の社長からは「次の契約更新の際に、直接、工場の契約社員にならないか」との声をかけてもらっていた。「契約社員になるとその後正社員への道も開ける」ということも聞いていたため、契約社員になることを決断し、派遣会社には契約を終了する旨を伝えていた。

しかし、その折、海外で金融危機が生じ、一気に景気が悪化する事態となった。製造工場も減産体制をとらざるを得ない状況となったため、「契約社員としての話はなかったことにしてほしい」と言われてしまい、康介さんは職を失ってしまった。

その後、康介さんは正社員としての採用を目指し、再び就職活動を行った。ハローワークに何度も通い、履歴書を何社にも送り、面接を受けたが、これまでの派遣社員の経験がどの会社からもあまり評価されず、不採用が続いた。そのため、結局は、派遣社員として仕事をするしかなかった。派遣社員の契約期間は3年間であり、康介さんは、日々、不安を抱えながら生活をしている。

## 家族の状況

杉浦優子さん（66歳）は、息子の康介さんと二人暮らしである。夫は3年前に病気で亡くなった。優子さんは、康介さんのことを心配しており、自分が亡くなったあと、どうなるのだろうと思っている。実家で一緒に暮らすことができている間は金銭面も大丈夫だろうと考えているものの、康介さんには何とか正社員で安定した職をと望んでいる。しかし、なかなかうまくいかない厳しい現実に、康介さん同様に憂いている。

康介さんにはきょうだいがおらず、何かあったときに頼る親戚も少ない。優子さんはどうしたものかと悩んでいた。しかし、近所の人たちからは「子どもと同居しているから、何かあったときに頼りになってうらやましい」と言われることも多かったため、康介さんのことで悩んでいるとはとても言えず、親子で悩みを抱え込んでいる状態であった。

そんなある日、優子さんは、朝、ゴミ出しに出かけた際、頭が痛くなり、そのまま倒れこんでしまった。そこに近所の人がたまたま居合わせ、倒れている優子さんを発見した。救

命救急センターへ搬送された優子さんは、くも膜下出血と診断され、そのまま緊急手術となった。優子さんの状態は非常に厳しかったが、手術は無事に成功した。

優子さんの入院期間は2か月ほどの長期にわたったが、順調に回復し、現在は退院し、自宅で過ごしている。身体的には問題はないが、記憶障害が少しみられ、介護が必要な状況となった。そこで、介護保険制度を利用し、要介護1で週3回ほどのデイサービスと週3回のホームヘルプサービスを利用している。

図3-13　杉浦康介さん・優子さんの家族エコマップ

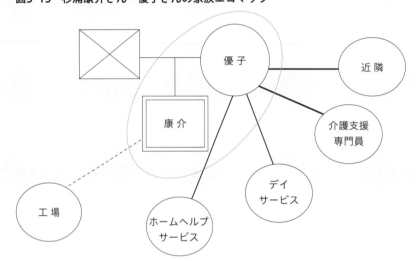

### 地域の状況

X市はV県の北東部にあり、人口は50万人ほどの、V県のなかで3番目に人口の多い市である。工場が多く立地しているとともに、V県の都心部へは電車で20分ほどで行くことができるアクセスのよさから、ベッドタウンとしても人気がある。

工場で働く人たちや長年暮らしている人たち、新しく引っ越してきた人たちなどが混在している。しかし、人口は緩やかに減少傾向にある。一世帯の人員は2.06人、高齢化率は28％となっており、高齢の単身世帯も増えてきている。

下町の雰囲気のある地域では、地域の福祉活動はとても活発である。ふれあい食事サービスやいきいきサロン、子育てサロン、ふれあい喫茶、敬老のつどいなどが各小学校区を中心に開催されている。高齢者の人たちが多く参加することから、高齢者向けの地域活動が盛んに行われている。体操教室や男の料理教室といったイベントには、毎回多くの人たちが参加している。新興住宅地のような地域では、福祉活動はあまり活発ではないものの、子育てサロンなどに多くの親子が参加している。

表 3-22 では、事例の展開のなかで、社会福祉士がどのような課題認識をもち、どのようにアクション（活動）していくのか、概要を示した。事例演習の学びに役立ててほしい。

**表3-22　事例の展開と社会福祉士のアクション（活動）**

| 事例展開 | 課題認識 | 社会福祉士のアクション（活動） | |
|---|---|---|---|
| 事例演習1<br>【第4項】 | 事態が深刻になる前にかかわれないか | 満田太郎 | ・介護支援専門員の青木から話を聞く<br>・ケース会議での検討を提案する |
| 事例演習2<br>【第5項】 | 康介さんが一番気になっている問題は何？ | | ・康介さんの状況をじっくり聞く<br>・何とかしなければという意欲を支える<br>・取り組む課題についての話し合いをする |
| 事例演習3<br>【第6項】 | 康介さんのイライラが少しでも和らぐように | | ・研究やこれまでの取り組みを支援に活かす |
| 事例演習4<br>【第7項】 | X市で起きている家族問題の現状やほかの支援者の実践を把握したい | | ・X市全体のソーシャルワーカーの質の向上を目指す |

# 4　事例演習1

## 1 事例の課題認識

●事態が深刻になる前にかかわれないか

> **事 例**

### 介護支援専門員の青木から話を聞く

　満田は、自分が所属する地域包括支援センターの圏域で活動している介護支援専門員の人たちと3か月に1回、勉強会を開催しているが、今日、その勉強会に出席していた青木から声をかけられた。

青木：満田さん。私が担当している方の件で相談があるんです。

満田：どのようなことですか？

青木：このまま放っておくと、どうなるのかなと心配になる家族がいて。何かアドバイスを、というか、一緒に動いてもらえないでしょうか。

満田：わかりました。じっくり話を聞かせてください。一緒に考えていきましょう。ただ、今日はあまり時間がないので、後日、センターのほうに来て、お話聞かせてもらえますか？

青木：わかりました。よろしくお願いします。

## ケース会議での検討を提案する

後日、青木が地域包括支援センターにやってきた。満田は、青木から気になる家族の話を聞いた。その内容は次のとおりであった。

青木が気になっている家族は、杉浦優子さんと息子の康介さんであった。優子さんは、2年ほど前にくも膜下出血で倒れた。身体的には問題はないが、記憶障害があり、日常生活での支援が必要となった。現在、介護保険制度を利用しており、青木は、1年半前に優子さんを担当することとなった。

優子さんの夫は3年ほど前に亡くなっており、息子の康介さんは、現在、派遣社員として仕事をしている。青木は、康介さんについて、「とてもまじめで礼儀正しく、母親の優子さんの面倒を一生懸命に看ている人だ」と話した。

また青木は、「月に1回程度、モニタリングで優子さん宅に伺っているが、ここ半年、行くたびに家の中が荒れてきているように思える」「モニタリングに行く日を約束するために、康介さんの携帯に電話をかけるが、つながらないことが多く、つながっても忙しく、いつも月末のぎりぎりの時期になんとか約束をとりつけるというような感じ」と気になっていることを述べた。

さらに、3か月ほど前から、デイサービスとホームヘルプサービスを提供している事業所では利用料の銀行引き落としができないという状況が続いており、引き落としができない旨を手紙で伝えると支払いがなされるという情報を得ていた。

また、デイサービスのスタッフから「心なしか、優子さんの表情がすぐれず、デイサービスが終わって家へ帰るときに、帰りたくなさそうな顔を見せている」との話を聞いており、優子さんが靴を脱がないまま部屋へあがろうとするのをきつくしかりつける康介さんの姿を見たスタッフがいることも確認していた。

青木は「このまま放っておくと、深刻な状況になりそうで、どのように支援をしていけばいいのかを検討したい」と満田に相談を持ちかけた。

青木から話を聞いた満田は、杉浦さん家族を支援している関係者で集まってケース会議をしてはどうかと提案した。青木はその提案を受け入れ、次回、ケース会議を開催することとなった。

### ▌2 事例を検討するための知識

❶「包括的・継続的ケアマネジメント支援業務」について確認しておこう

クライエントの生活は、多様な側面から成り立っている。したがって、介護支援専門員らは、身体面や精神面に対する介護だけでなく、経済状

況、住環境など多角的な視点から生活全体をみていくことが求められる。また、生活を支えていくうえでは、高齢者本人や家族の意欲や力を引き出していくことも重要である。そして、必要な社会資源を本人や家族が必要なときに活用できるように支援していくことが大切である。

こうした、包括的・継続的なケアマネジメントを介護支援専門員ができるように、地域包括支援センターが支援を行う。

地域包括支援センターの主な業務は、第一号介護予防支援事業<sup>*</sup>および包括的支援事業<sup>*</sup>とされ、そのために、❶関係機関との連携体制構築支援、❷介護支援専門員同士のネットワーク構築支援、❸介護支援専門員の実践力向上支援などを行うとされている。包括的・継続的ケアマネジメントの実践が可能な環境整備と個々の介護支援専門員へのサポートを行う包括的・継続的ケアマネジメント支援業務は、地域包括支援センターの中心業務の一つである。

地域包括ケアシステムに代表されるように、一人の人あるいは家族を友人、知人、近隣住民、地域住民、専門職、関係機関等が連携して支えていく実践が求められるようになっている。地域包括支援センターは、地域包括ケアシステムの構築を担うことが期待され、制度横断的な連携ネットワークを形成するために、地域の各種団体とのつながりをつくることを行っている。社会福祉士として、実際の多職種連携に向けた基盤づくりにふだんから取り組んでいくことが重要である。

## ❷ケース会議の意味や役割を確認しておこう

社会福祉士をはじめとする多くの専門職は、多職種連携やチームアプローチで実践することを求められている。そして、社会福祉士の支援の場は、クライエントの暮らす家であったり、地域であったりすることが多く、ソーシャルワーカーは、当然のことながら、クライエントの家族や知人、友人、近隣住民、地域の人たちとも関係を結んで実践に取り組んでいかなくてはならない。

そこで、連携・協働にあたって留意しなければならないことは、クライエントにかかわる人たちはそれぞれの考えや役割、使命等をもって活動しているということである。

一人のクライエントを、その家族や地域を含めて支援していくためには、クライエントにかかわる人たちの考えや役割がバラバラのまま支援が展開されていくのではなく、一つの共通した目標のもとでそれぞれの支援が遂行されていくことが大切となる。そうでなければ、クライエントや家族、地域に混乱をもたらすことになる。

★第一号介護予防支援事業
要支援の認定を受けた者および基本チェックリストの記入内容が事業対象の基準に該当した者に対して、介護予防および日常生活支援を目的として、その心身の状況、その置かれている環境その他の状況に応じて、その選択に基づき、第一号訪問事業、第一号通所事業または第一号生活支援事業その他の適切な事業が包括的かつ効率的に提供されるよう必要な援助を行う事業。

★包括的支援事業
地域支援事業として位置づけられている地域包括支援センターの業務。❶介護予防ケアマネジメント業務（介護予防ケアプランの作成などを行う）、❷総合相談支援業務（住民の各種相談を幅広く受け付けて、制度横断的な支援を行う）、❸権利擁護業務（成年後見制度の活用促進や高齢者虐待への対応などを行う）、❹包括的・継続的ケアマネジメント支援業務（介護支援専門員への日常的個別指導・相談や支援困難事例等への指導を実施する）がある。

第3章 実践的にソーシャルワークを学ぶ

ケース会議（ケースカンファレンス）は、それぞれの考えや役割をもった関係者が集まって、一つの共通した目標を確認しあい、その目標を達成するためにそれぞれがどのような役割を果たしていくべきかを考え、共有する場である。そうした場となるような会議運営が求められるし、会議の参加者もそうした視点でもって臨むことが求められる。

## 3 演習課題

❶ 現時点で得られている情報をもとに、康介さんと優子さんにどのような問題が発生しているか、あるいは発生しそうだと推測されるか考えてみよう。【SW1】【IP3】

❷ 康介さんと優子さんについて、今後、どのような情報を集めていく必要があるか挙げてみよう。【SW1】【IP3】

❸ ケース会議に地域包括支援センターの職員として満田が参加する際、どのような考えを大事にして臨むべきか考えよう。【IP1】【IP2】

## 4 ミニレクチャー

### ❶包括的・継続的ケアマネジメント支援業務の実践

#### ① 生活全体を把握する視点と波長合わせ

　ソーシャルワークの活動は、すべての情報が得られてから始められるわけではない。今手にしている情報からどのように取り組んでいくのかを考えることが求められる。そして、今手にしている情報をもとに、どのような問題が発生しているのか、考えられるさまざまな想定をしておくことが大切である。

　演習課題❶について、介護支援専門員の青木から聞いた話をもとに、たとえば康介さんがどのような気持ちでいるのか、何に困っているのかを推測するならば、「康介さんは介護することに疲れ、母親とかかわることに強いストレスを感じ、それがきつく叱るといった行動に出ているのではないか」といった見立てをすることができる。また、利用料の銀行引き落としができない状況が続いているため、二人の生活費も心配である。

　このことは波長合わせとも呼ばれ、事前にクライエントがどのような気持ちや感情を抱えているか、どのような問題状況のなかで生活しているのかなどを予測しておくものである。事前に予測しておくことで、実際にクライエントと会った際、適切に共感を示すことができ、クライエントが発した言葉と予測が一致すれば、さらにそこに焦点を当てて話を

掘り下げていくことができるなど、クライエントのニーズに迫っていくことができる。また、クライエントの状況を理解するために必要となる情報についても先に考えることができる。そうすることで、面接の際に、どのような話をする必要があるのかなども事前に準備ができる。

そして、そこでは、自身の所属する機関等の役割に基づく視点だけでなく、生活全体を把握する視点をもって、幅広くクライエントの生活状況を推測することが重要である。地域包括支援センターの社会福祉士である満田は、介護支援専門員の青木が、直接かかわっている優子さんの問題状況の推測だけでなく、家族である康介さんも含めた問題状況の推測を促し、包括的・継続的ケアマネジメントが実施できるようサポートする。

② 関係者からの情報収集の機会を設定する

演習課題❷については、利用料の銀行引き落としができない状況がこのまま続くと、優子さんは必要なサービスを受けられなくなる可能性も出てくる。こうした事態を防ぐために、これからのかかわりのなかで康介さんと優子さんの家計状況についての情報をつかんでおく必要があるといったことを考える。

さらに、介護支援専門員が包括的・継続的ケアマネジメントの実践が可能な環境整備をするという意味でも、クライエントの生活や支援にかかわっている関係者から情報を得る機会をつくることが、地域包括支援センターの社会福祉士には求められている。そのため、事例では、満田はケース会議の設定を青木に提案している。

③ 個人的な経験や情緒的な反応が専門職としての判断や行動に与える影響

波長合わせのなかでは、これまでの実践経験や自身の個人的な価値観などが影響して、「きっとこういうことが起きているのではないか」「こういうところが原因ではないか」と早々に決めつけてしまう場合がある。そうなると、支援を必要とする人を中心に問題を捉えていくのではなく、支援する側から問題を捉えていくことになる。個人的な価値と専門職としての価値の違いや、個人的な経験や情緒的な反応が専門職としての判断や行動に与える影響には、常に注意しておく必要がある。

地域包括支援センターの社会福祉士は、自身の判断や行動に注意を払うと同時に、介護支援専門員の判断や行動にも注意を払い、サポートすることが求められている。

なお、演習課題を通して検討した内容について、これまでの自分自身

の経験や大学等の講義のなかで知り得た情報等がどのように影響を与えているのかも考察しておくと自己覚知につながる。

❷ケース会議の中心は、利用者・家族・地域である

　支援者側が家族の変化に気づき、ケース会議や地域ケア会議を開催していくときに気をつけなければならないのは、支援者の考えや意向を中心とした会議にならないようにするということである。演習課題❸で考えたのは、康介さんと優子さん不在のケース会議についてであるので、よりこの点に留意が必要となる。

　ケース会議や地域ケア会議では、利用者・家族・地域にとっての重要な関心事や課題に常に焦点を当てて話しあえる環境づくりが求められる。利用者や家族などが不在のなかでも、利用者や家族が何を求めているのかを考え、そこから支援の方向性を探っていくことが必要である。

　また、会議の参加者全員がこの意識をもって臨むことが大切であるが、そうした話し合いになるよう会議を運営していくことも求められる。特に多職種連携を行ううえでの会議運営は非常に重要となる。

　どのような方針で支援を進めていくのか、どのような役割分担を行っていくのかを話しあうときに、利用者・家族・地域を中心に置いた話し合いにするために、社会福祉士としてどのような言葉かけや会議の進め方をすればいいのか考えておくことが求められる。

## 5　事例演習2

### 1　事例の課題認識

●康介さんが一番気になっている問題は何？

事 例

### 康介さんの状況をじっくり聞く

ケース会議での話し合いの結果、次のことを確認した。

> ●康介さんと優子さんに以下のことを確かめる
> 　・康介さんの就労状況（就職活動はしているのかなど）
> 　・家計状況
> 　・炊事洗濯といった家事全般に関する康介さんの負担状況
> ●面談を通して、生活の改善に向けての方策を一緒に考える関係づくりを行う

　次のモニタリングが 2 週間後に決まっていたので、青木と満田が一緒に杉浦さんの家を訪問し、面談することとなった。青木から事前に満田が一緒に訪問する旨を伝えてもらい、康介さんと優子さん二人から承諾を得た。

　当日、青木がインターフォンを鳴らすと、康介さんが少し疲れた様子で、玄関先まで出てきた。

青木：今日はありがとうございます。介護支援専門員の青木です。こちら電話でお伝えしていました地域包括支援センターの満田さんです。

満田：地域包括支援センターの満田です。今日はどうぞよろしくお願いいたします。

康介：どうぞ、お入りください。汚い家ですが、どうぞ。

　康介さんは居間へ案内してくれた。満田は部屋の様子を見ていたが、台所は食べ終わった食器が少し積み上がっていた。ゴミが入った袋も何袋かまとめられていた。洗濯物は、洗った衣類がそのままソファに横積みのような状態となっていた。

青木：今日は、モニタリングということでお伺いしました。康介さんのほうで、この 1 か月の間で、お母さまの状況で気になることとか出てきましたか？

康介：そうですね。最近、全然、私の言うことを聞いてくれなくなったんです。何でも嫌だと言うようになってしまって。

青木：どのようなときにそうした態度になられるんですか？

康介：ご飯を食べさせたいときとか、薬を飲ませたいときとかですかね。

青木：お母さまが抵抗されたときは、どうされてるんですか？

康介：前は、時間がかかっても何とか食べてもらえるようにしてましたけど、疲れてしまって。嫌がったらそのまま放っておいてます。

青木：そうですか。今、お疲れとおっしゃっていたのですが、お母さまの介護でお疲れになられました？

康介：それもありますけど、とにもかくにも仕事が見つからなくて。何をやってもうまくいかないので、本当に疲れました。

　満田は、青木と一緒に康介さんとの会話を聞きながら、康介さんは仕事が見つからないことで、今、非常に追い詰められた状況にあると考えた。そこで満田は、康介さんの就職活動状況について聞かせてほしいと伝えた。

　すると康介さんは、これまで派遣社員として製造工場に勤めてきたこと、しかし、その経験を評価してくれる会社はないこと、また不況のあおりを受けて求人も少なく、面接で何度も落ちていることを話してくれた。今、派遣で勤めているところの契約期間は 3 年で、その契約もあと 3 か月で終了となるため、非常に焦っているということであった。

　「音楽の専門学校に通わせてくれ、27 歳までバンド活動を許してくれた母親には本当に感謝している」「その恩返しとして、正社員になって母親の介護も続けたい」という気持ち

があることも話してくれた。しかし、正社員になることは非常に厳しく、生活費も必要となってくるため、「派遣社員として働き続けるしかない」と考えているということであった。

　経済状況や介護状況についても尋ねると、母親の介護を理由に仕事を休む日が続いた時期があり、ここ数か月は十分な給料をもらうことができず、貯金を取り崩すような状況とのことであった。介護でくたくたになっていること、また母親の物忘れが進んできていること、トイレも食事も注意してみておかないといけないこと、そして、介護費用がこれからかさむことを考えて不安になるということを話してくれた。それでも何とか頑張りたいという気持ちがあることも話してくれた。

### 何とかしなければという意欲を支える

　満田は、今回のモニタリングで利用料の支払いが滞る背景をつかみたいと考えていたが、康介さんの話によると、派遣社員として働いていることと母親の介護が重なったことが関係しているとわかった。

　また、虐待につながるリスクもある家族ではないかと考えていたが、康介さんが、就職活動がうまくいかないストレスを抱えており、優子さんの物忘れの進行状況にうまく対応できていないことから、イライラを募らせていることがわかった。

　康介さんはあきらめに近い言葉も発していたが、何とかしないといけないという意識ももっており、その意欲をどう支えていくかが大事ではないかと考えた。康介さんは、母親への感謝も述べていたので、満田は、その気持ちを大切にしたアプローチができないかとも考えた。

　そこで満田は、康介さんの一番気になる問題から一緒に解決をしていくことが、杉浦さん家族にとってよりよい生活につながっていくのではないかと考え、話を切り出した。

満田：康介さん、お仕事のことを一人で抱えてこられて大変な状況にあることがわかりました。そこにお母さまの介護が重なっておられますね。経済的な負担も大きく、家計もいろいろと調整が必要になってきている気がしました。そうした大変さを少しずつ減らしていけるように、お手伝いをさせていただきたいのですが、いかがでしょうか。

康介：ありがとうございます。助けてほしいと思っていますが、何から相談したらいいのかもわからなくて。

満田：一緒に整理していきましょう。

康介：よろしくお願いします。

### 取り組む課題についての話し合いをする

　その後、満田と康介さん、介護支援専門員の青木は、康介さんが今、気になっていること

について話しあった。その話し合いのなかで、康介さんは次の五つのことが気になっていると話した。そしてこの気になっていることをもとに、取り組む課題について検討した。

●自分の言うことを聞いてくれない母親にイライラする
●派遣の契約期間は３年であるが、その契約もあと３か月で切れる
●就職したいが、うまくいかない
●就職活動・仕事と母親の介護との両立ができない
●自分と母親の将来がとても不安

康介：とにかく次の就職先を早く決めたいです。でも、母親の介護とうまく両立させることができるのか、そうした仕事を見つけることができるのか……。とても不安です。

青木：今、優子さんはデイサービスとホームヘルプサービスを利用していますが、利用回数を増やして、多くの力を借りながら生活をしていくということを考えてもいいのではないでしょうか。

満田：そうですね。でも、利用するサービスを増やすとなると、やはり家計の問題が出てきますよね。

康介：貯金が少なくなっているので焦ります。だから就職先を早く見つけたいんです。

青木：介護保険料の減免の申請や利用料の減免申請などの手続きがあり、そうした手続きをすると、少し支払いが楽になる可能性もありますよ。

満田：就職は、康介さんがおっしゃっているように、介護と仕事との両立が可能かどうかが重要ですよね。

康介：そうです。だからなかなかうまく見つからなくて。

満田：そうですよね。３か月後に契約が切れるので次を探す必要性は高いのですが、ちょっと時間がかかるかもしれないですね。

康介：どうしたらいいのか焦るばかりですよ。当面のお金のめどだけでもつけば助かるんですが……。

満田：そのあたりも含めて、康介さんと優子さんの家計をサポートする制度があるかもしれません。家計の部分について、相談していきましょうか。

康介：もしそうしたものがあるのなら教えてほしいです。よろしくお願いします。

青木：それから、優子さんが康介さんの言うことを聞かないことにイライラしてしまうとおっしゃってましたが……。

康介：そうなんです。デイサービスとかに行っている間は問題ないのですが、夜など二人になったときは、どう対応したらいいのかわからなくて、困ってます。

青木：優子さんの行動は、倒れたことによる影響もあると思いますので、それも踏まえて家にいるときにどうかかわっていけばいいのか、困ったときにはどうすればいいの

かについても考えていきましょうか。

康介：そうですね。そうしたいです。よろしくお願いします。それから……。

満田：それから？

康介：母にはとても世話になったので恩返しをしたいと思って介護しているのですが、このまま母親の介護だけで自分の人生が終わってしまうのかと憂うつに思うこともあります。それで母親にきつく当たってしまうことがあるんです。

満田：康介さん自身の生活や人生もぜひ大切にしてほしいです。

青木：康介さんがしんどくならないように、またご自身のこれからの生活も充実させていくことができるように相談に乗っていきたいです。

　満田は、康介さんと介護支援専門員の青木とともに話し合いを進めた。その結果、ここでは次の三つの問題に焦点を当てて、それぞれの問題を解決するためにその目標と取り組むべき課題の内容についてさらに考えていくこととした。

三つの問題
・当面の生活費をどう確保するか
・康介さんが母親の介護で感じるイライラをどう減らすか
・次の就職先をどう探すか

## ▌2 事例を検討するための知識

●課題中心アプローチについて復習しておこう

### ① 手順と重視すること

　課題中心アプローチでは、クライエントの意見を尊重しながら、クライエントが抱えるさまざまな問題から取り組むべき問題を選択、問題解決に向けた目標の設定、目標達成のための課題の設定と実行、評価、再検討、終結といった一連の手順に従って取り組んでいく。

　課題中心アプローチは、クライエントが問題解決過程に参加することを保障すること、問題解決過程がオープンであること、クライエントとソーシャルワーカーとの間にパートナーシップが構築されていることが重視されている。

　クライエントの意見を重視し、同意を得ながらクライエントとソーシャルワーカーが互いに意見を交わしながら進めていく関係（パートナーシップ）をつくっていくことが必要になる。そのため、ソーシャルワーカーからも、クライエントが考える問題や目標設定、課題設定に対して意見を述べていくことが大事である。また、クライエントが問題解

決の過程を理解していることが重要である。クライエントがそのプロセスを知ることで、ソーシャルワーカーの役割についての理解も深まり、問題解決に向けてのクライエント自身の役割意識も高まっていく。

② メリットと適切な課題設定の必要

　課題中心アプローチは、取り組むべき課題と方法を具体的に設定するため、その進捗状況や結果について評価しやすく、援助効率が高いとされている。また短期間で取り組むことを想定しているため、クライエントの問題解決に向けてのモチベーションを高めやすいとされている。

　ただし、取り組むべき課題については適切に設定する必要があり、ソーシャルワーカーにはアセスメントの力量が求められ、クライエント本人が取り組むべき課題を認識する力、そして課題を解決していく力をもてるようにすることも求められている。そして、短期間で取り組むために、課題の選択は多くとも三つ程度までとされている。

　これらのことを意識して、課題中心アプローチを進めていくことが求められる。

### 3 演習課題

❶ 三つの問題について、どのような目標を立ててその問題に取り組むのか考えよう。また、話しあってみよう。【SW7】

❷ ❶で立てた目標を達成するために「何に取り組むか（課題の内容）」「誰が（課題の実行者）」「いつまでに（目標達成の時期）」実施するかについて考え、**表3-23** にまとめてみよう。【SW7】

**表3-23　目標と取り組む課題**

| 問題 | 目標 | （目標達成のための）取り組む課題 |
|---|---|---|
| ①当面の生活費をどう確保するか | | （何に取り組むか）<br>（誰が）<br>（いつまでに） |
| ②康介さんが母親の介護で感じるイライラをどう減少させるか | | （何に取り組むか）<br>（誰が）<br>（いつまでに） |
| ③次の就職先をどう探すか | | （何に取り組むか）<br>（誰が）<br>（いつまでに） |

## 4 ミニレクチャー

### ❶クライエントの主体的な取り組みを支える

課題中心アプローチの根底にあるものは、問題解決の主体者はクライエントであるというクライエントの主体性の尊重の価値である。この価値は、社会福祉士にとって当然のこととして認識されているが、「本当に問題解決の中心にクライエントを位置づけることができているのか」「専門職主導で支援が展開されているのではないか」といった専門職に対するパターナリズム批判が社会福祉士に対して常に向けられている。どのようにクライエントが主体となって問題解決の過程を展開していくことができるのかが重要な実践課題となっており、その一つの手法として課題中心アプローチがあるといえる。

演習課題❶では、康介さんと一緒に選定した問題について、どのような目標を立てて、どのような方法を用いて取り組んでいくのかについて考え、話しあってもらった。まとめられた目標等を振り返ってみたとき、現実との差はどうであろうか。実現可能なものとなっているだろうか。目標を検討していくなかで、クライエントが主体的に取り組むために、どのような問題に焦点を当てるべきかについても考察してもらえると、課題中心アプローチの考え方を感じることができる。

### ❷クライエントとの同意をもとに進める

課題中心アプローチの肝は、どのような問題を選択するのか、そして、その問題に対する目標設定、取り組み課題、方法を設定するうえで、クライエントとソーシャルワーカーが同意をしていくところにある。

演習課題❷では、演習課題❶で立てた目標をもとに、目標達成に向けての取り組み課題を検討し、表にまとめてもらった。この表が、課題中心アプローチで重視されるクライエントとソーシャルワーカーとの同意を文書化したものとなる。

課題中心アプローチでは、クライエントとソーシャルワーカーが話し合いを通して選択した問題、検討した目標、そして目標達成のための課題の取り組みが文書でまとめられる。そして、その文書にクライエントが同意する形をとっている。

同意された文書は、活動状況の確認、課題の再検討や終結時の評価をクライエントと行ううえで重要な役割を果たす。また、評価の段階だけで活用するのではなく、支援が始まる段階からこの内容を意識することで、クライエント主体で課題を解決していく過程に近づくことができるといえる。

　社会福祉士は、一定の専門知識をもっており、問題解決に向けて活用できる制度や事業等の情報も多くもっている。そして、活用の仕方も知っている。また、クライエントを取り巻く状況のアセスメントを行う役割も担っている。社会福祉士はこうした専門性を、クライエント自身が現状を踏まえて解決すべき問題を選択し、目標を設定し、解決に向けて取り組んでいくために発揮しなければならない。

　満田は社会福祉士として意見を伝え、そのことが康介さんや優子さんの意識や認識にきちんと活かされ、両者が合意して問題解決に取り組むことが何よりも求められる。

### ❸支援の振り返りと取り組む課題の再検討

　課題中心アプローチでは絶えず目標達成のための取り組みを通して取り組み課題の再検討がなされる。実際に課題に取り組んだのか、どのようなことをしたのか、もし取り組みをしなかったのであればその理由は何であったのか、課題に取り組むことによって問題状況は変化したのかなどをクライエントとソーシャルワーカーとの間で評価し、新たな課題の設定を検討したり、継続して課題に取り組むことを確認したりする。

　また支援が終結を迎えた段階においては、これまでの取り組みについて振り返るための七つの指針が示されている。

**表3-24　これまでの取り組みを振り返る七つの指針**

| |
|---|
| ①　選択された問題はあなたがもっとも援助してほしいと思った問題か。<br>②　もしそうでないなら、あなたがもっとも援助してほしかった問題は何か。<br>③　最初の目標がどのくらい達成されたとあなたは考えるか。<br>④　あなたが最初の目標をどのくらい達成したと、関係者は考えているか。<br>⑤　あなたはこの活動の進め方についてどのように考えるか。<br>⑥　文書による同意が終結した時点で、将来において対処することについてあなたはどのように感じるか。<br>⑦　何らかのフォローアップすることが同意されているか。もし同意されているならば、どうしてか。 |

出典：M. ドエル・P. マーシュ，小松源助・伊藤冨士江訳『課題中心ソーシャルワーク』中央法規出版，pp. 115-125，1995．をもとに筆者作成

## 1 事例の課題認識

●康介さんのイライラが少しでも和らぐように

### 研究やこれまでの取り組みを支援に活かす

　康介さんは、くも膜下出血の影響で物忘れの症状が出ている母親の優子さんに対して「ついイライラしてしまう」「病気からくるものであることはわかっているが、それでもつい腹を立ててしまう」と話し、母親の介護で感じるイライラをどう減少させるかということを特に解決すべき問題として選択した。そして、目標を「高次脳機能障害のことを理解し、母親の言動にうまく対応できるようにする」と設定した。さらに、その目標を達成するために取り組む課題として、高次脳機能障害のことについて知ること、そしてかかわり方を具体的に考えることを決定した。

表3-25　康介さんの目標と取り組む課題

| 問題 | 目標 | （目標達成のための）取り組む課題 |
|---|---|---|
| ②康介さんが母親の介護で感じるイライラをどう減少させるか | 高次脳機能障害のことを理解し、母親の言動にうまく対応できるようにする | （何に取り組むか）<br>・高次脳機能障害についてインターネットで検索するなどして情報を集める<br>・主治医に相談する<br>・一緒にかかわり方を考える場をつくる<br>（誰が）<br>康介さん<br>満田<br>（いつまでに）<br>次の面談日までに |

　康介さんは、優子さんが退院する前に、医師や医療ソーシャルワーカーから高次脳機能障害について説明を受けていた。けれども、入院中は、説明されたような症状を優子さんから感じることはなく、大したことはないだろうと考えていたという。

　康介さんは、高次脳機能障害の説明も忘れており、具体的なかかわり方について教えてほしいと満田に求めてきていた。

　そこで、満田は「次の面談日までに、お互いに高次脳機能障害についての情報を集めま

しょう」「インターネット検索でも構わないので調べてみましょう」と課題を設定した。また「次の面談日までの間に優子さんの受診日があるので、そこで主治医と話をし、高次脳機能障害の症状や、適切なかかわり方について情報を得ましょう」と伝えた。そして、面談日に一緒に考える場をつくることを約束した。

　地域包括支援センターへ戻った満田は、次の面談日に向けて、早速、高次脳機能障害に関するこれまでの研究や実践などを集めた。そして、集めた知識を、どのような方法で康介さんに情報提供すれば最も効果的か、また、康介さんや優子さんを支える支援者がどのような支援を行うことができるのかについて考えることとした。

## ２ 事例を検討するための知識

### ❶研究成果や理論、知識の必要性を確認しておこう

　実践していくなかで、支援に活用できる社会資源がどこにあるのかがわからなかったり、実践経験がまだ十分にないためにどのようにクライエントとかかわっていけばいいのかわからなかったりするとき、職場の先輩やほかの実践者の人に話を聞いてみる、アドバイスやスーパーバイズを受けるということは大変有効な手段である。

　そして、もう一つ有効な手段が、自分が実践している課題に対して取り組まれた研究に触れてみるということである。

　生活問題は実に多岐にわたり、求められる知識も多岐にわたる。病気療養しながら生活を支えなければならないときには、医学的な知識が必要となる。また、借金の返済などにより困窮状態となっている場合には法律的な知識が必要となる。さらに、地域のなかで分断が生じるような問題が発生しているときには、その地域の歴史的な流れを知ることが求められたりする。どういった場面でも求められる人とのかかわり方などについては、心理学や精神医学などで多くの研究成果があり、理論としてまとめられている。ソーシャルワークにおいては、医学や看護学、法学、経済学、社会学、心理学等の理論や知識を実践のなかで応用していくことが必要である。

　当然のことながら、こうした理論や知識、あるいはモデルと呼ばれるものがすべてのクライエントにそのまま適用できるかというとそうではない。そこで、それぞれ固有の存在であるクライエントに応じて少しずつ修正を加えながら活用していくことが大切である[1]。

### ❷クライエントに対する情報提供のあり方を復習しておこう

　福祉サービスに関する情報は、クライエントに比べて、社会福祉士の

ほうが触れる機会は多く、知識も多い。クライエントに必要な情報を提供することは日常の実践でもある。しかし、その情報提供に関して、単に知り得た情報を話すだけ、あるいはパンフレットを渡すだけでは、きちんとクライエントに届いているのか、クライエントが理解できているのか、不確実である。クライエントが情報を理解できなければ、その情報は活かされない。

　クライエントの年齢は非常に幅が広く、幼少の子どもから高齢の大人までさまざまである。あるいは、ある分野の人たちや業界の人たちだけに通じる専門用語などがあるが、これらの言葉は、まったく触れたことのない人たちには意味がわからず、それこそ情報は提供されても、中身は十分には伝わらない。クライエントの年齢や状況に応じて、わかりやすく伝えること、クライエントに伝わる方法を考えるということが大事である。

### ▌3 演習課題

❶　高次脳機能障害とその家族支援に関する研究論文等を検索し、家族はどのようなところで不安や悩みを感じているのか、家族への支援としてどのような取り組みが必要と指摘されているのか調べてみよう。【SW4】

❷　演習課題❶で集めた情報をどのような方法で康介さんに伝えるか、考えてみよう。【SW4】

❸　実際に、満田役と康介さん役に分かれて、情報提供のロールプレイをし、お互いの情報提供のあり方としてよかった点と改善点について話しあってみよう。【SW4】

### ▌4 ミニレクチャー

#### ❶研究結果を効果的に実践に変換する

　演習課題❶では、さまざまな学際的な情報源が実践に役立つ根拠となることを確認することをねらいとしているが、たとえば、国立障害者リハビリテーションセンターの高次脳機能障害情報・支援センターのWEBサイトでは、高次脳機能障害を理解するための症状や診断基準、受傷・発症から社会参加までに関連するサービスなどが紹介されている。高次脳機能障害のある人たちに対する支援の研究、取り組みの成果は、こういったところにも示されている。

　高次脳機能障害は、言葉が出てこないなどで会話がうまくできない、

★高次脳機能障害
一般に、事故（交通事故）や脳血管障害等により脳が損傷を受け、その後遺症等として現れてくる記憶障害や注意障害、社会的行動障害などの認知障害等を指す。

順序立てて物事を進めていくことができないなどの症状があげられる。日常生活に支障をきたすこともあるが、その症状が見えにくい場合もあり、周囲からの理解が得られにくい。また、家族もどのように困りごとと向きあえばいいのかわからず困難を抱えていることがある。

**❷クライエントに伝わるように情報を提供する**

高次脳機能障害情報・支援センターの WEB サイトでは、高次脳機能障害のある人に対する環境整備のあり方として「わかりやすくすること」を挙げている。優子さんへのかかわりに際して活かすことができる情報であるので、康介さんにこの点を伝えようとする場合、次に考えることは、どのようにすれば具体的に康介さんや優子さんたちが日常生活のなかでこの情報を活かすことができるのかということである。単に「わかりやすくすることが大切である」という言葉だけを伝えても、では実際にどのようにすればいいのかわからず困ってしまう。高次脳機能障害情報・支援センターの WEB サイトには、たとえば、「1 日のやるべきことのスケジュールを壁に貼るなどして日常生活をサポートする」といったことが示されている。演習課題❷については、康介さんや優子さんが、具体的にイメージができる、あるいは明日からでも取り組むことができると思えるように、情報を工夫して伝えることが大切である。

相手の立場に立って、どのような形で情報を伝えれば、相手に理解してもらえるのか、伝わるのか、情報を提供することの多い社会福祉士の仕事においては、常に意識しておくことが大切である。演習課題❸では、情報提供にあたっての試行錯誤を体験してほしい。

## 7 事例演習4

### 1 事例の課題認識

●X市で起きている家族問題の現状やほかの支援者の実践を把握したい

事 例

### X市全体のソーシャルワーカーの質の向上を目指す

X市には、22 の地域包括支援センターが設置されているが、それらは四つのエリアに分類され、各エリアで 3 か月に 1 回、集まっての情報交換、意見交換を行っている。

満田は、最近、8050問題や7040問題として取り上げられている家族の問題についてよく相談を受けるようになったと感じている。また、この問題に対応するには、高い専門性が求められると感じている。そしてほかの地域包括支援センターや介護支援専門員などがどのくらいこの問題の相談を受けているのか現状を知りたいと考えた。

　満田は、他の社会福祉士等が8050問題や7040問題に対してどのように取り組んでいるのか、どのような点に支援上の課題を抱えているのかを調査し、X市で活動するソーシャルワーカーの実践の質の向上と政策の提言につなげていきたいと考えた。そこで、次回の会合において調査を提案することとした。

## ■2　事例を検討するための知識

### ❶社会福祉調査の方法について復習しておこう

　社会福祉調査には、大きく分けて量的調査と質的調査がある。また、調査によって何を明らかにしたいか等により、調査の方法は変わってくる。量的調査では、対象となるすべてを調べるのか、一部を調べるのか、そしてそれを訪問面接調査で行うのか、郵送調査で行うのか、集合調査で行うのかなど、組み合わせはさまざま考えられる。

　数量的なことは量的調査で確認ができるが、どのような支援を行っているかといったことは質的調査により明らかにされる。質的調査の方法にも、事例研究、インタビュー、アクション・リサーチなどさまざまなものがある。ソーシャルワーク実践の目的に沿って、適切な調査方法をとれるように、社会福祉調査の方法について、把握・理解しておくことが求められる。

### ❷社会や生活状況のさまざまな変化への対応が求められていることを確認しておこう

　私たちは日々、さまざまな出来事に遭遇している。そのなかで大きな問題が生じることなく過ごせているのは、多くの出来事を自分たちの対応できる範囲に収めることができているからといえる。しかしながら、災害や紛争、貧困、組織的犯罪、人身取引、流行病、急激な経済・金融危機といった、これまで経験したことのない出来事に出くわすこともある。特に近年では、気候変動関連の災害が毎年のように起きており、そのたびに大きな被害が出て、人々の生活に甚大な影響を与えている。

　また、日本では1960年代から1980年代にかけて、全国各地にいわゆる「ニュータウン」が造成されたが、30年、40年と経過したなかで、そのまちの風景は大きく変わり、住民の生活状況も変化している。10

年後、20 年後という時間の経過と社会の変化が、人々の生活に大きな変化を生み出しているということもある。

ソーシャルワーカーは、さまざまな変化に対応していくことが求められる。そのためには、日々、どのような状況が起きているのか、一体、何が起きているのか、ソーシャルワーカーとして何ができるのかを考える必要があり、常に専門性を高めていくことが求められる。ソーシャルワーカーは、一人ひとりのクライエントの問題を解決するために尽力するだけでなく、社会に対しても働きかけをしなければならない。たとえば、ある制度の対象となるのかならないのかということが、一人ひとりの生活に大きな影響を与えるからである。そのことが、深刻な問題をもたらしているのであれば、社会に向けて改善を訴えていく必要がある。

## 3 演習課題

❶ X 市の四つの地域包括支援センター合同で 8050 問題や 7040 問題に対する社会福祉士等の取り組みに関する実態調査をすることになった。どのような手法を用いて調査を実施するのか考えてみよう。【SW4】

❷ 実態調査の結果を社会福祉士の実践の質の向上につなげるためには、調査を通して何を明らかにすればよいか、調査内容（質問項目など）を考えてみよう。【SW5】

## 4 ミニレクチャー

❶さまざまな調査方法を活用し、課題抽出、問題把握へとつなげる

実態調査において、演習課題❶について考えると、X 市全体で 8050 問題、7040 問題に地域包括支援センターとして対応している件数を把握すること、また、各地域包括支援センターの圏域で活動する介護支援専門員が 8050 問題、7040 問題に対応している件数を把握するということがまず考えられる。

調査の方法としては、調査票を配布して行う方法を用いてもよいし、フォーカスグループインタビューなどの方法を用いてもよい。あるいはワークショップなどを開催し、情報交換も兼ねながら、8050 問題、7040 問題について話しあい、課題の抽出、取り組みの検討などを行うことも効果的と考える。

これらの調査等を行うためには、事務局的な役割や調査設計、調査の回収、分析を行うことが必要である。また予算的な問題もある。研究機

関等からの協力なども受けながら取り組んでいくことも考えられる。

❷実践の質の向上や政策提言へとつなげる

　8050問題、7040問題を抱える家族等には、共通課題が存在しているのか、あるいは個別性が高いのか、この問題の質の部分を把握することも必要といえる。実態として件数を把握することや問題の質を捉えることは、問題を解決していくための策を考えることや、新たな政策の提言につなげることができる。

　演習課題❷については、調査を通して、どのような制度や事業を活用したのか、他の専門職とどのように連携、協働したのかといった過去の取り組み内容を把握することがとても重要である。今、取り組んでいるソーシャルワーカーにとってこの情報は非常に有益であり、具体的な活動へとつなげることができるからである。

　さらに、8050問題、7040問題と向き合う実践で、どのあたりに難しさ、課題を感じているのか把握することにより、ソーシャルワーカーとして強化すべきポイントを明らかにすることができ、研修やスーパービジョン等を通して専門性の向上につなげる機会を生み出すことができる。

## 8　多角的に考えてみよう
### ——別の可能性もないだろうか

### 1 事例の課題認識
●私たちの生活はその時の社会情勢に大きな影響を受ける

**事例**

### 今をしのぐことができても、これから先の保障はない

　川口佳子さんは42歳である。短大を卒業後、保育士として2年ほど勤めたが、人間関係に悩み、退職した。その後、派遣会社に登録し、事務の仕事を行っていた。

　20代から30代の間は、派遣契約が切れても、またすぐに次の派遣先が見つかり、派遣社員としての就職には困らなかった。しかし、今回、40歳を超えて契約が切れたあと、再就職が難しくなっていた。

　もともと手取りが少なく、貯金もわずかであった。両親に迷惑はかけたくないため、一人で暮らしていたが、いよいよ貯金が底をつきそうになったため、実家へ戻り、再就職の道を探ることとした。けれども、なかなか自分の思うような仕事は見つかっていない。生活

自体は、親の年金収入で問題なく過ごせているが、今後のことを思うと、暗い気持ちになる。

### 再チャレンジしたくても、思うようにいかない

原口大輔さんは、43歳である。東京の私立大学の工学部を卒業し、中規模の企業でシステムエンジニアとして勤めていたが、不景気のあおりを受けて、勤めていた会社が倒産し、その後は、派遣のシステムエンジニアとして勤めていた。

正社員として就職したいと考えていたが、なかなか採用してもらえなかった。また年齢を重ねていくほど、技術的な面よりも組織マネジメントの部分でのスキルを求められることが多くなり、面接までいくことができたとしても、マネジメント部分での未経験さを指摘され、うまく採用に結びつかなかった。

給料は大学卒業後とほとんど金額が変わらず、手取りで18万円である。仕事に就くためには都市部で生活するほうが有利であるが、その分家賃が高く、貯金に回せるだけのお金はいつも残らない。親元へ帰ろうかとも考えるが、地元に戻るとさらに仕事はなく、どうにもならない状況に陥ってしまっている。

## ┃2┃ 解説

### ❶さまざまな機関が生活に対する視点をもつための働きかけ【IP2】

事例の川口さんや原口さんのような状況に置かれている人たちが支援を求める先としては、まずはハローワークや求人サイトなどであろう。一番の目的は就職であるため、既存の福祉の相談窓口に来るということは少ないと思われる。実際、福祉の相談窓口で就職のあっせんはできない。生活困窮者自立支援制度による支援もあるが、「もっと生活に困窮した状態にある人が利用するものだ」といった認識の有無や、制度そのものの周知状況によっても、足を運ぶ人たちの数は変わってくる。

さまざまな選択肢があるなかで、どの機関でも生活者の目線で支援を提供することができれば、問題の深刻化を防ぐことができる。そのためには、さまざまな機関が生活に対する視点をもっておくことが求められる。そして、その視点をもってもらうための働きかけをソーシャルワーカーは行うことができる。ハローワークと福祉の連携も進んでいる。そうした取り組みのいっそうの推進が不可欠である。

### ❷現在の政策・実践に対するクリティカル・シンキング【SW5】

#### ① 就職氷河期世代の実情と支援政策

希望する就業とのギャップ、実社会での経験不足、年齢の上昇等によ

第3章 実践的にソーシャルワークを学ぶ

り、就職氷河期世代は安定した雇用に就くことが難しいとされている。2018（平成30）年時点で、この世代におおむね該当すると考えられる35歳から44歳の年齢区分の人口規模は1689万人で、15歳から64歳までのいわゆる生産年齢人口に占める割合は22.4％となっている。そして、フリーター等の就業状態にある35歳から44歳は2018（平成30）年時点で52万人、フリーター等以外の非正規で働いている人たちは317万人となっている。[2] 経済財政諮問会議では、民間ノウハウを最大限活用して、就職氷河期世代の個々人の状況に応じた支援を通して、正規雇用をはじめとした仕事の場を広げることができるよう、地域ごとに対象者を把握したうえで、具体的な数値目標を立てて3年間で就職氷河期世代支援プログラムに取り組むとした。内閣官房の就職氷河期世代支援プログラムのホームページにアクセスすると、その取り組みを調べることができる。[i]

　たとえば、人手不足という問題を抱えるなかで、人材を求める業種と就職氷河期世代とを結びつける取り組みも挙げられている。船員や農業、漁業、林業、また、地方での生活に興味がある人に向けての移住やそこでの就職に関連する情報などが紹介されている。

　また、就職氷河期世代支援に焦点を当てた採用人事を行っている自治体の例もある。ニュースでも取り上げられているが、ある自治体では3名の就職氷河期世代の採用枠に545倍となる約1600名が試験を受けたという。採用人数は決して多いとはいえないが、こうした取り組みは広がりつつあるといえる。専用の相談窓口を設けている自治体もある。20代や30代を対象に就職支援を行ってきたノウハウを活かした支援を目指している。

## ②　クリティカル・シンキングの姿勢で支援のあり方を考える

　しかしながら、2020（令和2）年に新型コロナウイルス感染症の感染拡大が起こり、再び就職氷河期世代の、正社員への道が遠のいたといわれている。就職氷河期世代だけでなく、多くの失業者が増えるといわれている。また、新卒採用計画も見直す企業も出てきており、困窮状況に

---

i　内閣官房「就職氷河期世代支援プログラム」 https://www.cas.go.jp/jp/seisaku/shushoku_hyogaki_shien/index.html. 2019（令和元）年6月21日に、「経済財政運営と改革の基本方針2019〜「令和」新時代：「Society 5.0」への挑戦〜」が、内閣府に設置されている経済財政諮問会議での答申を経て、閣議決定された。この方針の、「第2章 Society 5.0時代にふさわしい仕組みづくり」「2．人づくり革命、働き方改革、所得向上策の推進」のなかの「(3)　所得向上策の推進」のなかに、就職氷河期世代支援プログラムが位置づけられている。

陥る人たちが増えていくおそれがあることは容易に想像できる。

そこでソーシャルワーカーとして、現在の政策・実践に対してクリティカル・シンキングの姿勢で検証し、就職氷河期世代と呼ばれる人たちのさまざまな事例に触れ、その人たちの生活状況の改善にはどのような支援が必要となるのか考えてほしい。そこには一人ひとりの生活状況の改善に向けて、適切な支援をどのように届けるのかをまず考えることが求められる。たとえば、相談機関の情報をどのように提供するか、あるいは自分たちの生活を支えてくれる制度や事業等の情報をどのように届けるのか。現在、ソーシャルネットワーキングサービス（SNS）などを用いた情報発信がなされているが、それがどこまで有効に機能しているのかなどを調べて、情報の届け方を考えてみるとよいだろう。

そして、問題の背景には、その当時の社会情勢が大きく影響していることがある。一人ひとりの生活問題を解決するとともに、その問題に大きくかかわる社会の状況をどのように変えていくかについても考えることが必要であり、ソーシャルアクションが求められる。制度や政策を改善するためにどのような働きかけを行うのか、現状として、どのようなソーシャルアクションが行われているのかなど調べておくと、今後の自らの実践につながっていく。なお、公益財団法人日本社会福祉士会のホームページには、声明文等のページがあり、制度や政策に関する意見や世界で起きた事件などに対する声明文等を出している。この取り組みもソーシャルアクションであり、社会を変える一つの方法である。また、あらゆる人たちが、適切な生活水準で生活する権利を有している。その権利がきちんと保障されているのか、保障されていない状態とはどのような状態なのかについて敏感になって、社会の状況を捉えておく必要がある。

# 9 解説（総括）

## 1 事例展開と社会福祉士の実践能力

これまでの事例の展開と社会福祉士の実践を踏まえ、どのような実践能力が発揮されたのか、事例演習を通してどのような実践能力が習得で

---

ii 日本社会福祉士会「声明文等」 https://www.jacsw.or.jp/05_seisakuteigen/seimeibunto.html

表3-26　事例の展開と社会福祉士の実践能力

| 事例展開 | 課題認識 | | 社会福祉士のアクション（活動） | コンピテンシー |
|---|---|---|---|---|
| 事例演習1<br>【第4項】 | 事態が深刻になる前にかかわれないか | 満田太郎 | ・介護支援専門員の青木から話を聞く<br>・ケース会議での検討を提案する | 【SW1】<br>【IP1】<br>【IP2】<br>【IP3】 |
| 事例演習2<br>【第5項】 | 康介さんが一番気になっている問題は何？ | | ・康介さんの状況をじっくり聞く<br>・何とかしなければという意欲を支える<br>・取り組む課題についての話し合いをする | 【SW7】 |
| 事例演習3<br>【第6項】 | 康介さんのイライラが少しでも和らぐように | | ・研究やこれまでの取り組みを支援に活かす | 【SW4】 |
| 事例演習4<br>【第7項】 | X市で起きている家族問題の現状やほかの支援者の実践を把握したい | | ・X市全体のソーシャルワーカーの質の向上を目指す | 【SW4】<br>【SW5】 |
| 多角的に<br>考えてみよう<br>【第8項】 | 私たちの生活はその時の社会情勢に大きな影響を受ける | | ・さまざまな機関が生活に対する視点をもつための働きかけ<br>・現在の政策・実践に対するクリティカル・シンキング | 【IP2】<br>【SW5】 |

きるのかについて、ソーシャルワークのコンピテンシー【SW1～9】・多職種連携コンピテンシー【IP1～6】に分けて解説する。

なお、**表3-26**では、社会福祉士が課題認識をもとにアクション（活動）した過程で発揮した実践能力について、【SW1～9】【IP1～6】を用いて一覧化した。加えて、「多角的に考えてみよう——別の可能性もないだろうか」での学びを通じて習得できる実践能力についても示している。

### 2 ソーシャルワークのコンピテンシーの習得

❶個人的な価値と専門職としての価値を区別したり、個人的な経験や情緒的な反応が専門職としての判断や行動にどのように影響するかを理解することができる【SW1】

個人的な価値と専門職としての価値について比べてみると、個人的な価値は自分自身にとって最適なものとは何かを意味しているといえる反面、専門職としての価値は、クライエントにとって、あるいは社会にとって最適なものとは何かを意味しているといえる。

ソーシャルワーカーも生身の人間であるので、目の前のクライエントの言動に影響され、心が揺れ動くことは当然ある。また、物事を一方的に捉えてしまうこともある。しかしそうなると、クライエントの生活の

全体像を捉えることが難しくなる。

　事例演習では、康介さんと優子さんにはどのような問題が発生しているのか考えてもらったが、個人的な価値観や経験で問題を捉えていなかったか、専門職としての視点から問題を捉えることができていたのか再度、確認をしてもらいたい。

　ソーシャルワーカーは、日頃から、個人的な価値観や個人的な経験等が判断や行動にどのように影響しているのか、自己覚知やスーパービジョンなどを受けることを通して意識しておくことが大切である。

❷実践に役立つ根拠は、学際的な情報源から複数の探求方法で引き出されることを理解している。実践や政策、サービス提供について情報提供したり、改善したりするために、調査による根拠を使用したり、わかりやすく伝えたりする【SW4】

　説明責任がソーシャルワーカーにも求められており、根拠をもって支援にあたることが大切となる。また多岐にわたる生活問題に取り組むためには、さまざまな知識を活用していくことも重要である。

　そのためには、常日頃から幅広い情報や取り組み事例などに触れておくことが大切である。社会福祉士の倫理綱領にも示されているように、社会福祉士としての専門性を高めていくうえでも、自己の専門分野や関連領域についての情報を収集するように努めることが求められている。

　事例演習では、高次脳機能障害について情報を集め、その情報をどのように康介さんや優子さんに提供するか検討した。

　ソーシャルワークや社会福祉の領域だけでなく、隣接領域で近い研究や実践がなされており、それらの情報が有用となることも多い。学際的な情報に常に触れておくことが大切である。

❸ミクロ・メゾ・マクロレベルでの実践現場において、社会政策の開発と実施に関する社会福祉士の役割を理解するとともに、クリティカル・シンキングを適用して、人権と社会的・経済的・環境的な正義を促進する社会政策を分析、策定、擁護する【SW5】

　ソーシャルワーカーは、さまざまな社会資源を活用しながら支援を展開していく。その社会資源のなかには当然に制度や政策、事業がある。それらの制度や政策、事業は、人々の生活に大きな影響をもたらすものである。またそうした制度や政策、事業の活用を通して提供するソーシャルワーカーとしての実践も人々の生活に大きな影響をもたらす。

　したがって、ソーシャルワーカーが活用する制度や政策、事業、また自らの実践、研究、調査等に関して、きちんと吟味し評価して活用して

いく必要がある。

　事例演習では、満田が担当エリアのなかで8050問題や7040問題に取り組んだことがあるかどうかを調査しているが、その結果についてもクリティカル・シンキングで分析評価を行い、実践に活かしていくことが求められる。

❹個人、家族、グループ、組織、コミュニティといった多様なクライエントと関係者のストレングス、ニーズ、困難についての重要なアセスメントに基づいて、相互に合意できる介入目標と課題を設定する【SW7】

　ソーシャルワークの過程において、アセスメントに基づく目標と課題の設定を行うプランニングは非常に重要である。とりわけクライエント主体でアセスメントとプランニングの二つの過程を行うことができるかが支援の鍵となる。事例演習では、課題中心アプローチを取り上げ、康介さんと満田（社会福祉士）とで話しあい、その結果、合意した三つの課題を設定し、その課題に取り組むための内容、実行者、時期などを考えた。クライエント主体での実践を具体化させる一つとして、課題中心アプローチがあるといえる。

　生活問題にはさまざまな背景があり、さまざまな関係者にその影響が及んでいるため、アセスメントを行うためには、幅広い知識や視点が必要となる。また、多職種連携が重視されるなかでプランニングを行うためには、関係する支援者等との情報共有、意見交換、合意形成も重要となる。協働による実践能力とあわせてこの実践能力を高めることが求められる。

### ３ 多職種連携コンピテンシーの習得

❶利用者・家族・コミュニティのために、協働する職種で利用者、家族、地域にとっての重要な関心事／課題に焦点を当て、共通の目標を設定することができる【IP1】

　支援者がいる場所ではなく、クライエントが暮らす生活の場で支援が展開されていくとき、生活問題が多岐にわたればわたるほど、多くの人たちがかかわることになる。事例演習では、地域包括支援センターの社会福祉士である満田や介護支援専門員である青木が中心となって支援を行っていたが、康介さんの就職支援などについては別の機関・関係者に加わってもらうことが今後考えられる。

　その人の暮らす生活の場で支援を展開しようと思うと、一人のソーシャルワーカーだけでは対応しきれず、さまざまな専門職、機関と協働し

ていく必要がある。その協働を支えるのは、共通の目標であり、その目標は支援の対象となるクライエントやその家族の関心事や課題である。

そうした共通の目標を、演習課題ではケース会議の場で確認するものとして設定した。クライエントやその家族を常に中心においた多職種連携が求められる。

❷自職種の思考、行為、感情、価値観を振り返り、複数の職種との連携協働の経験をより深く理解し、連携協働に活かすことができる【IP2】

事例演習では、康介さんと優子さんを支援するにあたり、介護支援専門員の青木やデイサービスセンター、ホームヘルプサービスの職員など他職種と協働して支援を行った。他機関、他職種の人たちとのケース会議だけでなく、同機関内や同職種間での日頃の話し合いなどを通しても、さまざまな考え方や価値観の交流がなされる。その交流を通じて、自職種の考え方や価値観などを振り返ることになる。

医療や法律の分野の専門職と共通する考え方や価値観もあれば、異なる考え方や価値観もあり、異なる考え方や価値観から刺激を受けることにもなる。視野の広がりや考え方の広がりにもつながる。また、社会福祉士の考え方や価値観がほかの専門職にも影響をもたらすことになる。

❸互いの役割を理解し、互いの知識・技術を活かしあい、職種としての役割を全うする【IP3】

事例演習では、満田は、介護支援専門員の青木をサポートしている。それは、地域包括支援センターの社会福祉士として、職種としての役割である包括的・継続的ケアマネジメント支援業務の実践でもある。

連携・協働にあたっては、他職種の役割を理解したうえで、自らの職種としての役割を果たすということも意識しておかなければならない。

◇引用文献
　1）渡部律子編著『基礎から学ぶ気づきの事例検討会——スーパーバイザーがいなくても実践力は高められる』中央法規出版，pp. 9-10，2007.
　2）竹森俊平・中西宏明・新浪剛史・柳川範之「就職氷河期世代の人生設計に向けて（参考資料）」（平成31年第5回経済財政諮問会議（資料2-2）），p. 2，2019.

◇参考文献
　・白澤政和編著『ストレングスモデルのケアマネジメント——いかに本人の意欲・能力・抱負を高めていくか』ミネルヴァ書房，2009.

# 第6節 災害支援から ソーシャルワーカーの 基本的姿勢と役割を考える

## 1 本演習のねらい

### 1 ソーシャルワークのコンピテンシーの習得

❶ すべての人が、社会的な地位に関係なく、自由、安全、プライバシー、適切な生活水準、医療、教育といった基本的人権が遵守されるよう、社会的・経済的・環境的な正義を擁護する実践を行うことができる。【SW3】

❷ ソーシャルワーカーの実践の基本には調査活動があり、また、調査活動における仮説の立証として実践が行われていることを理解し遂行できる。【SW4】

❸ 評価で発見したことを、ミクロ・メゾ・マクロレベルにおける実践効果を改善するために活用できる。【SW9】

### 2 多職種連携コンピテンシーの習得

❶ 複数の職種との関係性の構築・維持・成長を支援・調整することができる。また、時に生じる職種間の葛藤に、適切に対応することができる。【IP4】

❷ 他の職種の思考、行為、感情、価値観を理解し、連携協働に活かすことができる。【IP6】

## 2 事例演習のポイント

❶ 災害時においても、「人間としての尊厳を保障する」ということを支援姿勢の第一義とし、その人の誇りや人格が否定されない社会のあり方を考察する。

❷ 災害時においても、常にストレングス視点をもちながら、要配慮者の主体形成を目指した取り組みについて模索する。

❸ 調査活動が社会的課題の可視化、構造化、施策化の前提となることを理解する。また、場面や対象に応じた調査方法について理解する。

❹ 災害時においても実践のなかで調査活動を行いながら、日々変化するニーズや課題を把握し、臨機に支援の内容を検討、実践している現状について事例を通して把握する。また、その実施した内容をさまざまな見地から評価を行っている現場の様子を確認する。

❺ 業務におけるあらゆる過程において、調査結果が根拠（エビデンス）となり、実践を支える土台となれるようクリティカル・シンキング（批判的・論理的思考）の力を養う。

❻ 日常および災害時において、さまざまな場面、状況を客観的かつ俯瞰的に捉え、適切な方法を選んで評価できる力を養う。

❼ 評価において過去の事例や文献等、学術的な資料や枠組みを活用できるようにする。

❽ 災害時のような混とんとした状況下にあって、何が適切で何が不適切であるのかが不明瞭な際、できる限り、客観性、総合性を担保できるよう、さまざまな価値観や生活スタイルをもつ人々とともに評価を行うことを意識する。

❾ 災害時において、どのような支援機関・団体が連携・協働しているのかを理解する。

❿ 災害時、特に医療・保健機関・団体の価値観、思考、行動特性等について理解し、福祉専門職と何が違うのかを考察する。

## 3 事例の基本情報

**事例（導入）**

### 社会福祉士はどこにいる？

・伊達和志（27歳）は、B市社会福祉協議会に福祉活動専門員として勤務する社会福祉士である。入職後、3年間のボランティアコーディネーターを経て、現在5年目のソーシャルワーカーである。C小学校区（東部中学校圏域、三つの小学校区で構成）の地区担当として、地域福祉活動の支援を担っている。

・江原伸明（32歳）は、A県社会福祉協議会に福祉活動指導員として勤務する社会福祉士（精神保健福祉士の資格も有する）である。地域福祉課に在籍し、県内の市町村社会福

祉協議会の支援を行っている。現在、10年目のソーシャルワーカーである。
・福山綾（45歳）は、発災後、仮設住宅等の支援を行うために、生活支援相談員として雇用された社会福祉士（介護支援専門員の資格も有する）である。もともとは特別養護老人ホームの生活相談員として働いていたが、結婚、出産後に退職し、子育てをしていた。地震で被災したが、幸い、住宅と家族は無事であった。被災者支援として何かできないかとB市社会福祉協議会の職員募集にエントリーし、採用された。

## B市はどんなところ？

図3-14　B市の概略図

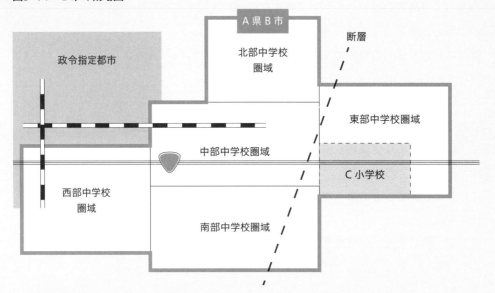

　B市は政令指定都市に隣接する人口15万人の都市であり、ベッドタウンとして発展してきた。高齢化率は28%、昨今は人口の流入率よりも流出率のほうが高い傾向にあり、子どもの減少が続いている。地域は13の小学校区の圏域、5の中学校区の圏域で構成されている。また、小学校区内には、身近な住民同士の活動が展開される自治会が存在する。
　B市はこれまで大きな災害は発生していないが、市内を南北に走る断層が確認されている（マグニチュード6.5、最大震度6強の予想）。
　東部中学校圏域は鉄道網から少し離れるため、市街地に向かうには国道や県道を通る市バスか、車を使用する必要がある。五つの中学校区のなかでも高齢化が最も高い（32%）地域である。また、C小学校ではここ数年、単級（1学年に1学級）となっており、隣の地区の小学校との統合が議論され始めてきた。
　B市の地域包括支援センターは基幹型として中部中学校圏域に1か所（行政が所管）とその他の中学校圏域に1か所ずつ（社会福祉法人が受託）配置されている。

B市では、2000（平成12）年の社会福祉法成立後、行政が地域福祉計画を策定し、それ以前には社会福祉協議会が地域福祉活動計画を策定してきた経緯がある。

## 地域福祉活動計画の策定に向けた地区座談会の準備状況

B市社会福祉協議会では中長期ビジョンを示す「地域福祉活動計画」が今年度で終了することから、新たな計画を策定することとなった。計画策定にあたり、各小学校区にて地区座談会を開催し、地域住民から意見を聴く機会を設けた。

---

### C小学校区・地区座談会　次第

日時：6月●日（水）

19:00〜21:00

会場：●●公民館1階　ホール

内容：

1. あいさつ、趣旨説明
2. グループワーク
   ・地域で日頃気になることを挙げよう
   ・こんな活動、サービスがあれば
   ・その他
3. 全体共有、まとめ

---

C小学校区を担当する伊達（福祉活動専門員）は、自治会や民生委員児童委員協議会、PTA、自主防災会等、地域の各種団体に声をかけ、地区座談会を開催すべく日程調整を行った。できる限り多くの人々に参加をしてもらいたかったので、時間帯を平日の夜とし、会場を皆の集まりやすい地区内の公民館に設定した。また、東部中学校圏域にある社会福祉施設（特別養護老人ホームと障害者のグループホームおよび就労支援事業所）の職員や、福祉センターを利用する障害当事者や介護者家族等にも声をかけ、参加を依頼した。

伊達は、地区座談会のプログラムをどのように組み立てるかを考えたが、できるだけ参加者に積極的に発言してほしかったので、グループワーク形式で運営することにした。そして、グループワークでは、7〜8人に分かれてもらい、地域にどのようなニーズや課題があるのか語ってもらえる設題を用意した。グループは職場の先輩から助言を受けて、できる限り性別や年齢が偏らないように配慮することとし、次第の作成と話し合いの参考となるように昨年実施した住民意識調査の報告書のまとめを準備することにした。

## 地区座談会の当日の参加状況

当日は地域の各種団体から参加を得ることができた。地区内には25の自治会が存在す

るが、そのうちの6割の自治会長の参加、民生委員児童委員協議会の役員やPTA会長および学校長、社会福祉施設長の参加を得ることができた。また、聴覚障害者の参加も得られ、情報保障として手話通訳者の団体に支援を依頼した。

　参加者の内訳は**表3-27**のとおりであった。男女比が6：4、年齢別でいうと60代以上が全体の7割を占めた（20代以下は2名であった）。

表3-27　参加者の内訳

| 所属 | 参加人数 |
|---|---|
| 自治会・管理組合関係者 | 16名 |
| 民生委員児童委員関係者 | 6名 |
| PTA・学校関係者 | 5名 |
| 自主防災会関係者 | 10名 |
| 福祉施設・事業所関係者 | 4名 |
| 障害当事者、介護者家族、その他 | 9名 |
| 計 | 50名 |

※重複する場合、主な所属先でカウントしている

　**表3-28**では、事例の展開のなかで、社会福祉士がどのような課題認識をもち、どのようにアクション（活動）していくのか、概要を示した。事例演習の学びに役立ててほしい。

表3-28　事例の展開と社会福祉士のアクション（活動）

| 事例展開 | 課題認識 | 社会福祉士のアクション（活動） | |
|---|---|---|---|
| 事例演習1<br>【第4項】<br>平常時 | 地区座談会での話し合い。住民の最大の関心事は何か?! | 伊達和志 | ・話しあいやすい雰囲気をつくる<br>・地域住民の関心事を引き出す<br>・課題を可視化する |
| 事例演習2<br>【第5項】<br>発災から1週間 | 混乱する避難所。災害関連死防止の対策を急げ！ | 江原伸明 | ・災害の発生。DWATの出動<br>・避難所におけるニーズを把握する<br>・早急に対応すべきことを決める |
| 事例演習3<br>【第6項】<br>発災から6か月 | 多職種連携により仮設住宅における孤立死を防げ！ | 福山綾 | ・仮設住宅入居者との信頼関係を築く<br>・仮設住宅入居者のニーズを把握する<br>・関係機関・団体との連携・協働を図る |

# 4 ▶ 事例演習 1

## ■1 事例の課題認識

●地区座談会での話し合い。住民の最大の関心事は何か?!

事例

### 話しあいやすい雰囲気をつくる

　いよいよ地区座談会の当日。19 時が近づくにつれて参加者が公民館に集まってきた。多くの参加者は自家用車か二輪車で開始時間前に会場へ姿を現したが、バスの時間が合わず、数名は遅れての会場入りとなった。

　計画策定が初めてとなる伊達は少し緊張した面持ちで玄関前に立ち、参加者の到着を待っていた。いつも笑顔のたえない民生委員の後藤さんが「いつもご苦労様、今日は夜風が気持ちいいわね」と入口で声をかけてくれたお陰で伊達の顔にも笑顔が戻った。会が始まる頃、伊達は会場内へ入り、司会進行の準備を行った。

伊達：それでは定刻となりましたので、ただいまよりC小学校区の地区座談会を始めさせ
　　　ていただきます。本日はお忙しいなか、お集まりいただき誠にありがとうございま
　　　す。司会進行を務めますB市社会福祉協議会の伊達です。本市地域福祉活動計画策
　　　定にあたりまして、地域の課題や皆様の日頃からの思い等をお伺いする機会として、
　　　地区座談会を開催させていただくことになりました。この後、グループに分かれて
　　　いただき、忌憚のないご意見をいただければと思います。どうぞよろしくお願いい
　　　たします。

　参加者は受付で渡されたグループの番号を確認し、それぞれのグループに分かれた。

伊達：今から、グループごとに「地域で日頃気になること」「これからこんな活動、サービ
　　　スがあればいいな」というテーマで話しあいいただきます。時間は 50 分間です。
　　　記録は社会福祉協議会の職員が行います。司会者はグループのなかで決めていただ
　　　きお進めください。

### 地域住民の関心事を引き出す

　グループに分かれて話し合いが始まった。始めはぎこちない雰囲気のなかで自己紹介から始まり、司会者の進行に基づいてぽつりぽつりと意見が出された。その間に各机にはお茶とお菓子が置かれ、15 分が経った頃には、活発な意見交換がなされるようになった。伊達も一つのグループに入り、記録をとっていた。

自治会長：最近、全国各地で災害が多いでしょ。なんでもB市の地下に断層が走ってるっ

て先日の新聞に書いてあったけど、大丈夫かね？

民生委員：私も見ましたわ。そうそう、災害のことでいうと市の担当者から災害時要配慮者の名簿づくりをしたいから協力してほしいと話がありました。なんでも災害対策基本法が改正されたから要配慮者の名簿の整備をする必要があるんですって。

防災部長：地域で防災訓練をしようと呼びかけるんだけど、最近はなかなか人が集まらなくて……。日中なんて若い人は皆、外に出てしまうから、いざというとき動ける人は高齢者だけという状況。本当にどうしたらいいのか頭を抱えています。

福祉施設：特別養護老人ホームを経営している者ですが、地震や風水害、本当に不安です。私共の施設では多くの高齢者が生活を送っていますが、地震が起きたらどう安全を確保するか、少しずつ話し合いを進めています。

伊達：東田さんは車いすでお過ごしですが、日頃の生活のなかでどんなことが気になりますか？

東田：そうですね、皆さんも仰っておられますが、最近、台風や地震が多いじゃないですか。この地域でも災害が起きたとき、誰か手助けをしてくれる人はいるんだろうかと不安になります。私の両親も年老いていますので、頼りになるかどうか……。私もできることはしたいと思いますが避難の際の手助けをどなたかに手伝ってもらえると助かります。

伊達：そうですね、災害の問題は生命の問題ですよね。ありがとうございます。飯塚さんはいかがですか？　介護者家族の会で精力的に活動をされていますが、ご意見をお聞かせ願えますか。

飯塚：私は夫の介護を10年続けていますが、介護者の方々が集まって日頃の介護の苦労話等、いろいろと話ができることが救いとなっています。災害の問題、私たちも不安です。特に私の夫は在宅酸素をつけて生活をしていますので、停電が起きた時点で生命の危険が迫ります。またトイレが使えないので、おむつを替えるときに周りの方に迷惑をかけてしまうのではないかと心配です。

　伊達は記録をとりながら、地域住民の不安として「災害」が一つのキーワードになることを確信した。その他、独居高齢者の居場所がないこと、子どもが外で遊ぶ姿を見かけないこと、バスの本数が少ないこと等が気になることとして挙げられた。

### 課題を可視化する

　グループワークで出た意見を共有する時間となった。伊達は共有された内容を聴いていて、どのグループからも災害に対する不安と独居高齢者への対応の必要性についての意見が出されていることに気づいた。

　また、どのような活動、サービスがあればいいかという設題については、次のような内容

が挙げられた。

> ・独居高齢者の外出機会を増やすための場づくり
> ・子ども食堂のような、子どもが遊び、学び、食事ができる場づくり
> ・要配慮者に対する地域のなかでの日常からの見守り活動、声かけ活動
> ・自分たちの地域をよく知ることができる機会づくり（地域を皆で歩く）
> ・防災意識向上のための学習会、啓発イベントの開催
> ・災害時に使える防災マップづくり
> ・発災時の地域内の安否確認体制の整備　等

　伊達はこの時点で出てきた意見をまとめて要点を参加者にフィードバックし、座談会を終えた。

　その後、すべての小学校区において地区座談会を開催したあと、内容の協議を行い、次期の地域福祉活動計画が取りまとめられた。そして、次期計画の重点目標の一つに「防災活動の推進と災害時要配慮者の支援」が掲げられ、次のような災害対策が計画に盛り込まれた。

> （重点目標1）
> 「防災活動の推進と災害時要配慮者の支援」
>   具体的な活動・事業
> 　　1－1　本市が実施する災害時要配慮者登録制度への協力（要配慮者の把握と見守り体制の強化）
> 　　1－2　地域の再点検および防災マップの作成
> 　　1－3　地域における防災意識向上のための学習会の実施
> 　　1－4　災害時を見据えた独居高齢者への支援

　また、計画に基づいて、まずは地域の再発見（アセスメント）を行うこととなったが、伊達は地域住民が拠点や人材等の地域資源の把握と地域課題の確認を行うためにワークシートを作成した。

## 2 事例を検討するための知識

### ❶地域アセスメントとしての地域踏査について確認しておこう

　地域踏査は、もともと保健師が公衆衛生の課題を発見するために地域を歩いたことで知られているが、コミュニティワークの領域においても、

「地区診断」や「地域アセスメント」として社会福祉協議会等で調査活動が展開されるようになっている。特に、コミュニティオーガニゼーション（地域組織化）やソーシャルデベロップメント（サービス開発）を進めるために、地域の特性を把握・分析する地域踏査は重要な活動であり、その地域にあったソーシャルワークの展開手法を検討するうえで不可欠な要素であるといえる。

　地域踏査では、地域の強みとして拠点や人材、物資等の地域資源と地域の弱みとして建物や道路等におけるリスクを洗い出すことが求められるが、この作業を社会福祉士とともに地域住民が取り組むことでさらに大きな意味を獲得することができる。すなわち、地域住民自らが地域踏査により地域のよさや気になる点を発見することで、主体形成が促され、住民自治の一助となり得るのである。社会福祉士は、こうした点にも留意しながら調査活動を住民とともに進めていくことが求められる。

❷アクションリサーチとしての座談会とファシリテーションについて確認しておこう

　しばしば社会福祉協議会等では住民の意見を聴く機会、話しあう機会として座談会を開催している。座談会では、日々の生活上で生じている課題や気づきをさまざまな立場の人々が一堂に会して協議を行い、問題解決を図る。基本的に、協議を行ううえで参加者は対等な立場であり、司会進行者のもとでルールに則った発言を行うことができる。実際には、行政が策定する地域福祉計画や社会福祉協議会等が策定する地域福祉活動計画の立案を行う際のアクションリサーチとして、座談会の手法が採用されている。

　アクションリサーチとは、ドイツの心理学者レヴィン（Lewin, K.）が提唱した質的調査手法の一つで、現存する社会のあらゆる課題や問題に対し社会変化・変革を起こすことを目的に、計画、実践、評価を行いながら改善を促す実践的なアプローチといえる。

　特にコミュニティワークを専門とする社会福祉士は、アクションリサーチとして座談会を開催する際、以下のファシリテーションに関する視点を意識しながら、地域の課題や可能性を発見、把握する必要がある。

① 　適切な圏域を意識し、協議テーマを明確にする

　座談会を開催する際、地域特性を意識し、日常的に関係性の深い地域を一つの圏域として設定することが求められる。同じ市町村のなかでも、地域の特性（地勢、歴史的な発展経緯、居住構造や住民層等）によっては生活課題、地域課題が違うことが予測される。そのため、実際の座

談会では地域別に分けて開催する、もしくはグループワークの際に地域別にグループを分けることが多い。これにより、参加した住民はできる限り共通の条件のもとで協議を行うことができるようになる。この際、社会福祉士は、その地域の比較的関心が高い、または発言しやすい共通の協議テーマを設けることが重要となる。協議テーマはあいまいなものよりも論点が明確な意見の出しやすい参加者の関心がより引き出されやすい内容にすることが重要である。

② さまざまな立場の住民の参画を促す

　次に、社会福祉士は、座談会の参加対象を明確にし、参加の呼びかけを行う必要がある。広く地域住民全般を対象に呼びかけをすることもあれば、すでに地域で活動を行っている活動者に絞って呼びかけを行うこともある。社会福祉士は、できる限り地域の課題を把握できるよう、地域のバランスを考えてさまざまな立場の住民層の参画を促すことが重要である。たとえば、男女比や年齢層が偏っていないか、幅広い活動分野となっているか、障害や病気、生きづらさを抱えた当事者に参加してもらえるか等を検討する。特に日頃、地域のなかで潜在化しやすい当事者の課題は、本人が座談会に参画して意見や思いを述べることにより初めて地域の課題になることが多い。地域住民の参画は地域共生社会の実現のうえでとても重要な機会であることを認識し、社会福祉士は関係機関・団体等と調整を行う必要がある。

③ 空間管理、時間管理、関係性の管理を意識する

　座談会を開催するうえで、特に三つの「管理」を意識する必要がある。一つ目は空間管理である。座談会という「空間」をどのようにプロデュースし、アクションリサーチとして、住民の意見や思いを引き出すことができるかが重要である。そのために、話しやすい雰囲気をつくり、発言した内容を可視化、共有化されるよう工夫を行う（板書に発言を書く、カードに書いて共有を図る等）。そのほか、参加者の席の配置、グループ分け、茶菓の用意、受付の設置等に心を配ることも重要である。

　二つ目が時間管理である。これは、座談会当日の運営だけに限らない。座談会の企画、準備に始まり、当日の運営、内容の集約・分析や結果報告といった一連のプロセスすべてを含む。社会福祉士は、どのくらいの時間経過のなかでこれらの作業を進めていくかを検討し、スケジュールを作成する。当日の座談会運営については、開催時間の設定（参加する層によって参加しやすい時間帯は変わる）や各協議題における適切な時間配分等に留意しながら時間の管理を行っていく。

そして最後に、関係性の管理である。地域においては、人間関係の力動によって物事が進むことが少なからずある。社会福祉士は、日々の業務のなかで関係機関・団体間の関係性を理解したうえで座談会の運営を行うことが重要である。また、参加者のなかで軋轢があり座談会の開催に支障が生じる可能性がある場合、必要であれば団体間、個人間の調整やネゴシエーションを行う。

④　課題を可視化したうえでフィードバックする

座談会が終了したあと、社会福祉士は出された意見等を集約し、現在、どのような課題が生じているのかを分析し、明らかにする。この可視化された課題については当日の参加者はもちろん、広く地域住民へフィードバックすることが重要である。アクションリサーチが PDCA サイクルにより展開されていくことからも、地域の主体者である地域住民に結果を投げかけ、評価、改善のプロセスを経て課題解決に向けた計画化および実践につながることを社会福祉士は支援していく。

★ PDCA サイクル
Plan（計画）、Do（実行）、Check（評価）、Action（改善）の頭文字を取ったもので、計画を立てて、その計画を実行に移す。その後、計画どおりに進んでいるのか、問題点はどこにあるのかを評価し、明らかとなった問題点を改善していくというサイクル。このサイクルを繰り返すことで、さらなる改善を目指す。

### 3 演習課題

❶　自分の住んでいる地域において「災害時の強み」（地域資源）を調べてみよう。フィールドワーク調査にあたっては、次の様式に従って考えてみよう。【SW4】

表3-29　災害時の強み・地域資源〈災害時に使えるものはなんだろう〉

| 拠点 | 人材・組織 | 活動・サービス |
| --- | --- | --- |
|  |  |  |
| さまざまな情報 | 物資・財源 | 文化・風土 |
|  |  |  |

❷　また、自分の住んでいる地域において「災害時の弱み」（地域課題）を調べてみよう。フィールドワーク調査にあたっては、次の様式に従って考えてみよう。【SW4】

表3-30　災害時の弱み・地域課題〈災害時に困ることはなんだろう〉

| まちの地形や建物 | 道路・交通網 | 住民層・生活スタイル |
|---|---|---|
|  |  |  |

| さまざまな情報 | 地域の気質・文化 | その他困ること |
|---|---|---|
|  |  |  |

❸　各自が調べた地域の「強み」と「弱み」を持ち寄り、事例の座談会の場面、進行を参考にして模擬座談会を開催してみよう（ロールプレイ）。ロールプレイを行うにあたっては、司会進行役（社会福祉士）、自治会関係者、民生委員、PTA・学校関係者、福祉施設・事業所関係者、障害当事者等の役割を決め、その役になりきって演じてみよう（司会進行役（社会福祉士）は「事例を検討するための知識」を参考にファシリテーションを行う）。ロールプレイ終了後は自分の役割の感想を書き出してみよう。【SW4】

表3-31　ロールプレイにおける役割と感想

| 役割 | 感想 |
|---|---|
| 司会進行役（社会福祉士） |  |
| 自治会関係者 |  |
| 民生委員 |  |
|  |  |
|  |  |
|  |  |

## ■4 ミニレクチャー

**❶災害を想定し、日常からの「強み」を明らかにしておくことが重要！**

　演習課題❶では、災害時の強みとしてどのようなものが地域資源になるかを身近な地域を対象として考えてみた。様式で示した要素について考えると、より具体的になるだろう。日常はもとより、災害時にもこれらの地域資源を事前に把握（調査）することで、地域特性に応じた効果的かつ機能的な支援が展開できる。

### ① 拠点

　地域のなかには、さまざまな人の行き来があり、地域活動や生活の「拠点」がある。公共施設をはじめ、民間の医療・社会福祉施設、企業や個人の所有物等があるが、地域住民が活用できる拠点が多いほど、人の交流の機会や非常時の安全・安心対策の場が多いといえる。

　災害時に要配慮者のための避難所として適切な建物はどれか、また、日常的に利用している施設のよさをどう災害時に活かすことができるか等の検討材料となる。

### ② ヒト

　拠点と同様、重要な資源として「ヒト」がある。平常時や災害時にさまざまな地域活動を行う人や専門的な職員等がこれに当たる。またこうした人が所属する組織・団体が地域にはたくさんあるが、地域にかかわる人や組織によるネットワーク、関係性が強いほど、災害対応力は高いものになる。「人材・組織」については、災害時、迅速かつ適切な要配慮者支援を行うために、どういった人材が地区内にいて活動ができるかを把握し、日常的な関係性を形成することが重要である。

### ③ 活動・サービス

　地域のなかで展開されている地域住民、ボランティアによる活動や専門機関・団体が提供する保健福祉サービス等、「活動・サービス」の把握も重要である。日常生活の困ったときに、その手助けをしてくれる助け合い活動や公的サービスは、その地域に住む住民の生活の豊かさにも大きく影響する。こうした地域に根ざした活動、サービスが非常時に地域住民を支える原動力となる。

### ④ 情報

　また、災害時に最も重要となる資源の一つに「情報」がある。必要な人に必要な情報を届ける、または情報を収集する仕組みは、被害を拡大させない減災にもつながる。また、こうした情報提供システムを平常時から運用し、地域住民一人ひとりが上手な「情報収集・提供者」になる

---

**★要配慮者**
災害発生時に避難行動が遅れる、必要な医療が受けられない、慣れない避難生活による病状等の悪化の可能性があるなど、より支援を必要とする対象者。災害対策基本法第8条第2項第15号では「高齢者、障害者、乳幼児その他の特に配慮を要する者」と定義される。傷病者、内部障害者、難病患者等の医療ニーズの高い者、妊産婦、外国人なども要配慮者として想定される。

ことが重要である。

⑤　物資・財源

　「物資・財源」については、自治体から出ている助成金や自治会等で購入している活動物資等がこれに当たるが、財源については地域に配分または獲得した財源をいかに効果的に使うか、物資についてはいざというとき、地域に役立つものがどれくらい備蓄してあるかの把握を行っておくことが大切である。

⑥　文化・風土

　最後に見逃しがちな視点であるが、そこで培われた「文化・風土」もここでは資源として捉えることができる。たとえば、歴史と伝統のなかで現在まで残る五人組の制度や祭り等の風習は地域づくりの基盤、災害時における復興支援には欠かせない内容である。こうした文化・風土を今一度振り返ることで、より厚みのある災害時の対策や日常の地域活動に役立てることができる。

❷災害時の「弱み」としてどのようなことが地域課題となるかを理解する

　併せて、演習課題❷では地域の課題について、以下の要素について考えてみた。災害時における地域の課題については、まちの建物や住宅構造や道路・交通網等について何がリスクになるのかを理解しておく必要がある。

①　まちの地形・建物

　建物の倒壊や道路・線路の閉鎖、川の氾濫や土砂崩れ、水源や電源の不通等によるまちや建物のダメージが大きいほど、被災者の生命の危険や混乱の度合いも大きくなりがちである。地域の危険場所を知ることから、災害対策を進めていくことができる点で、課題の洗い出しは重要である。

②　道路・交通網

　建物と同様、「道路・交通網」の課題の把握も重要である。道路の寸断により、緊急対応や復旧の遅れが生じる。また、交通手段が不足した地域住民や高齢者、障害者、乳幼児の保護者等は、なかなか安全な場所に避難できない可能性が高い。

③　住民層・生活スタイル

　平日昼間と夜間・休日では、住民層が違うかもしれない。農村部や漁村部と都市部とでは生活スタイルは大きく違うだろう。地域によっては、所得による復旧速度の違いがみられる。そこに住まう「住民層・生

活スタイル」について、地域特性を考慮しながら、災害時要配慮者を想定し、誰がどのように危険なのかを具体的に検討することが重要である。

④　情報

地域資源として「情報」を挙げたが、課題としても「情報」は検討する必要がある。具体的には「情報の不足による混乱」であるが、無線や電話等の情報網が確保できない、行政からの情報が届きにくい、障害者や外国人への情報伝達が難しい等の課題を予測することが重要である。

⑤　文化・風土

最後に地域の文化や風土についても注目しておこう。封建的な気風が残る地域、男尊女卑の指向が強い地域、都市部のような他人に無関心な傾向にある地域等さまざまであるが、こうした地域に共通するのは、要配慮者のニーズが引き出しにくいことである。このような点を地域課題として日頃から確認しておくといざというときに役立つだろう。

❸座談会等を通じて地域の課題を可視化する

①　地域課題の可視化

演習課題❸では、実際に模擬の地区座談会をロールプレイによって体験した。地区座談会は、伝統的に社会福祉協議会が地域住民のニーズや課題を把握するための手段として実施してきた調査活動であるが、この際、社会福祉士のファシリテーション能力によって少なからず調査結果が変わってくることが予測される。特に地域のニーズや課題を把握するためのアクションリサーチでは、その地域に暮らす住民の参画状況と自由に意見を出しやすい環境設定（たとえば、話しやすい雰囲気をつくるために小グループをつくりディスカッションを行う）等が重要であり、社会福祉士は、これらファシリテーションに関する視点を意識しながら地域課題の可視化を図ることが求められる。

②　潜在的ニーズへの視点

事例で伊達（福祉活動専門員）は、地区座談会を開催するにあたり、広く地域で活動にかかわる団体に声をかけ、地域のニーズや課題を明らかにすることを模索している。ただし、地域のニーズや課題を把握する際、特に地域生活において何らかの課題を抱える、もしくは排除されがちな課題を抱える当事者等の参画に目を向ける必要がある。これらのニーズは地域において潜在化しやすく、地域生活のなかで話題になる機会も多いとはいえないだろう。

ソーシャルワーカーは医師のようにメスを握ることはない。看護師のように注射を打つわけでもない。では私たちソーシャルワーカーの武器

は何か。それは利用者の自立支援と最期まで自分らしくあり続けることができるよう、潜在化する思いや課題を可視化していく技能であり、支援過程でさまざまな団体、機関と「協議」「協働」「調整」を繰り返しながら紡がれていくネットワークにほかならない。

### ③ 災害時における可視化

特に災害時は、混とんとして見えづらい事象をいち早く可視化し、構造的に理解したうえで、優先順位を見極め、必要な仕組みや施策を提案していく必要がある。そして、そんな存在が今の社会には求められている。

調査は、まさに混とんとした状況を可視化していく作業工程であり、評価は、可視化されたものを、関係機関・団体とのネットワークを構築するために共通言語化していく作業工程である。

日常時はもちろん、災害による困難な状況に少し目途がたったとき、要配慮者がまた新たな一歩を踏み出せるように、この可視化（調査）と共通言語化（評価）の作業を繰り返しながら、常に寄り添い続け、彼らの人生を応援し続けよう。

## 5 事例演習2

### 1 事例の課題認識

●混乱する避難所。災害関連死防止の対策を急げ！

**事例**

#### 災害の発生。DWATの出動

座談会からはや1年。B市の地域福祉活動計画が完成し、これから5年間、地域福祉を推進しようとしていた矢先、B市を最大震度6強の地震が襲った。家屋の全壊・大規模半壊や火災によって多くの被災者が地域の避難所へ避難した。東部中学校圏域でも大きな被害が出ており、C小学校が避難所となった。

発災直後からDMAT（災害派遣医療チーム）が出動し、B市内の病院や避難所等にて救護活動を展開した。また、4日目からはJMAT（日本医師会災害医療チーム）も加わり、避難所や福祉施設を重点的に巡回し、被災者支援にあたった。その後、外部支援者が続々と被災地入りし、保健関係者によるDHEAT（災害時健康危機管理支援チーム）やDPAT（災害派遣精神医療チーム）も支援活動に合流した。

A県では災害時を想定し、DWAT（災害派遣福祉チーム）が組織化されており、発災後、事務局を務めるA県社会福祉協議会が県内の福祉および介護機関・団体を調整し、派遣の手続きを進めていた。A県社会福祉協議会に勤務する江原（福祉活動指導員）は、先遣隊として6日目に現地入りすることとなった。江原は社会福祉士として10年の経歴をもつワーカーである。荷造りを済ませたあと、ほかの4名の先遣隊員とともにB市に入り、まずは状況把握を行うためにB市社会福祉協議会を訪れた。

　B市社会福祉協議会では災害ボランティアセンターを開設しており、主に在宅被災者の支援活動を展開していた。江原は窓口のカウンターで対応している伊達を見つけ、声をかけた。

江原：伊達さん、お疲れさまです。この度は大変な事態となりましたね。今、少しだけお話できますか？

伊達：ああ、江原さん。私は今少し手が離せないので、バックヤードの事務所でお待ちいただけますか。事務局長が対応させていただきますので。

江原：忙しいなか、ありがとうございます。それではお邪魔いたします。

事務局長：いつもお世話になります。発災後2日目から災害ボランティアセンターを開設することになり、その後、機材の搬入やプレハブの設置等で昨日までばたばたしておりました。一昨日に地区内ブロック（A県が属する広域エリア）から応援に来ていただきまして、本日からようやく災害ボランティアセンターが稼働し始めました。

　　　　現在はまだ10件ほどしかニーズがあがってきていませんが、今後、地域のローラー作戦（訪問）を開始してニーズを拾っていく予定です。

江原：そうですか、本当にお疲れさまです。現在の市内の様子はいかがですか？

事務局長：そうですね、電気と水道は3日目にはなんとか復旧しましたが、ガスはまだ停止状況です。電話は不安定ですが回復しています。交通機関はすべて休止状態です。中央に走る国道の一部が通行止めとなっているので、通行に支障が出てきています。

　　　　被害は中部地区と東部地区に集中しており、南部地区の一部で被害が出ている様子です。私もまだ全市域を回れているわけではないので、市役所からの情報でお話しています。それから避難所の関係は市役所で情報を集約しておられます。

江原：福祉避難所は立ち上がっているのでしょうか？

事務局長：近くの特別養護老人ホームの施設長とまだ話せてはいないのですが、福祉避難所が立ち上がったという話はまだ聞いていません。

江原：了解いたしました。それでは一度市役所に伺って情報を入手してきます。ありがとうございました。皆さん、お疲れのことと存じます、A県社会福祉協議会でも全力で応援させていただきますのでよろしくお願いいたします。

　江原はB市社会福祉協議会をあとにし、ひとまず市役所へ向かった。市役所では危機管理課が窓口となり、災害情報を一元的に集約していた。江原は担当者から指定避難所の現状を確認し、他の先遣隊員とともに中部中学校圏域および東部中学校圏域の避難所を巡回することにした。

### 避難所におけるニーズを把握する

　東部中学校圏域にあるC小学校の避難所である。江原は昨日から中部中学校圏域の避難所を巡回し、本日は東部中学校圏域の避難所に入り、状況把握を行っている。

　C小学校区には大小合わせると6か所の避難所（任意の避難所も含む）が開設されていて、C小学校の避難所には発災後、最大1200名の被災者が避難してきていた。1週間が経ち、避難者の数は800名まで減少したが、江原が避難所に足を踏み入れたときに感じたのは、「高齢者が多い」ということと「衛生環境が悪化している」ということであった。

　施設管理者である教頭先生に話を聴くと、「外部支援者はDMATが2日目に訪ねてきたが、それ以降、特に誰も入ってきてはいない」「市役所の職員が受付に座っているが、毎日、人が変わるので誰に相談したらよいかわからない」と嘆いていた。

江原：現在、どのようなことにお困りですか？

教頭先生：ちょうど気候のよい時期だったので、暑さ対策や寒さ対策は必要ありませんでしたが、1週間、掃除や住環境の改善を行っていなかったので、衛生状況が気になります。避難者の皆さんが好きなところに寝床を構えていて、通路がふさがれてしまい場所を変えてくださいとお願いにあがったのですが、多くの方に断られました。お風呂に入れないこととペットを持ち込んでいる方がおられることで臭いが気になり始めています。高齢者の方が多いので体調がすぐれない方が出てきていることも心配です。

江原：そうですか。食事は市役所から定期的に届いていますか？

教頭先生：食事は毎日2回、朝、夕方と届けてくださいますが、ずっと菓子パンが続いています。それもあんパンとクリームパンが日替わりで。こんなときに文句はいえないのですが、高齢者の方々から「温かい米飯が食べたい」という要望が出ています。

江原：トイレの状況はいかがですか？

教頭先生：トイレは、発災後4日目に自衛隊が仮設トイレをもってきてくれましたが、和式で高齢者や子どもには不評のようです。「足が痛くて曲げるのがつらい。トイレに行くのがおっくうで水分を控えている」と話す高齢者の方がおられました。それから、トイレを使ったあと、掃除をしてくれないのでどんどん不衛生になっていきます。また、ちょうど昨日ですが、夜間一人でトイレに行った女性が帰り際に見知らぬ男性から腕を引っ張られたとの訴えがありました。避難所内で物がなくなった

という声も出ていて少し治安面でも心配なことがあります。

江原：あと、ベッドの導入はまだでしょうか？

教頭先生：先日、市役所から100台だけ段ボールベッドが届いたのですが、全員に配ることができないので物資倉庫に置いたままにしてあります。現状は地べたに簡易のマットレスやレジャーシートを敷いて寝てもらっています。

江原：そうですか、大変でしたね。教頭先生もご自宅に帰れていないのではないですか？かなりのお疲れの様子ですが大丈夫ですか？

教頭先生：おっしゃるとおりです。私はここから1時間半近くかかる隣の市に住んでいるものですから、なかなか帰れなくて。妻が衣服や荷物を持ってきてくれました。自宅が被害を受けているので片づけに帰りたいのですが、こればっかりは……。皆さんが来てくれて正直、ほっとしています。

　江原は、C小学校の避難所の現状を確認し、災害関連死の発生防止の観点から、最も支援が必要な避難所の一つであると認識した。

　また、館内を巡回し、情報を一元化する場所（情報掲示板）がないこと、男女更衣室や授乳室がないこと、遊び場がなく車の行き来するところで遊んでいる子どもが多いこと等が気になった。

### 早急に対応すべきことを決める

　発災から8日目、C小学校の避難所において対策会議を行うこととなった。出席者は施設管理者である教頭先生のほか、教員が3名、市役所職員2名、DWATの先遣隊員である江原、そして地域の代表として連合自治会長と民生委員会長が同席した。

　対策会議では、これまでの対策状況を皆で評価し、今後の対策を検討することが主な議題となった。

江原：皆さん、本当にお疲れさまです。これまでの状況を踏まえてご意見をいただきたいのですが、皆さん、いかがでしょうか？

教頭先生：発災から8日目を過ぎ、被災者の疲労も限界にきているように感じています。私もまだ自宅に帰れていません。避難所の衛生状況やペット、ゴミの臭い等が気になっています。できることから対応しなくてはと思います。

民生委員会長：ペットの屋外への移動と書いておられますが、独居高齢者にとっては、ペットは家族同然という方もおられます。屋外への移動ということになったら、この避難所から出て行かれるような気がします。

市役所職員：食事はずっとパンが続いていることを初めて知りました。おにぎりや弁当が準備できないのか、一度確認してみます。

連合自治会長：段ボールベッドが届いていることは初耳だ。100個あるのなら、身体が弱

い人に優先して配ってやってほしい。男女更衣室はこんなときに絶対に必要なのか。1週間が過ぎてルールがないので、皆、好き放題やっている。しっかりと束ねる組織が必要ではないかと考えている。

学校教員：子どもたちの遊ぶ場所がないことは私も気になっていました。以前、「被災した子どもたちのケア」という講演会でお聴きしたのですが、発災当初は、できるだけ子どもたちが恐怖やストレスを抱えないように、大きな声を出したり、身体を動かしたりできる環境をつくることが大事と言っておられました。そうした点からも子どもの遊び場は必要ではないかと思います。

教頭先生：しかし、男女更衣室や授乳室をつくるとしても、もう学校内で空いている部屋がないしなぁ。

民生委員会長：それから運動場に車を停め、車中泊をしているご家庭があるのですが、あの方たちは支援の対象ではないのでしょうか。

江原：いえ、車中泊をしておられる方々も支援の対象です。もっと広くいうと、在宅で生活をしておられる被災者の方も支援の対象といえます。

対策会議は時間が過ぎ、出された意見をもとに「早急に対応・改善が必要なこと」と「段階を通じて対応・改善が必要なこと」に整理され、翌日からできることから実行に移されることとなった。江原はこの際、できる限り要配慮者を含めた避難者の人にも何か役割を担ってもらい、日々の運営にかかわってもらうことが必要ではないかと考えた。

　江原はその後、市役所との調整を行ったうえで、C小学校の避難所内にDWATの事務局を置かせてもらうことになった。

　そして、発災から2週間を迎える頃、江原と入れ替わりで入ったDWATのスタッフは、「なんでも相談室」の窓口を開設することになり、日々、被災者の相談に耳を傾けることとなった。

　そしてある日、民生委員から「なんでも相談室」に以下の相談が寄せられた。

---

松田良子さん（78歳・独居高齢者）
　地震で家が半壊状態となったため、避難所へ避難してきた。現在、介護保険制度でデイサービスセンターを利用（要介護度は2）している。震災前から前日の出来事や食事内容が思い出せないといった症状があったが、ここ数日、「昨日、夕食を食べたかどうか思い出せない」といった発言が聞かれるようになった。遠くに娘家族がいるが、震災後、顔を見せていないようである。デイサービスセンターは、現在休止しており、再開のめどは立っていない。本人は「ずっと休んでいると身体が動かなくなるのではないかと心配だ」と言っている。

---

## ■2 事例を検討するための知識

**❶外部支援者との連携について理解しておこう**

　災害時、被災地における保健・医療・福祉の機能が極度に低下した場合、いったん、外部の力を活用することが重要である。現在、災害現場では以下のような外部支援団体が存在しており、被災者支援の重要な役割を担っている（**表3-32**）。また、外部支援団体の派遣については、連携体制のもと、緊急時の生命を守るための医療フェーズから始まり、保健・衛生環境の改善を図るための保健フェーズ、避難生活と今後の復旧に向けた生活を支えるための福祉・生活フェーズへと移行していく（**図3-15**）。

**表3-32　主な外部支援団体**

● DMAT（災害派遣医療チーム）
● JMAT（日本医師会災害医療チーム）
● DPAT（災害派遣精神医療チーム）
● DHEAT（災害時健康危機管理支援チーム）
● JRAT（大規模災害リハビリテーション支援関連団体協議会）
● DWAT・DCAT（災害派遣福祉チーム）
※DW(C)ATとは、Disaster Welfare（Care）Assistance Team の略である

**図3-15　外部支援者派遣の流れ・イメージ**

医療フェーズ　DMAT・JMAT　→　保健フェーズ　DHEAT・DPAT　→　福祉・生活フェーズ　DW(C)AT・JRAT

**❷避難生活支援のなかで要配慮者の存在を理解しておこう**

　発災後、避難所にはさまざまな住民が避難してくるが、そのなかには独居高齢者や認知症高齢者等何らかの支援を必要とする高齢者、障害者、妊産婦等、要配慮者と呼ばれる層が存在する。また最近では、医療的ケアを必要とする当事者や性的マイノリティの当事者等、これまで顕在化していなかった配慮をすべき人々も散見されるようになってきている。

　避難所の運営は行政や施設管理者によって進められることが多いが、なかには避難者も運営に参加し、さまざまな役割を担った例もある。たとえば、避難者が役割分担して清掃や炊き出しを行った、避難所運営委員会に避難者自らが入り協議を行った等である。さらには、要配慮者でもできることを模索した例があり、聴覚障害者が物資管理の役割を果たした、子どもたちが消毒活動を手伝った等もあった。

　2020（令和2）年に改訂された新しい「ソーシャルワーカーの倫理綱領」では、「参加の促進」という条文が追加された。「ソーシャルワーカー

は、クライエントが自らの人生に影響を及ぼす決定や行動のすべての局面において、完全な関与と参加を促進する」とあるが、災害時の局面においても、要配慮者を含めた避難者の参加を促すことが求められる。

❸災害（震災）関連死について理解しておこう

発災後、避難所にはさまざまな地域住民等が避難してくるが、ひとまず避難者の人数と特性（どのような人が多いのかという傾向）を把握することが重要である。そのうえで、高齢者や障害者、妊産婦・子ども等、要配慮者になり得る人が避難してきていることを想定し、ひとまずの対策を図る必要がある。

2011（平成 23）年に発生した東日本大震災では、避難生活以降に体調を崩して亡くなり「震災関連死」と認定された人が、2019（令和元）年 9 月現在までに 1 都 9 県で 3739 名に達したことがわかった。このうち、66 歳以上の高齢者は 3313 名であり、実に亡くなった人の約 9 割が高齢者であったことがわかる。また 2016（平成 28）年の熊本地震でも273 名（2019（平成 31）年 4 月現在）の人が災害（震災）関連死で亡くなっており、地震のショックや余震の恐怖による肉体的・精神的負担が死の要因となっているケースが少なからずあるとわかっている。

社会福祉士は、災害発生後、事例のようにいち早く被災現場に入り、避難所において災害（震災）関連死を防ぐために外部（特に保健・福祉・医療）との連携のもと、表 3-33 のような対策を促し、被災者の生活の安寧を確保することが求められる。その際、必要であれば福祉避難所の設置やなんでも相談室のような相談窓口の設置について働きかけを行う。

**表3-33　避難時に求められる対策**

| 対策の内容 | 役割 |
|---|---|
| 人員管理・支援 | 避難所運営名簿等をもとにした要配慮者等の把握に関すること（外部支援者・ボランティアの管理も含む） |
| 空間管理・支援 | 要配慮者等の生活環境の改善や福祉スペースづくり、ルールづくりに関すること |
| 安全管理・支援 | 避難所および地区管内における治安に関すること（警察、消防等と連携） |
| 情報管理・支援 | 要配慮者等への情報の収集・提供に関すること |
| 衛生管理・支援 | 避難所における感染症対策や環境衛生等に関すること |
| 健康管理・支援 | 生活不活発病、生活習慣病等の予防に関すること |
| 食事管理・支援 | 避難所の食事調理・配給、栄養管理等に関すること |
| 物資管理・支援 | 要配慮者等が必要とする物資の手配・供給等に関すること |

第3章 実践的にソーシャルワークを学ぶ

## ▌3 演習課題

❶ 事例にあるC小学校の避難所では江原（福祉活動指導員）の聞き取り調査の結果、どのような課題が明らかになったか、以下の欄に課題を挙げてみよう。【SW8】

次に、上で挙げた避難所の課題に優先順位（A：早急に対応・改善が必要なこと、B：段階に応じて取り組めばよいこと）をつけ、どのような対策（介入）を行う必要があるか考察してみよう。

表3-34 避難所の課題とその対策

| 優先順位 | 課題 | 対策 |
|---|---|---|
| | | |
| | | |
| | | |
| | | |
| | | |
| | | |
| | | |
| | | |
| | | |
| | | |

❷ ❶で考えた課題・対策をみて、避難者ができることはないかを考えてみよう（この際、高齢者や障害当事者、子どもも避難者に含む）。【SW3】【SW8】

❸ 「なんでも相談室」へ持ち込まれた松田さんに関する相談について、災害（震災）関連死を防ぐためにどのような対策を行う必要があるか以下の様式に従って考察してみよう。【SW3】【SW8】

表3-35 災害（震災）関連死を防ぐための対策

| 気になる点（関連死のリスクとなる点） | どのような対策を行う必要があるか |
|---|---|
| | |

264

## ■4 ミニレクチャー

### ❶避難所の課題における優先順位を決め対策を講じる

演習課題❶では、DWAT のメンバーである江原の聞き取り結果から明らかになる課題を挙げてもらったが、江原が入ったフェーズは保健フェーズの頃であると推察される。保健フェーズから福祉・生活フェーズへの移行を図るうえで、どのような課題を認識し、対策を図る必要があるかを理解しておく必要がある。また優先順位については、避難所の現状を見極めつつ、早急な対応が必要か段階に応じて対応を図っていくかを判断していくことが必要である。

ちなみに、避難所運営の留意点として、一般社団法人避難所・避難生活学会では「避難所 TKB」を推奨している。トイレ（T）・キッチン（K）・ベッド（B）の略であるが、この TKB を早期に入れていくという対策である。劣悪なトイレの環境を整えていく、食べる場所をしっかり確保する、避難所で寝るところ、過ごすところ、食べるところを分けて、地面から最低 30cm を上げるためにベッドはしっかり置くという対策を進める必要がある。避難所は病院ではなく、あくまでも生活の場であること、避難者は生活主体者であることを理解しながら支援を行うことが重要である。

なお、事例で江原が発見した課題とその優先順位は、たとえば、**表3-36** のように整理することができる。

### ❷日常性の保持と人権の尊重、ストレングスの視点をもつ

事例のなかで江原は、避難者にも避難生活のなかで何か役割を担ってもらうことを模索している。演習課題❷で、避難所運営のなかで避難者のできることを考察してもらったが、これは、災害時においてもできる限り日常的な営みを継続できるよう支援を行うという視点と避難者を「お客さん」にしないという視点を理解してもらうことが目的である。

避難生活期の支援を考えた際、社会福祉士の専門性から鑑みて、大きな役割がある。それは、生活を基盤とした要配慮者、被災者の人たちの「日常性」を守ることである。災害時においても、できる限りその人の日常の安心と安全を取り戻してもらい、その人らしい暮らしを送ってもらう。このことに社会福祉士の存在理由があるといっても過言ではない。

そして、社会福祉士にはもう一つ、大切な役割がある。それは、災害時においてもその人の「人間としての尊厳を保障する」ということである。被災地では、しばしば「災害時だから」「お世話になっているんだか

**表3-36 演習課題❷の記入例**

| 優先順位 | 課題 | 対策 |
|---|---|---|
| A | 高齢者が多いなか、衛生環境が悪化していて感染症や体調不良のリスクが高まる。 | 館内の清掃、消毒活動の実施 |
| A | 避難所運営の担い手が不足している。 | DWAT等、外部支援者の導入 |
| A | 夜間に女性がトイレに行った際、暴行を受けそうになった（治安状況がよくない）。 | 館内パトロールの実施（治安対策） |
| A | 段ボールベッドが届いているが数が足りなかったため配布できていない。 | 届いている段ボールベッドの優先配布（要配慮者を中心に） |
| A | 情報を一元化する場所がない。 | 情報掲示板の設置 |
| A | 子どもの遊び場がなく車の行き来するところで遊んでいて危険である。 | 子どもの遊び場の確保（PTSD対策） |
| A | 車中泊者の健康悪化のリスクが高まる（エコノミークラス症候群のリスク）。 | 車中泊者への対応 |
| B | 避難者によって通路（動線）がふさがれてしまっている。また避難者が好きな場所に寝床を構えている。 | 通路の確保および居住区の再編（できる限りコミュニティごとに固まる） |
| B | 食事が毎日、菓子パンが続いているため栄養が偏る。また温かい食事が提供されていない。 | 食事の改善（市役所に要望を出すことと同時に炊き出しの実施） |
| B | 仮設トイレが和式であり、高齢者が用を足しにくい状況がある。 | 洋式トイレの設置（現在の和式トイレとの入れ替え） |
| B | 特に女性が服を着替えることができる場所がない。また授乳を行う場がない。 | あらためて教室等の利用方法を検討し、男女更衣室、授乳室を設置（治安対策としても有効） |
| B | ペットを屋内に連れ込んでいる人がいて、衛生環境が悪くなる。禁止にすると独居高齢者が自宅に帰ってしまう可能性がある。 | （ペットの置き場所を確保したうえで）ペットの屋外への移動 |

ら」という言葉で要配慮者の誇りや人格を押し込める場面が見受けられるが、そのような場面に遭遇した際、社会福祉士は人権尊重の観点から行動を起こすことが求められる。また、災害現場では、要配慮者の可能性や彼らの潜在的な力にはあまり意識が傾注されてこなかったのも事実である。ストレングス視点、エンパワメント視点により、その人の能力が発揮できるよう心がけながら支援を行う必要がある。

❸避難所における生活モデル・社会モデルの視点を大切にした支援を行う

演習課題❸では、孤立防止と介護予防・自立支援の観点から対応を講じる必要がある。発災後は、特に生命を守る観点から、医療チームによ

る応急救護対応が図られるが、医療的対応が長引けば長引くほど、要配慮者の心身の機能低下やその影響による生活不活発病の発生が散見されるようになる。ともすれば医療モデルに陥りがちな災害現場で、社会福祉士は、常に生活モデル、社会モデルの視点から対策を提案し、現場における医療モデルと生活モデル、社会モデルのバランスを図っていくことが求められる。

　演習課題❸の松田さんの場合、震災後に認知症の症状が疑われる言動が見受けられるが、ある調査では、避難所生活を続けるなかで認知症の発症が増加することがわかっている。また、すでに認知症の症状がある方が避難所に避難した場合、その7割が3日間で避難生活の限界を迎えたという調査結果もある。認知症の方への介入・対応としては、驚かせない、急がせない、自尊心を傷つけない、孤立させない、介護者へも声かけを行う等の留意が必要である。実際、ある避難所では、介助者が付き添いながら認知症の方にも食事の準備を手伝ってもらうといった、日々の生活のなかで心身機能を低下させない対応が図られていた。その他、要介護者と家族のための福祉スペースを設け、当事者同士が同じ空間をともにすることで気兼ねなく介護ができるよう工夫がなされた避難所もあった。

**表3-37　演習課題❸の記入例**

| 気になる点（関連死のリスクとなる点） | どのような対策を行う必要があるか |
|---|---|
| ・地震で家が半壊状態となった点 | ・避難生活が長引く可能性があるため、避難生活を送るうえでの環境整備を行う。<br>・必要であれば家屋の修復についての相談に応じる（場合によっては災害ボランティアセンターに依頼することも想定）。 |
| ・夕食を食べたかどうか思い出せないといった発言があった点 | ・ひとまず、認知症の方への対応を心がける（上記の対応のほか松田さんのことを知っている避難者の近くに居住場所を設ける等）。<br>・専門職により状態のアセスメントを行う。<br>・必要であれば専門医につなぐ。 |
| ・娘家族との面会がないようである点 | ・松田さんと調整のうえで必要であれば娘家族と連絡をとり、状況を伝える。 |
| ・デイサービスセンターが休止していて再開のめどが立っていない点 | ・松田さんのケアマネジャーと連絡をとり、今後のサービス調整を図る。<br>・避難所内で松田さんができることを探し、日中活動の充実を図る。 |

## 6 　事例演習３

### 1 　事例の課題認識
●多職種連携により仮設住宅における孤立死を防げ！

### 仮設住宅入居者との信頼関係を築く

　地震が発生して６か月、Ｂ市では避難所が統廃合されていき、１週間前にようやくすべての避難所が解消された。全壊被災等の被害を受けた被災者は、市が準備した応急仮設住宅かいわゆる「みなし仮設住宅」に移った。応急仮設住宅は主に東部中学校圏域と南部中学校圏域に建てられ、中部中学校圏域にある賃貸住宅がみなし仮設住宅にあてられた。ちなみにみなし仮設住宅とは、民間の賃貸住宅を仮の住まいとして入居し、その家賃や手数料等が補助される仕組みの住宅をいう。

　また、今回の災害を機に、被災された方の安定的な日常生活を確保するため、Ｂ市社会福祉協議会のなかに「地域支え合いセンター」が開設された。福山（生活支援相談員）は、緊急雇用対策として新たに雇用され、地域支え合いセンターの職員として働くソーシャルワーカーである。

　福山の本日の業務は、Ｃ小学校区にある仮設住宅の訪問活動である。午前中に訪ねていくと、軒先でプランターに水やりをしていた入居者の中野さん（75歳）を見つけた。

福山：中野さん、おはようございます、地域支え合いセンターの福山です。今日はお天気がよくて気持ちがいいですね。お花の水やりですか、これは何の花が咲くんですか？

中野：これはチューリップの花だね。今の時期に植え付けをしておくと４月にきれいな花が咲くよ。この前、ボランティアの人が来てチューリップの球根を配っていかれたんだ。

福山：そうなんですね、ボランティアの方が来られたんですね。きれいな花が咲くといいですね。ところで中野さん、その後、お変わりはありませんか？

中野：血圧は相変わらずだけどね、何とかやってますよ。前は近くにコンビニがあったから散歩がてら毎日のぞいてたんだけど、この付近にはないしね。足腰が弱っていきそうで心配だわ。近くに話し相手でもいればねえ……。そうそう、お隣さん、新しくどなたか入ったの？

福山：そうみたいですね。自治会長さんのところに伺ったあと、一度、お隣さんにもお声がけしてみようと思っています。

中野：あまり顔を合わせることもないからどんな人が入ったのか少し不安でね。私と同じ
　　　歳くらいの男性みたいだけど。

福山：皆さんでお顔合わせができる機会があればいいんですけどね……。自治会長さんに
　　　も相談してみようかな。

　　福山は中野さんと他愛のない日常会話を交わし、自治会長のいる集会所へ向かった。

福山：おはようございます、地域支え合いセンターの福山です。いつもありがとうござい
　　　ます。

自治会長：おはようございます、福山さん。ちょうどいいところに来られた。昨日、県立
　　　大学の先生からこの仮設住宅の生活実態調査をしたいと連絡をもらいましてね。先
　　　月も市でアンケート調査をしたばっかりじゃないですか。その前にも（地域支え合
　　　い）センターからアンケートの依頼があったでしょ。こういうことはそちらでうま
　　　く調整してもらえないんですか？

福山：そうなんですね。また調査の依頼がありましたか。わかりました、一度このお話を
　　　センターに持ち帰らせていただけますか？

自治会長：そうしてください。どうせ同じことを何度も聞かれることになるんだから。ま
　　　あ、お役所や大学はこれが飯の種になるんだからいいだろうけど、こっちにしてみ
　　　ればプライベートなことを根掘り葉掘り聞かれるんだから正直たまったもんじゃな
　　　いですよ。

福山：いろいろとご心労をおかけして申し訳ありません。

自治会長：それからようやく仮設住宅も埋まってきたんで、一度、どこかで顔合わせとい
　　　うか交流会ができないかと話をしていたんですよ。できれば冬に入る前にやってし
　　　まいたいんだ。ここに越してきた入居者にも「手伝うよ」って言ってくれる人もい
　　　てね。隣のおばあちゃんなんて 90 歳近いけど、「おはぎを作る」って張りきってく
　　　れて。みんなで少しずつ力を寄せて交流会が開けたらいいかなと思っているんだ。

福山：それはいいお話ですね！　私もできれば皆さんの親睦が深まる機会が設けられたら
　　　と思っていました。ぜひ、私たちにもかかわらせてください。

### 仮設住宅入居者のニーズを把握する

　その後、福山は自治会長と交流会の企画の打ち合わせ日を調整し、新しく入居された大
原さん（70 歳）のお宅を訪問した。

福山：おはようございます、B市地域支え合いセンターの福山です。大原さん、いらっしゃ
　　　いますか？

大原：はい、（ドアを開けて）何ですか？

福山：この仮設住宅を担当している相談員の福山と申します。今日は大原さんがこの仮設

住宅に転居されたことをお聞きしましたので、初めての訪問に伺いました。少しお時間をいただいてよろしいですか？

大原：あぁ、少しだけなら……。

福山：ありがとうございます。あらためまして、地域支え合いセンターの福山と申します、どうぞよろしくお願い致します。先週移ってこられたということで、ご近所のお役立ち情報マップをお持ちいたしました。大原さんはこちらに来られる前はこの近くにお住まいでしたか？

大原：いや、私は●●（中部中学校圏域）に住んでいたんだけど、家がだめになって致し方なく仮設住宅を申し込んだらここになったんだ。よくわからんところに連れてこられて参ってるよ……。

福山：そうですか、大変でいらっしゃいましたね。お顔の様子がすぐれないようにお見受けしますが、お身体の具合はいかがですか？

大原：そうかい？　まぁ家の片づけやらこれからのことを考えると頭が痛いわ。もうこんな老いぼれはいっそのこと死んでしまったほうがいいんだけどな。早く婆さんの後を追いかけて逝きたいわ。

福山：そうですか、いろいろ考えると気が滅入りますね。本当にお身体の調子が悪いのであればいつでもご連絡くださいね。お渡しした資料のなかに地域支え合いセンターの連絡先が入っていますので、何かありましたらいつでもご連絡ください。

大原：はいはい、わかったよ。もうこれくらいでいいかい？

福山：玄関先で長居をしてしまい失礼しました。またお伺いしますね。

　やり取りを終え、福山は仮設住宅をあとにしたが、大原さんの様子や言動が気になったので、地域支え合いセンターのセンター長に大原さんのことを報告した。その結果、しばらく注意して大原さんの様子を見守ろうということになった。また、調査依頼の件と交流会の件も併せて報告した。その後、福山は本日の業務の記録を作成した。

**表3-38　ヒアリング記録シート**

自治会ヒアリング記録シート（訪問記録用）
仮設住宅名（C小学校区●●仮設住宅）　訪問日（11月●日）
相談員名（福山）
【住民生活状況（気になる世帯等）】

| 部屋番号 | 氏名 | 内容 |
|---|---|---|
| ●●-●● | 中野さん | 出かける場所がないため足腰が弱ることを心配している。また話し相手がいないと言っておられた。介護予防的な観点からも日中の活動について何らかの支援をする必要があるのではないか。 |
| ●●-●● | 大原さん | 先週、●●から転居されてきた。独居世帯。土地勘があまりないとのこと。情報マップを配付した。会話のなかで、「家の片づけや今後のことを考えると頭が痛い。いっそのこと死んでしまったほうがいい」という発言あり。しばらく注意しながら見守ることになった。 |
| ●●-●● | ●さん | ………………… |

【仮設住宅の困りごと等】

| 項目 | 内容 |
|---|---|
| アンケート調査への対応 | 自治会長より県立大学の●●先生より調査依頼が来ていると相談あり。これまで市生活安全課のアンケート調査、本センターの調査等、類似の調査が行われておりセンターで調整をしてほしいとの苦情があった。⇒どうするかは連携会議にて検討する。 |

【調整したこと、その他の情報】

| 聞き取り先 | 内容 |
|---|---|
| 自治会長 | 仮設住宅入居者の顔合わせ（交流会）を実施したいとのこと。来週の水曜日に企画打ち合わせ会議を行うこととなった。 |

## 関係機関・団体との連携・協働を図る

　地域支え合いセンターが月に1回開催する連携会議の場面である。連携会議には、地域支え合いセンターの職員のほかに市地域包括支援センター、市障害福祉課、市子ども家庭支援課、保健センターの職員と民生委員児童委員協議会、市ボランティア連絡会の役員が出席している。

　連携会議では、仮設住宅等における課題や被災地域の現状および各機関・団体の取り組み状況の共有等を行っている。

> **地域支え合いセンター連携会議　次第**
>
> 日時：12月●日（金）
>
> 　　　　　　　　　　13:30〜15:30
>
> 会場：●●福祉センター
>
> 内容：
>
> 　1．仮設住宅の現状および課題
>
> 　2．被災地域の現状および課題
>
> 　3．各関係機関・団体から（連絡事項）
>
> 　4．その他

伊達：それではただいまより、連携会議を開催いたします。次第に沿って進めてまいります。まずは、市内の仮設住宅の現状および課題について報告をお願いします。

福山：はい、現在の仮設住宅の入居状況は別添資料のとおりです。……（資料に基づいて仮設住宅の概要を説明）。また、トピックスとして、先月、C小学校区の●●仮設住宅において、初めて入居者同士の交流会が開催されました。土曜日ということもあり、当日は約6割の方が参加されました。さまざまな企画が実施されましたが、そのなかで地域包括支援センターが実施された介護予防体操が好評で、今後定期的に実施してほしいという声が多数寄せられたとのことです。この点について、地域包括支援センターの皆さんと現在調整しております。そのほか、入居者のなかで交流会を盛り上げるために出し物を披露していただいた方、料理をふるまっていただいた方等、皆さんの特技が活かされた交流会となりました。また、課題としては仮設住宅の入居者に対しての調査活動および依頼が続いており、数か所の仮設住宅から苦情が入ってきています。その点については市の担当課にもご報告させていただき、今後の調査については市の担当課を通すということになりました。そのほか、みなし仮設住宅への訪問については……（そのほかの課題について説明）。主な報告は以上です。

伊達：ありがとうございます。ほかに仮設住宅の件について共有しておきたい出来事や案件はありますか？

地域包括支援センター：先ほども話に出ていましたが、来年度より仮設住宅を回り、月に1回ではありますが介護予防体操の教室を開催しようと考えています。1回40分ほどのプログラムですが、その後、希望者には血圧測定と簡単な健康指導を行うことができればと考えています。

保健センター：健康相談については、本センターも来年度より巡回型で定期的に実施することを考えています。

伊達：そうですか、できればここですり合わせしていただきながら連携して実施できれば
　　　いいですね。

民生委員：介護予防教室について出てこられる方はいいのですが、問題は出てこられない
　　　入居者の方です。そういった方への声かけはしていただけるんですか？

地域包括支援センター：私たちも入居されている方すべてを把握できてはいないので難し
　　　いですが、もし民生委員さんのほうで気になる方がおられたら声をかけていただけ
　　　ると助かります。

民生委員：声はかけますが、やはり出てこられない方はいらっしゃいますね。私たちも入
　　　居者の全体像が把握できていないので漏れが出てくるのではないかと心配です。

伊達：過去の災害では、仮設住宅に移ったあとももともとお住まいだった地区を担当して
　　　いた民生委員が引き続きその方の担当となって仮設住宅を訪問していたと資料に
　　　載っていました。そういう仕組みをB市でも採用することはできないですかね？

民生委員：そのやり方のほうが私たちも顔やその方の人となりがわかるから安心ですね。

伊達：了解いたしました、それでは市の担当課にそういった仕組みで支援体制を組むこと
　　　ができるかを相談してみます。そのほか、何かありますか？

市子ども家庭支援課：市内ではまだ報告はありませんが、県内の仮設住宅では児童に対す
　　　る虐待と思われる事例が散見されているようです。そのことを受けて、1月からと
　　　なりますが、従来からある児童虐待ホットラインの周知を仮設住宅の掲示板等を
　　　使って行おうと思いますのでご協力よろしくお願いします。

伊達：わかりました。ご報告ありがとうございます。では次の議題に移ります。……（こ
　　　の後も報告および協議が続く）。

　この後、議題に沿って報告、協議が進められ、伊達は調整すべき事項を再度確認し終了と
なった。連携会議はこの後も月に一度開催され、積み残された課題についてはB市が設置
する災害復興会議の議題として上程し、解決に向けた施策化への働きかけを行っている。
また、年度末には連携会議において1年の振り返り（評価）を行い、各専門機関・団体の連
携・協働の成果を内外に公表している。

## ■2 事例を検討するための知識

**❶仮設住宅に関するこれまでの成果、課題を把握しておこう**

　大規模災害の場合、発災後、住居を失った被災者等に対して応急仮設住宅の建設および提供が行われる。昨今では、民間の賃貸住宅を借り上げ、みなし仮設住宅として被災者の住居を確保する対策がなされていたり、いわゆるムービングハウスといった移動型の住宅、被災地の木材を使って建設された住宅が仮設住宅として採用される等、これまでの災害における調査結果や事例検討等の成果、教訓が次代の対策として活かされている。また、過去の仮設住宅におけるいわゆる孤立死・孤独死やアルコール依存症、ドメスティックバイオレンス（DV）等の課題は、研究者によって何度も実践に基づいた調査活動と評価活動が繰り返されるなかで教訓化され、現代の災害対策として認識されるようになってきた。ソーシャルワーカーは、このような過去の成果や教訓から通常の住宅とは違う仮設住宅における訪問支援のあり方や具体的対応について学び、必要であれば支援および介入を行っていく必要がある。

**❷専門機関・団体が連携・協働する場について理解しておこう**

　発災後、被災地支援を円滑に進めるためにさまざまな専門機関・団体が集まる機会が設けられる。2016（平成28）年に発生した熊本地震では、くまもと災害ボランティア団体ネットワーク（KVOAD）が主催となり、「熊本地震・支援団体火の国会議」が開催されており、支援団体や地域団体などの情報共有や課題解決に向けた協議が行われている。また、各自治体単位においても発災後に連携会議開催の動きがみられている。たとえば、熊本地震で被害を受けた熊本県南阿蘇村では発災後に「地域支え合いセンター連携会議」が開催され、各機関・団体の連携のもとで、復旧・復興に向けた話し合いが行われている。

**❸社会福祉における評価の視点を確認しておこう**

　評価を考える際、社会福祉には三つの評価目標（ゴール）があることを理解しておこう。一つ目はタスクゴールである。到達目標ともいい、具体的な数値や計画を掲げその達成度合いを評価する目標である。二つ目はプロセスゴールである。プロセスゴールは取り組むうえでのプロセス（過程）を重視し、その過程のなかで生じた成果を評価する目標である。最後はリレーションシップゴールである。社会変革のゴールともいわれ、取り組んだ結果、社会にどのような変革がもたらされたのかを評価する目標である。

## 3 演習課題

❶　事例を読み、生活支援相談員として仮設住宅を訪問する際、どのような点に配慮する必要があるか考えてみよう。【SW3】【SW4】

❷　事例のなかにある地域支え合い連携会議でのやりとりを参考に、仮設住宅支援において伊達（福祉活動専門員）と福山（生活支援相談員）、その他の専門機関がどのような役割を果たしているのかを考えてみよう。【IP4】【IP6】

表3-39　仮設住宅支援における福祉専門職・専門機関の役割

| 登場人物 | 果たしている役割 |
|---|---|
| 伊達（福祉活動専門員） | |
| 福山（生活支援相談員） | |
| その他専門機関<br>（　　　　　　　　　　） | |
| その他専門機関<br>（　　　　　　　　　　） | |

❸　地域支え合い連携会議において、1年後に振り返り（評価）が行われる予定であるが、どのような評価目標を立てることができるか考えてみよう。【SW9】

| (例) 介護予防教室に入居者（高齢者）の8割が参加している |
|---|
| |

## 4 ミニレクチャー

### ❶仮設住宅を訪問する際のポイント

　事例で登場する福山（生活支援相談員）は、日々仮設住宅を訪問し、生活支援、孤独死対策として見守り活動、支援活動を行い、専門的な支援が必要な場合は関係機関等につなぐといった対応を行っている。演習課題❶では、生活支援相談員の立場で仮設住宅を訪問した場合の留意点を考察してもらったが、実際に訪問する際に必要となる配慮としては以下のような点がある。

① 訪問する際の服装に留意する

　被災後、さまざまな理由で仮設住宅に転居を余儀なくされた被災者宅を訪問する際には、華美や派手な服装とならないように留意する。また、家の中に上がることも予想されるので、短いスカートや素足とならないようにする。

② 自分の名前や身分を明らかにする

　仮設住宅には、不特定多数の人が訪問してくることが考えられる。なかには公的な立場を名乗り、不正な手続きや高額な物品を売りつけてくる悪徳な事業者もいる。まずは、自分の身分と名前を名乗り、「どこから来た誰であるか」「何の目的で来たか」を明確にし、信頼できる機関からやって来たことを相手に理解してもらうことが重要である。

③ 長居しない、一度にたくさんのことを聞き出さない

　仮設住宅は居室数も少ないため、室内に上がって話すことを拒まれることがある。そのため、玄関先でやり取りをすることが多くなるが、相手をあまり長時間立たせない配慮が必要である。また、一度にたくさんのことを聞き出そうとすると次回からの訪問がしにくくなることがある。話は簡潔にし、関係性を築くなかで少しずつアセスメントしていくことが求められる。

④ 守秘義務の徹底

　入居者から聴いた個人的な話をほかの入居者等にしてはならない。どうしても共有する必要のある話は相手の了解をとる等の手続きが必要である。また、メモをとる際は相手に「メモをとらせていただいてよいですか？」と断ってからにすることが配慮として求められる。

⑤ 緊急時を考慮した対応

　家の中から応答がない場合などには、緊急性のある事態を考慮した対応が求められる。まずはポストの新聞や郵便物の取り込み状況等を確認する。また、部屋に入る際は必ず複数で入るようにする。さらに、異常を発見した際は、部屋の状況を必要以上に変えないでおく。仮設住宅を訪問する際は、こういったことを頭に入れておくことも必要となる。

❷他職種の役割を理解し、連携・協働のネットワークを構築する

　演習課題❷について、仮設住宅を訪問する福山（生活支援相談員）は、主にミクロからメゾ領域のなかで業務を遂行しており、日々、さまざまな被災者とのやり取りの場面でアセスメントやプランニング、モニタリング等を繰り返し、その結果を可視化しながら他職種との連携・協働のもとで解決策を模索している。

伊達（福祉活動専門員）は、その結果や成果を評価し、構造的に捉え、必要なものを施策化すべく、関係機関・団体や行政等に対し働きかけを行っている。いわば、メゾ、マクロ領域における役割の遂行である。

このように同じ社会福祉士であっても、職種によって具体的な役割・業務が異なり、連携を図る必要があることを理解しておこう。

また、日常的な社会システムはとかく「縦割り」（制度や領域によって業務は分けられ、そこで完結する）の傾向が否めない。災害時、社会インフラが麻痺し、縦割りであるがゆえに潜在化していた課題が一気に顕在化することも少なくない。しかし、日常から連携・協働していない体制が、災害時に迅速かつスムーズに機能することはあり得ない。そのため、災害時を見据え、日常から連携・協働を促すネットワーク形成の取り組みや仕組みづくりを検討する必要がある。

このように、災害時におけるソーシャルワークは、さまざまな機関・団体とともに行う日常からの調査活動、それに基づく実践活動、評価活動によって紡がれてきた連携・協働のネットワークをもとに展開されていくのである。

### ❸仮設住宅支援における評価のポイント

演習課題❸では、評価目標について考察してもらったが、この事例にある評価会議では、**表3-40** のような三つの評価目標（ゴール）をもとにして、これまでの成果を話しあうことができる。社会福祉士は、取り組まれた内容を評価目標に沿って整理、分析し、社会変革を視野に入れながら働きかけを行っていくことが求められる。

**表3-40　評価目標例**

| タスクゴール | □介護予防教室が月に１度開催されている<br>□介護予防教室に入居者（高齢者）の８割が参加している<br>□健康相談が巡回型で定期的に実施されている<br>□児童虐待ホットラインの周知が仮設住宅内でなされている |
|---|---|
| プロセスゴール | □連携会議のなかで仮設住宅についての情報交換や検討がなされ、関係機関・団体との連携・協働体制が強化されている<br>□「縦割り」で実施されている調査活動が連携会議を経て共有化され、窓口が一本化されている |
| リレーションシップゴール | □民生委員が災害後も担当地域の住民の支援を行う仕組みができる<br>□連携会議で集約されたニーズや意見が災害復興会議に反映され、それに伴う施策化が進められている |

## 多角的に考えてみよう
### ——別の可能性もないだろうか

本項では、日常からの見守り活動の推進や地域のネットワーク構築の様子を事例化し、解説を加えている。

### 1 事例の課題認識
●地域における見守り安心ネットワークの推進

**事 例**

### 災害時一人もほっとかない運動

P市のQ小学校区は人口約1万8000人を超す市内最大の小学校区であり、伝統を継承する昔ながらの住民層と新しい新興住宅地の住民層が共存するエリアである。現在においても人口増加傾向にあり、Q小学校の児童数は約800人、27学級を誇る規模となっている。

5年前の冬、Q小学校区では隣接する山の中に認知症の高齢者が迷い込み、凍死するという痛ましい出来事があった。地域住民はこの悲劇を嘆き悲しみ、Q小まちづくり協議会では、もう二度とこのような出来事が起こらないように見守り活動の強化を図ることとなった。

その後、地区内にある地域包括支援センターに見守り活動の強化について相談が入り、社会福祉士の佐藤が対応することになった。役員との協議の結果、地域における防災・防犯を目的とした「防災と福祉のまちづくり講座」が開催される運びとなった。市内の大学・研究機関やP市社会福祉協議会、行政にも協力を仰ぎ、年間4回のペースで講座が開催された。

1年目は、地域の実態を把握するために参加者がフィールドワーク（地域踏査）で地域の資源や課題の点検を行い、防災マップが作成された。

2年目は、地域内の高齢者や障害者等、要配慮者の把握を行うこととなったが、どのように進めていくかを話しあう過程で、「登録制度では堅苦しくて誰も登録してくれないのではないか」という声が上がった。また、「要配慮者の名簿を作成しても金庫に入れておいてはだめだ」という意見も上がり、この取り組みは地域住民の運動として展開していく必要があることが確認された。

話し合いの結果、「Q小学校区・災害時一人もほっとかない運動」という名称で取り組むこととなった。

この運動を進めるにあたり、要配慮者に基本情報を記入し登録してもらう「安心カード」を作成した。安心カードは同意方式（自身の情報を周囲に提供することを同意する）によ

り記入、登録してもらい、近隣支援者とマッチングする。近隣支援者は負担にならない程度にマッチングされた登録者の見守り活動を実施する。運動を進めるにあたっては町内会長に協力を仰ぎ、地域に根ざした取り組みとなるよう、佐藤はまず地域の関係機関・団体に対して周知を行った。その結果、安心カードへの登録者は約170名となり、佐藤は地区内の民生委員、まちづくり協議会の役員とカードの整理を行った。

また運動を進めるにあたって、地元の各種団体間の協議機会が創出され、協議のできる枠組み（防災福祉会議）が誕生したことも大きな成果であった。防災福祉会議では、日常からの各種団体間の連携・協働を進める機会と具体的な災害対策本部機能の検討がなされた。また年度末には地域内における防災活動や要配慮者支援活動の振り返り（評価）がなされている。

そして3年目には、前年度の振り返りを踏まえて、近隣支援者確保に向けた防災学習会の実施、災害時要配慮者マップの作成を行った。また、より具体的な災害時要配慮者への対応の検討および登録に向けた積極的な働きかけが展開された。

## 2 解説

### ●日常からの協議機会を確保し、協議の推進を図る【IP4】

この取り組みは、京都市北区大宮小学校区における「大宮ほっとかへんで運動」がモデルとなっている。取り組みは2009（平成21）年から始まっており、現在まで約10年の歳月が流れている。

大宮小学校区が防災、防犯の取り組みを進めるにあたって、特にこだわりをもってきたことの一つに協議力の強化があった。

当初の講座における話し合いは、一部の参加者が延々と話をしており、皆の意見を結集し合意に至るプロセスを意識しながら進められているとは言い難い内容であった。特に女性は聞き役に徹し、自身が発言するそぶりすら見せない人もいた。声の大きい人がその地域の決定権を掌握し、民意が十分反映されないことに疑問を抱くことすらなかったのかもしれない。

「協議」とは、個々人の声に耳を傾け、課題やニーズに対しての配慮を検討しながら合意していくプロセスであり、「とりあえず決定する」ということではない。災害時には、限られた時間のなかでできる限りさまざまな人々の意見を汲み取り、協議を行う必要がある。しかし、日常からの協議機会の積み重ねや連携・協働による信頼関係の構築、基本的な人権意識の醸成といった礎がないと非常時にその現状が課題として顕在化してしまうのである。

講座では、協議と協働に焦点を当て、毎回、話し合いがもたれた。その結果、女性を含め、多くの人が自身の考えを自分の言葉で話し、否定することなく、前向きな話し合いを進めようと努力する姿が講座のなかで見受けられるようになってきた。

2018（平成30）年の西日本豪雨災害等の被害が続いた際は、自主防災会や地区社会福祉協議会等が中心となって協議を行い、避難所を開設し、安心カードをもとにしながら事前に要配慮者へ避難の声かけを行っている。

避難所運営においても、ペットを連れて避難してきた人を断らず臨機応変な対応を図り、女性用の避難スペースを設ける等の女性に配慮した運営を行っていた。

避難所の運営は3回を重ね、そのうちの2回は行政からの要請前に協議を重ねた結果の開設であった。年度末の各関係団体間による防災会議では、災害時の対応記録を取りまとめ、「できたこと」「これから改善が必要なこと」の評価がなされている。この結果、安心カードの記載内容と避難方法が課題として挙げられ、改善の取り組みが進められた。

この過程には、常に地域包括支援センターや区社会福祉協議会のソーシャルワーカーが協議機会に立ち会い、側面的な支援を行っている。

## 8 ▶ 解説（総括）

### ■1 事例展開と社会福祉士の実践能力

これまでの事例の展開と社会福祉士の実践を踏まえ、どのような実践能力が発揮されたのか、事例演習を通してどのような実践能力が習得できるのかについて、ソーシャルワークのコンピテンシー【SW1～9】・多職種連携コンピテンシー【IP1～6】に分けて解説する。

なお、**表3-41**では、社会福祉士が課題認識をもとにアクション（活動）した過程で発揮した実践能力について、【SW1～9】【IP1～6】を用いて一覧化した。加えて、「多角的に考えてみよう──別の可能性もないだろうか」での学びを通じて習得できる実践能力についても示している。

表3-41　事例の展開と社会福祉士の実践能力

| 事例展開 | 課題認識 | 社会福祉士のアクション（活動） | | コンピテンシー |
|---|---|---|---|---|
| 事例演習1<br>【第4項】<br>平常時 | 地区座談会での話し合い。住民の最大の関心事は何か?! | 伊達和志 | ・話しあいやすい雰囲気をつくる<br>・地域住民の関心事を引き出す<br>・課題を可視化する | 【SW4】 |
| 事例演習2<br>【第5項】<br>発災から1週間 | 混乱する避難所。災害関連死防止の対策を急げ！ | 江原伸明 | ・災害の発生。DWATの出動<br>・避難所におけるニーズを把握する<br>・早急に対応すべきことを決める | 【SW3】<br>【SW8】 |
| 事例演習3<br>【第6項】<br>発災から6か月 | 多職種連携により仮設住宅における孤立死を防げ！ | 福山綾 | ・仮設住宅入居者との信頼関係を築く<br>・仮設住宅入居者のニーズを把握する<br>・関係機関・団体との連携・協働を図る | 【SW3】<br>【SW4】<br>【SW9】<br>【IP4】<br>【IP6】 |
| 多角的に<br>考えてみよう<br>【第7項】 | 地域における見守り安心ネットワークの推進 | | ・災害時一人もほっとかない運動 | 【IP4】 |

## 2 ソーシャルワークのコンピテンシーの習得

❶すべての人が、社会的な地位に関係なく、自由、安全、プライバシー、適切な生活水準、医療、教育といった基本的人権が遵守されるよう、社会的・経済的・環境的な正義を擁護する実践を行うことができる【SW3】

　事例演習2では、社会福祉士が介入することにより、高齢者や障害者等の生活環境の改善が図られている。これは災害（震災）関連死の抑制策としてだけではなく、災害時においても個人の尊厳が保障され、人格や存在が否定されることがないよう社会福祉士が周囲との折り合いを働きかけているからである。

　これまでの災害時では、混乱のなかで高齢者や障害者等の要配慮者は存在自体が潜在化し、かつ「災害時だから」という言葉で多くの苦難を強いられる場面もしばしばあった。聴覚障害者は、音声だけによる情報提供のなかで、適切な行動や判断を行うことができずに情報弱者と化した。車いすを利用する肢体不自由者は、避難所の中で通路の確保がなされていないために移動すること自体に困難を抱えていた。乳児を抱える家庭では授乳室がないためにトイレの中で授乳をせざるを得なかった。

こうした存在をいま一度、可視化し、合理的配慮の必要性やユニバーサルデザインの重要性を説くことで要配慮者の安心と安全を確保していく。

❷ソーシャルワーカーの実践の基本には調査活動があり、また、調査活動における仮説の立証として実践が行われていることを理解し、遂行できる【SW4】

　事例演習1では、地区座談会という調査機会を設定し、地域住民の「生の声」を可視化している。その際、参加者が発言しやすい工夫として少人数に分けたグループワーク形式で意見の聴取を行った。

　ソーシャルワーカーは調査活動を進めるにあたり、協議・協働の参画方法についても手法を身につける努力が必要である。主なグループワーク等で使用できる手法として、**表3-42**のようなものがある。

　また、社会福祉士は、地区座談会において、日常的に潜在化しやすい障害当事者や介護者家族の存在に焦点を当て発言を促している。そして、マイノリティの社会的不利益の改善や社会的均衡を図ることにあることを理解したうえで調査活動を行い、必要であれば可視化、構造化し、必要なものを計画に反映していけるよう働きかけを行う。

**表3-42　グループワーク等で使用できる手法**

| 主な手法 | 内容 |
|---|---|
| KJ法（カード法） | 川喜田二郎氏が考案した意見集約方法。参加者はカードを使って意見を表出し、最終的に一枚の図に収め、全体を見ながら協議を行う。 |
| ワールドカフェ | カフェのようなリラックスした雰囲気のなかで、少人数に分かれたテーブルで自由な対話を行う方法。参加者はテーブルを移動しながら対話を続けることにより、参加者の意見や知識を集約することができる。 |
| シミュレーション | たとえば災害時に起こる場面を具体的に想定し、そのなかで「何を大切にし」「どのような行動を起こす必要があるか」を話しあう方法。実際に起こった事例等を参考に成功事例を最後に共有してもよい。 |
| フォトランゲージ | ある写真を参加者が観察し、その写真の意味するものを話し合いのなかで探る方法。地域での活動写真や風景写真等を使用し、気づいた点を挙げていく。質より量を重視し意見を出しあうことが特徴である。 |
| フィルムフォーラム | 設題の課題をテーマとした動画、VTRをあらかじめ撮影しておき、参加者全体で視聴し、協議等を行う方法。 |

❸評価で発見したことを、ミクロ・メゾ・マクロレベルにおける実践
効果を改善するために活用できる【SW9】

　事例演習 3 では、仮設住宅支援からみえてきた可能性や課題を地域支
え合いセンター連携会議のなかで評価している。この取り組みについて
は、主に専門職集団による情報共有と評価機会といえるが、将来的には
地域住民や当事者も交えての会合となることが望まれる。災害時のよう
な混乱した状況下では、さまざまな立場で多様な価値観をもつ者同士が
評価しあうことにより、できる限り客観的かつ俯瞰的な結論を導き出す
ことが重要である。

## 3 多職種連携コンピテンシーの習得

　災害時は、実に多くの専門機関・団体が被災地において連携・協働す
る必要に迫られる。

❶複数の職種との関係性の構築・維持・成長を支援・調整することが
できる。また、時に生じる職種間の葛藤に、適切に対応することが
できる【IP4】

　協働に際しては、被災者（特に要配慮者）を中心に共通の目標を設定
（例：二次感染を防ぐ、快適な避難所空間をつくる等）することが求め
られる。事例演習 2 では、まさに保健・医療・福祉の専門機関・団体と
地元の各種団体が、限られた時間のなかで支援の優先順位を決定し、支
援策を講じている。

❷他の職種の思考、行為、感情、価値観を理解し、連携協働に活かす
ことができる【IP6】

　職種間コミュニケーションとして、医療、保健、福祉のフェーズを意
識しながら支援を展開していくことが求められる。協議を通じて他職種
を理解しあいながら、関係性のなかで折りあい、合意をしていくプロセ
スこそが今後のソーシャルワーカー実践において求められる。

◇参考文献

・後藤至功「地域福祉フィールドワークの有益性――京都市北区大宮学区の取り組みから」『福祉教育開発センター紀要』第9号，2012．
・全国コミュニティライフサポートセンター「『震災被災地における要援護者への個別・地域支援の実践的研究』報告書」2013．
・後藤真澄・高橋美岐子編『災害時の要介護者へのケア――いのちとくらしの尊厳を守るために』中央法規出版，2014．
・東北関東大震災・共同支援ネットワーク/熊本地震・共同支援ネットワークサポーターワークブック編集委員会編『被災者支援・地域生活支援のためのサポーターワークブック（初任者用演習テキスト）第3版』全国コミュニティライフサポートセンター，2016．
・後藤至功「地域防災力の向上を目指した実践的研究――京都市北区における大学・地域包括連携協定の取り組みをもとに」『福祉教育開発センター紀要』第13号，2016．
・山本克彦編著『災害ボランティア入門――実践から学ぶ災害ソーシャルワーク』ミネルヴァ書房，2018．
・藤井博志「地域って何？」藤井博志編著『シリーズはじめてみよう1　地域福祉のはじめかた――事例による演習で学ぶ地域づくり』ミネルヴァ書房，2019．
・避難所・避難生活学会『第5回避難所・避難生活学会・第6回新潟県中越大震災シンポジウム合同開催プログラム集』2019．

# 第7節 地域のニーズに対応した新たなサービス・事業開発を考える

## 1 本演習のねらい

### 1 ソーシャルワークのコンピテンシーの習得

❶ 政策実践に関与することを意識し、社会政策とサービスの歴史および現在の構造、サービス提供における政策の役割、政策開発における実践の役割を理解している。ミクロ、メゾ、マクロレベルでの自身の実践現場のなかで制度やサービス、政策の開発と実施における自身の役割を理解し、そのなかで効果的な変化に向けて政策実践に積極的に取り組んでいる。【SW5】

❷ ソーシャルワーカーはエンゲージメントが多様な個人、家族、グループ、組織、コミュニティとともに、またそれらに代わって行うソーシャルワーク実践の力動的で相互作用的なプロセスのなかの継続的な要素だということを理解している。【SW6】

### 2 多職種連携コンピテンシーの習得

❶ 生活者、患者、サービス利用者、家族、コミュニティのために、協働する職種で彼らにとっての重要な関心事や課題に焦点を当て、共通の目標を設定することができる。【IP1】

❷ 互いの役割を理解し、互いの知識・技術を活かし合い、職種としての役割を全うする。【IP3】

❸ 複数の職種との関係性の構築・維持・成長を支援・調整することができる。また、時に生じる職種間の葛藤に、適切に対応することができる。【IP4】

❹ 自職種の思考、行為、感情、価値観を振り返り、複数の職種との連携協働の経験をより深く理解し、連携協働に活かすことができる。【IP5】

第3章 実践的にソーシャルワークを学ぶ

## 2 ▶ 事例演習のポイント

❶ 時代の移り変わりのなかで、社会福祉施設・機関の置かれている社会や地域の状況、そこに住んでいる地域住民の福祉ニーズの多様化と変化を把握するために、地域アセスメントや社会調査を実施することに注目する。

❷ 新たに掘り起こしたニーズについては、地域住民や専門職などさまざまな立場の人々と共有し、多分野・多方面からの視点を取り入れて捉えることを意識する。ソーシャルインクルージョンを目標に、新たに掘り起こしたニーズを、地域全体で取り組むべき課題とし、地域を巻き込んでいく活動であることを確認する。

❸ 生きづらさを抱えた人や何らかの事情で働きたくても働くことができない人など、就労が困難な人たちの働く場や役割を得る場となるソーシャルファームの意義を考える。

## 3 ▶ 事例の基本情報

事 例

### 社会福祉士はどこにいる？

山田哲（51歳）は、B市の総合福祉センター（以下、センター）の所長として勤務する社会福祉士である。大学卒業後、児童養護施設の指導員として数年働いた後、実家近くにあった社会福祉法人の事業所に転職した。

入職して3年が過ぎた頃、法人がB市からセンターの運営を受託し、高齢者だけでなく、障害児者の支援にも着手するようになった。山田はセンターに勤務するようになり、45歳のときにセンター長に就任し、全事業を統括する役となった。

その後、児童も対象となるよう事業の拡大を行い、特定の対象に絞ることなく、地域の誰もが足を運んでくれる地域の拠点づくりを目指して実践に取り組んでいる。

山田がセンターに来てからの20年間は、新たな制度・政策がどんどん創設された。たとえば、介護保険制度、支援費制度、発達障害者支援法、障害者自立支援制度、障害者総合支援法、生活困窮者自立支援制度などである。山田は、制度・政策をにらみ、さまざまな試みをどのような形で事業化するか検討し続けてきた。

単に新制度の事業を受託するのでは、地域の人々が利用しやすい場となりにくい。また、センターだけでできることを考えても、地域の人々のニーズに十分に応えにくい。センターが責任を果たしつつ、センター内での支援の枠を超えて、地域課題にどう応じることができるだろうかと広く構想するのが山田の仕事の一つとなっていった。

## 総合福祉センターはどんなところ？

センターは、政令指定都市であるＢ市の、かつてニュータウンとして栄えていた地域にある。山田が勤務しはじめた20年ほど前、センターは、高齢者のデイサービスやホームヘルパー派遣、在宅介護支援センターなど、在宅高齢者への支援事業を行う地域の福祉拠点となっていた。

2000（平成12）年の介護保険制度の開始の際は、介護保険事業における通所介護、訪問介護という名称で事業を引き続き実施し、一人暮らし高齢者や高齢世帯向けの生活支援型の食事サービスなども展開した。その後も地域の人々のニーズを把握しながら、また、安定した事業運営をするために、行政と交渉を行いさまざまな事業を受託してきた。

開所から20年を迎え、センターが高齢者、児童、障害児者などさまざまな人々の支援の場、活動の場となっていることは、地域の人々にも随分と知られてきている。20年も経つと、かつてセンターに遊びに来ていた子どもたちや、以前学習支援を受けていた子どもたちが、大人になって仕事の同僚とセンターのカフェ部門やラーメン屋部門に来たり、学習支援のボランティアとして参加したりすることも多くなっている。

また、かつてボランティアなどで来ていた人たちが、自身の生活や介護におけるちょっとした相談事などを、センターの職員に持ちかけてくるようにもなっていた。

## 地域住民の状況

最近、所長の山田には、特に気になっていることがあった。地域の居場所、活動の場として、さまざまなグループにセンター内のスペースを提供しているが、利用者たちが出入りするたびに、困りごとを口にしていることである。

「最近、買い物が不便だとみんなが言っているんだけれど、ここのセンターで何とかしてくれないだろうか」「どこに持ちかけたらよいのかわからないことがあるんだけれど」と、あいさつのついでに尋ねられることも重なっている。

地域の人たちが、日々の暮らしで困っているけれども、どこに相談を持ちかけたらよいかわからず、結局どこにも届かずに、その困りごとが埋もれたままになっているのではないかと、山田は気になっていた。

地域の人たちも、センターの専門性をある程度理解していて、相談できることと相談できないことを区別して相談を持ち込んできていたのだろう。そんななかで、「どこに相談し

たらよいかわからない」という生の声が出てきているのは、それに見合う制度やサービス、窓口がないということであり、山田は「このような小さな声もキャッチし、それに応える仕組みにつなげたり、仕組みを新たに作ったりする必要があるのではないだろうか」と思い始めていた。

　山田は、今までは「うちで提供できる専門的なサービスや内容をもっとよくしていこう」と、センターの事業のことばかり考えてきた。しかし、センター長という立場になってから、社会福祉法人の一員としての地域における役割もあらためて考えるようになっていた。

### 地域の状況

　センターのあるニュータウン地区では、複数の店舗が入る近隣のショッピングセンターの空き店舗率が15%であり、行政が行ったアンケート調査によると、「利用したい店や施設が少ない」（45%）、「店の種類や数が少ない」（46%）など、ショッピングセンター機能の衰退という課題に直面していた。

　地域コミュニティ誌によると、ニュータウンの高齢化率は30%を超えており、B市全体の26%と比較しても高い高齢化率となっている。

　地区カルテ（校区カルテ）によれば、山田に「買い物が不便」と声をかけてきた人が住むT町地区の高齢化率は40%であり、急速な少子高齢化が進行していることが把握できる。そのうちの約15%が認知症であることもわかっており、認知症の見守りを考えていくことも必要な地域である。

　また、同地区の被保護世帯の割合は34%と高く、ここ数年増加傾向にある。その他、ひきこもりの若者の年齢の上昇、少子高齢化による地域活動の担い手不足、若い世代の自治会離れなど、地域コミュニティの衰退の課題もみられる。

　T町地区は、私鉄電車の最寄り駅から、路線バスで15分ほどのところにある。路線バスは比較的整備されているが、車やバス、タクシーなどを利用するのが必須となる地区である。

　　　　表3-43 では、事例の展開のなかで、社会福祉士がどのような課題認識をもち、どのようにアクション（活動）していくのか、概要を示した。事例演習の学びに役立ててほしい。

---

i　身近な地域ごとに、人口などの統計情報や地域の特徴、地域活動の情報などをまとめたもの。

表3-43　事例の展開と社会福祉士のアクション（活動）

| 事例展開 | 課題認識 | 社会福祉士のアクション（活動） | |
|---|---|---|---|
| 事例演習1【第4項】 | どこに相談したらよいかわからない相談に応える | 山田哲 | ・買い物に困っている情報をキャッチする<br>・社会福祉協議会の職員に相談を持ちかけ、地域の状況を確認する<br>・住民の困りごとと障害をもつ子どもの親のニーズを結びつけて考える |
| 事例演習2【第5項】 | 住民の困りごとと障害のある人のニーズへの対応 | | ・地域住民と課題を共有し、事業提案をする<br>・事業の実現を目指す──不動産登記の問題発生<br>・地域の仲間と実状を共有する |
| 事例演習3【第6項】 | スーパーの店舗をみんなの就労の場とするためには | | ・スーパーの再生事業の情報を得る<br>・スーパー再生事業としてプロジェクトを再開する<br>・みんなのスーパーと自治会、市場連合会との折衝を経験する<br>・自分の考え・価値観をプロジェクトメンバーに示す |

# 4 事例演習1

## 1 事例の課題認識

●どこに相談したらよいかわからない相談に応える

事例

### 買い物に困っている情報をキャッチする

　総合福祉センターでは、1階を交流スペース、2階を活動スペースとして位置づけ、1階には喫茶コーナーを設けている。

　喫茶コーナーでは、平日の午前中だけ、法人内で製造しているパンを販売しており、地域の人たちも随分と買いに来てくれるようになっていた。

　ある日、山田は、スタッフから1件の報告を受けた。いつもパンを買いに来てくれる年配の女性から「ここではカップラーメンやおにぎり、ちょっとしたお惣菜なんかは置かないのですか」と言われたのだという。

　スタッフは、その女性にパンが法人内の障害者の就労支援事業所の製品であることを説明したところ、以下のようなことを言われたという。

　「近隣のショッピングセンター街にも昔は大きめのスーパーがあってね。便利だったけ

ど、住む人が減って、スーパーがなくなったでしょう。それからは買い物が不便で仕方がないの。ここに、もうちょっと何か置いてくれたら、便利になるんだけど。そんなことを、この前も一緒にボランティアしているＡさんと話してたのよ」

そばで話を聞いていたスタッフの加藤も話に入ってきた。

加藤：そうそう、デイサービスに来ている山本さんのお嫁さんもそんなこと言っていました。

山田：山本さんはどこに住んでいるんだったかな。

加藤：Ｔ町です。お嫁さんといっても、山本さんが、98歳でしょう。息子さんが75歳なので、お嫁さんも若く見えますが、70歳です。3人でお暮らしです。3人とも特に病気もなく、お元気にされていますけど、日常の生活にはご負担もあるのではないでしょうか。「買い物に行くのは大変だけど、よい運動になると思ってがんばります」と、送迎のときにおっしゃっていました。だけど、一番近いスーパーでも歩いて25分くらいかかるそうなんです。

山田：そうかぁ。雨の日や寒い日、暑い日には大変だね。ここの喫茶コーナーで解決できることもあるかもしれないけれど、山本さんのお嫁さんがセンターに頻繁に来ているわけでもないから、自宅近くでもっと買い物がしやすくなればいいね。

加藤：そうですね。買い物代行のサービスとか利用できるかな。まだお嫁さんはお元気ですから、ご自身でちょっとした買い物はできると思いますが、せめてもうちょっと近くに自由に買い物できる場所があればいいですよね。そういうこと、行政で何とかしてくれないですかね。

山田：一度、社会福祉協議会の人にＴ町がどんな地域なのかを聞いてみようか。こちらの情報も伝えて意見交換してみたいね。

山田は、地域の情報を把握するため、さっそく、社会福祉協議会の地区担当に電話をした。

### 社会福祉協議会の職員に相談を持ちかけ、地域の状況を確認する

山田：いつもお世話になっています。総合福祉センターの山田ですが。Ｔ町担当の方、いらっしゃいますか。

荻野：山田さん、こんにちは。荻野です。いつもありがとうございます。どうされましたか。

山田：荻野さんか、担当！　実は、Ｔ町にお住まいのボランティアさんから、どこに相談したらよいかわからないと聞かせてもらったことがあって。

荻野：Ｔ町にお住まいの方なんですね。

山田：そう。パンを売っている喫茶コーナーに、ほかのものも置いてほしいという声が

あったんです。また、デイサービスを利用されているご家族から、歩いて 25 分かけて買い物に行っているという声も聞きました。このような、買い物が不便という声は、実はお二人だけのものではなく、センターご利用の複数の方からも聞いていて、私もこのような相談をどう扱ったらよいのかわからないから、一度、社協さんに相談してみようと思いました。T町の状況、何かご存知ですか。

荻野：よく、教えてくださいました。確かに、高齢者の方々が、買い物に困っておられるかと思います。ニュータウンに大型スーパーが進出し、T町の多くの住民が大型スーパーを利用するようになりました。そのため、現在では、近隣のショッピングセンターほとんどが空き店舗になりました。

山田：そうなんですね。

荻野：はい。それと、買い物のこととは別ですが、空き店舗にはさまざまな福祉事業所が入るようになりました。当初は、空き店舗を福祉事業に活用することに、自治会を通して反対する動きもあったのですが、T町は高齢化率が高く、在宅福祉サービスのニーズが多いという地域状況から、結果的には好意的な反応に変わりました。ですが、障害者福祉事業に関しては、「なぜ、静かな地域に障害者施設をもってくるのか、土地の値段が下がったら責任を取ってくれるのか！」との声が自治会や地域の人々から寄せられました。障害者福祉事業を展開したかった事業者も、地域住民への説明は避けられず、「開所までに労力と時間がかかるのであれば、ほかの地域に開業します」とほかに行ってしまう事例が重なっているのです。

山田：荻野さん、そうでしたか。電話してよかったです。センターの中にいると、地域で何が起こっているのかをタイムリーに知ることができません。介護保険事業所が空き店舗にいくつか入っているというのは知っていましたが、そこに障害児者の事業所が入ろうとしてなかなか入ることができないという経緯は、今日初めて知ることができました。

荻野：社協としても、障害児者の事業所に入ってほしいとも思うのですが、地域住民との交渉の面倒やそれに要する時間を考えると、ほかの地域に行ってしまわれるのです。ショッピングセンターの空き店舗には、いろんな人を対象とする事業所が入るのが理想的だと思っていますが、なかなか難しい局面を迎えています。

## 住民の困りごとと障害をもつ子どもの親のニーズを結びつけて考える

山田：私に考えがあります。先週、センターの障害児余暇支援センターや放課後児童デイサービスを卒業していった子どもたちの親との交流会があったんです。年に 1 回はセンターで開催して、卒業後の子どもたちの様子やその後の親御さんの相談を受ける機会にしているのですが、そのときに、特別支援学校卒業後の居場所や働く場所

になかなかめぐり合えないという相談を受けました。作業で失敗してしまうと、次につながらない状況が続くなど、将来への不安も語られました。彼らに合った練習をすることで、持ち味を生かした接客や販売、そのほかの仕事ができるようになります。T町の住人のニーズと、障害のある人々の就労ニーズを結びつけ、事業化できないでしょうか。法人内でも検討したいと思いますが、いかがでしょうか。

荻野：それは素晴らしいことです。今起こっているT町での問題解決にもつなげられるような気がします。山田さん、一緒に考えさせてもらいたいです。山田さんの法人の新規事業の提案というだけでなく、山田さんたちの気づきをきっかけにT町の課題について住民と一緒に考える機会として、住民懇談会などを開催できるとよいかもしれません。

　その後、山田は法人内で事業企画会議を開催し、T町のショッピングセンターの空き店舗に障害者の就労の場としての八百屋を出店する案を次年度計画に盛り込んだ。

　山田は荻野に電話し、「荻野さんがおっしゃっていたように、T町の住民さんとの懇談会を開催したいと思っています。地域の課題を共有して、障害のある人たちが働く八百屋の出店企画についてどう思われるか、聞いてみたいです。その場に社協さんにぜひ参加してほしいのですが、どうでしょうか」と声をかけ、住民懇談会の実施と社協の出席を提案した。

　山田は、住民懇談会の開催にあたり、次のことを意図した。

---

❶T町の住民との関係構築
❷T町の潜在的ニーズの掘り起こしとその共有
❸地域課題として取り組む動機づけと働きかけ
❹ニーズに対応したサービス創出の具体的提案
❺提案の一つとしての障害者の就労の場としての八百屋出店
❻障害者に対する理解を目指した福祉教育の視点での地域づくり

---

## ▌2 事例を検討するための知識

❶コミュニティソーシャルワークの機能について振り返っておこう

　コミュニティソーシャルワークの機能として、一部を取り上げると、次のようなものが挙げられる。

　❶地域に顕在化、潜在的に存在する生活上のニーズ（生活のしづらさ、困難）を把握（キャッチ）すること、❷それら生活上の課題を抱えている人、生活上の脆弱性を有している人や家族との間にラポール（信頼関係）を築くこと、❸時には、信頼、契約に基づき対面式（フェイス・ツー・

フェイス）によるカウンセリング的対応も行う必要があること、❹その人や家族の悩み、苦しみ、人生の見通し、希望等の個人的要因（ナラティブ＝物語）を大切にすること、❺それらの人々が抱えている問題がそれらの人々の生活環境、社会環境とのかかわりのなかで、どこに問題があるのかという地域自立生活上必要な環境的要因に関しても分析、診断（アセスメント）すること、❻そのうえで、それらの問題解決に関する目標、方針と解決に必要な方策（ケアプラン）を本人の求め、希望と専門職が支援上必要と考える判断とを踏まえ、両者の合意の下で策定すること[1]。

❷住民懇談会の利点について確認しておこう

　地域のなかで何が起こっているのかを知る方法としては、さまざまなものがあり、アンケート調査やインタビュー調査、フィールドワーク、参与観察、事例検討や活動記録の分析など、量的・質的調査方法を駆使してニーズや実態の把握を行うことができる。

　そのなかで、住民懇談会は「地域の中で地域のことを話し合う場[2]」であり、住民や専門職などがかかわりあいながら取り組む場であるため、信頼関係を構築していくプロセスで語られる思いや考えが、ソーシャルワーク実践における貴重なデータとなる。

❸地域に生じるコンフリクトについて確認しておこう

　意見の対立や感情の衝突、それらによる葛藤のことをコンフリクトという。コンフリクトには、❶対人関係における対立と、❷自分自身のなかでの考えや感情の対立や矛盾、葛藤がある。

　住民懇談会などで住民の語りに耳を傾けていくなかで、さまざまなコンフリクトがあることに気づくことがある。いずれのコンフリクトも、そこに存在することを認めあい、感情を表出しあい、表向きだけの人間関係では終わらない信頼関係の構築を目指す姿勢が重要となる。

　ソーシャルワーカーは、葛藤関係にある二者間に介入する場合もあれば、葛藤関係の当事者である場合もある。いずれの場合も、コミュニケーションを深化させる格好の機会だと捉え、葛藤解消のスキルや交渉のスキルを発揮し、よりよい関係性の構築を目指す姿勢が求められる。

### ３ 演習課題

❶　Ｔ町の住民は、どのようなニーズを抱えているか考えてみよう。
【SW5】

❷　今回、山田がなぜ住民懇談会という手法を採用したか説明してみよ

う。また、どのような立場の人に参加してもらうのがよいか考えてみよう。【IP1】

❸　T町では、どのようなコンフリクトが生じているか、またその解消にはどのようなアプローチが有効か考えてみよう。さらに、一般的に地域で生じやすいコンフリクトについても話しあってみよう。【IP4】

## ▎4 ミニレクチャー

### ❶地域のニーズを把握する

　ソーシャルワーカーは、個人や家族だけでなく、地域も対象としてソーシャルワーク実践を行う。そのために、コミュニティソーシャルワークの機能を理解し、発揮することが求められる。

　地域には、制度や政策に基づく事業化ができていない少数のニーズも多々みられる。演習課題❶では、地域住民のニーズについて考えてもらった。山田の気づきや社協の荻野との情報交換では、T町の高齢化やショッピングセンターの空き店舗が増えたことにより、特に高齢者の買い物の困りごとが生じていることが確認できる。

　このようなニーズに対応していくためには、さまざまな立場の人たち、組織が相互扶助の仕組みをつくり、地域で一緒に考える視点が必要不可欠となる。多数のニーズに応えられても、少数のニーズに応えられないのであれば、地域社会からその人たちを排除することになる。

　住民懇談会などにおいてさらにニーズを掘り起こし、コミュニティソーシャルワーク機能の❹や❺を発揮し、共有し、その次の段階で、住民間の理解を得たり、行政に予算要求をしたりしながら、課題の解決に向けて既存のネットワークを活用し、ネットワークを広げ、より広い視野で課題を検討・吟味していくことが重要となる。

### ❷住民懇談会で地域の課題を共有し、課題解決へと展開していく

　ソーシャルワーカーは、組織内外のネットワークを活用・構築し、住民懇談会において地域のなかで地域の関係者が地域のことを話しあう主体性を発揮する協働の場をつくることにスキルを発揮する必要がある。

　演習課題❷について、山田が住民懇談会を選択した理由としては、アンケートなどの量的調査では把握しにくい「どうして困っているのか」を参加者相互の話し合いのプロセスで語りあい、明らかにし、課題把握・共有の場にすると同時に、住民同士による問題解決へとつなげる関係性の構築を意図したことが考えられる。

　住民懇談会への参加を促す対象としては、協力を得たい社協の職員は

もとより、買い物に困っている地域の住民、商店関係者、民生委員、自治会関係者、先に空き家で事業を開始している事業者、働く機会を求めている障害のある人などが考えられ、障害者福祉事業の進出に難色を示しコンフリクトが生じている住民も含む。

### ❸地域におけるコンフリクトへの対応

演習課題❸については、障害者の事業所参入に反対である自治会や地域住民などのコンフリクトが生じている。

地域に何らかのコンフリクトがある場合、ソーシャルワーカーは、葛藤関係の解消に向けてスキルを発揮できるように準備を整えておく必要がある。

山田は、まず、住民懇談会という場を設定することで、コンフリクトの解消を目指し、相互理解を促進することも想定している。そして、懇談会で予測されるコンフリクトへの対処として、地域を熟知し地域住民との信頼関係を構築している社協の荻野の参加などを準備している。

ソーシャルワーカーは、コンフリクトに関して、話し合いで葛藤解消のスキルを発揮することも必要であるが、福祉教育などを実施し、長いスパンでの地域づくりを行う視点も必要である。

## 5 事例演習2

### 1 事例の課題認識

●住民の困りごとと障害のある人のニーズへの対応

<blockquote>
事 例
</blockquote>

### 地域住民と課題を共有し、事業提案をする

住民懇談会は何度も開催されることとなった。

山田は、住民懇談会で、買い物が不便だという困りごとがあることを説明し、障害のある人たちの作業の様子を動画で見せたり、製作品を展示したりして、「みなさんの困りごとにお役に立つことができる」とアピールを行った。また事業規模の説明も行った。街の八百屋の規模のイメージで、生活するにあたっての必要最小限のものをそろえること、障害のある人でも安心して店員として働けるような規模の店舗であることを絵で示した。

毎月1回懇談会を重ね、店でどんな物品を取り扱ってほしいか、開店時間の要望などの簡単なアンケートを行い、結果の共有も行ってきた。懇談会の最初の頃は、「一体何ができ

るのか」と不信の声も寄せられたが、だんだんと参加者から賛同を得られるようになっていった。

　「お店屋さんが身近になくて困っているのは確か」「何とか開店してほしいと思う」「八百屋さんなんて、懐かしいですね」「その距離なら、歩いて行って、お店の人と話して帰ることができればいいなと思う。一日誰とも話さず終わる日もあるから」などと、前向きな声が会場から出るようになった。

　6回目の懇談会において、自治会長も、「地域の買い物事情に対して、障害者福祉が対応してくれるなら、協力を惜しまない。障害のある方々も地域の住民でもあるのだから、一緒に考えていきましょう」と後押ししてくれるようになった。

　空き店舗を借りることに関しては、そこから3か月ほどでスムーズに進んだ。

## 事業の実現を目指す――不動産登記の問題発生

　1年後に、法人が運営委託を受け、就労継続支援B型事業として八百屋を開店することが決まった。「みんなの八百屋さんプロジェクト」と名づけられ、法人内外の参加者によるプロジェクトチームが立ち上がった。

　資金や場所の確保の手続きと平行して、働く人材の確保、人材養成、さまざまな手続きが本格的に忙しくなっていった。

　ところがこの時期、開業を予定していた場所で大きな問題が生じた。もともとニュータウン地域は県所有の土地で、開発当時から、県はショッピングセンターを集会所として登記しており、手続きを進めていく経過で、八百屋を開設しようとしている空き店舗も、不動産登記上は「集会所」となっていることが明らかとなった。

　「商業施設等」への用途変更が求められたが、その手続きが大変なものであった。ショッピングセンター所有者全員の承諾が必要であったが、いくつも空き店舗となっているため、もともとの所有者を探すだけでも手間がかかり、所有者が亡くなっていたり、相続手続きがまだ済んでいなかったりする店舗がたくさんあった。

　行政から指示された「所有者全員からの承諾」は事実上不可能であることが判明した。地域の人々の理解も得ることができているのに、行政手続きが整わず、当初予定していた開業プランの実現が難しくなった。

　場所があるのに使えない。山田をはじめ、かかわっている多くの人々の心にやり場のない憤りが残った。

※　ショッピングセンターの店舗を販売したときは、一店舗の面積は98m²で、100m²以下であったため、用途変更をせず販売された。100m²を超えると「商業施設等」とする必要がある。山田は、店舗と事務所の使途で2店舗分を借りようと準備を進めており、用途変更の手続きが求められた。

## 地域の仲間と実状を共有する

山田らは、不動産登記の課題で当初の開業プランが実現不可能となったことを法人内で共有した。

法人内では、「このプロジェクトが立ち消えとなることはまだ地域の人には言わないほうがいいんじゃないか」「やはり地域と手を組んで事業をすることは難しいんだ」など、計画中断の兆しをすぐに地域住民らと共有することに慎重な発言もあった。

しかし山田やプロジェクト担当職員は、「プロジェクト参加者と分け隔てなく実状を共有したほうがいい。みんなで企画し、みんなが待ち望んでいた八百屋さんプロジェクトだから」と、プロジェクトに参加している地域の住民や他機関・他施設の職員を集め、経過報告の会議を開催することとした。

山田は、会議で経過を説明し、謝罪をした。しかし同時に、近くで買い物ができる場所を確保したいという住民のニーズ、働きたいという障害のある人のニーズは依然としてあることを参加者全員で確認した。

社協の職員や、自治会、地域住民、卒業生の父兄などが「ほかの方法がきっとあるはず。再チャレンジしましょう。一緒にやらせてもらいたい」と声をかけあった。

このプロジェクトを継続・実現するために何ができるのか、どのようなヒントがあるかを、それぞれが次回会議までに考えてくることとした。

## 2 事例を検討するための知識

### ❶ケースメソッドについて確認しておこう

ケースメソッドとは、専門的知識等をもった参加者が、ケースに付された問いによって誘発される参加者の気づきや思考、洞察等を討議によって交流させ、あらゆる情報を関連づけながら対処し、洞察力や意思決定力等を育てる討議法である。

ケース教材をもとに参加者相互に討議することで学ばせる教授方法であり、ケースに書かれている内容を討議する形式で進める学習方法である。

起源は、ハーバードロースクールで判例研究を用いた討論授業とされ、1930年代には同ビジネススクールで経営授業を討議することで開発され、日本では、慶應義塾大学大学院がいち早くこの手法を講義へと取り入れたことで有名である。

ケースメソッド討議のポイントは、ケースのなかの登場人物の立場に自分の身を置き換えて考えてみることにある。事例の状況に我が身を置

いて思考することで、疑似体験を積むことができる。

「私はこの登場人物と同じ立場に置かれたら、どんな気持ちになり、どんなことを考え、最終的にどのような決断をするだろうか」という類推的思考で討議に参加することで、他職種への理解や共感、自己のリフレクションの機会にもつながるとされている。

❷地域アセスメントについて確認をしておこう

地域住民や福祉当事者が感じるニーズをもとに、今後の方針を立て直すにあたり、地域アセスメントが求められる。特に社会資源、地域集団・組織を洗い出すことが求められる。

たとえば、**表3-44** のAの項目で集団や組織を「洗い出し」、Bの項目でそれらの運営状況がどうなのかを「健康診断する」のが地域アセスメントといえる[3]。

専門職だけで行う地域アセスメントもあれば、地域住民とともに協働して行う地域アセスメントもある。

❸社会資源の開発について、復習しておこう

課題を解決する仕組みは、初めから整っているわけではない。そこで、社会資源を活用・開発することになる。社会資源開発という言葉を聞くと、新たなものを開発するというイメージが先行しがちであるが、既存の資源を改善したり、組み替えたり、意味づけを変えたりしながら活用することも含んでいる。

社会資源の開発は、ニーズに合うまで数多くのチャレンジを積み重ね

表3-44　社会資源、地域集団・組織のアセスメント

| A | 地域福祉を推進する集団・組織 |
|---|---|
| 1 | 住民集団（町内会・自治会、高齢者関係（老人クラブ、一人暮らし高齢者の会、家族介護者の会、教養・趣味サークルなど）、児童関係（PTA、子ども会、子育て支援の会、スポーツクラブ、子ども図書館、母子・父子家庭の会など）、障害児・者関係（当事者の会、家族の会）、その他NPO・ボランティア団体など） |
| 2 | 福祉関係の公的機関（行政、社協、社会福祉施設・機関など） |
| 3 | 福祉隣接領域の機関（医療機関、教育・住宅・雇用に関する機関など） |
| 4 | 福祉以外の集団・組織（地元企業・商店街など） |
| 5 | その他の資源の状況（利用者の生きがいや社会参加を支援していくための「活動」「参加」を支援するプログラム、関係機関・団体のネットワークの状況など） |
| B | 各集団・組織の運営状況 |
|   | 会員の組織率、参加率、活動内容、運営・経営状況など |

出典：加山弾「地域アセスメント」加山弾・熊田博喜・中島修・山本美香『ストーリーで学ぶ地域福祉』有斐閣，pp.198-199，2020.　をもとに筆者作成

ることによって成り立つものである。今ある制度やサービスは、初めから今の形であるものというよりは、ニーズを抱える当事者や当事者を支援する実践活動における求めに応じるなかで形づくられ、形を変え、整備されてきたものである。

つまり、社会資源は、ソーシャルワーカーやそのほかの人々によるソーシャルアクションにより創出されたものも多く、ソーシャルアクションと社会資源開発は密接に関係している。<sup>4)</sup>

❹社会資源の類型について確認しておこう

社会資源の類型としては、次のようなものが挙げられる。<sup>5)</sup>

❶制度サービス。対応するニーズや課題の範囲や基準が明確である。国または自治体によるサービスがこれにあたる。❷（非制度）定型サービス。対応するニーズや課題の範囲や基準が明確だが、柔軟に判断可能である。制度サービスの代替として、制度サービスでは担えない人間関係の回復や孤立防止を担うもの（食事サービス、移動サービス、住民）がこれにあたる。❸準定型サービス（臨機応変型）。定型サービスに比べて、内容が柔軟、住民組織が担う役割が高い。必要な時に必要なことを迅速に行うもので、ちょボラ、見守り支援活動にともなう支援などがこれにあたる。❹住民・ボランティア対応（湧出型社会資源）。課題やニーズに合わせて対応（何とかする）。制度サービスを担う専門組織の地域貢献を含む、個別のニーズや要援助者の事情に合わせた対応をするものである。❺地域の福祉相談・民生委員など（調整型社会資源）。対応するサービスや手立てがない時に対応（何とかする）。継続や拡大はできない。

**★ちょボラ**

「ちょっとしたボランティア」の略。AC（公共広告機構）が提唱したキャッチフレーズ。日常で気軽にできるボランティアのこと。

## 3 演習課題

❶ あなたが自治会長や地域住民の立場であったら、どのような情報を次回会議で提供するだろうか。【IP3】

❷ あなただったら、どのような人の協力をさらに得たいと思うだろうか。関係者を洗い出して考えてみよう。【SW6】

❸ 地域の買い物支援の取り組みなど、今回の事例と類似した取り組みを調べてみよう。【SW5】

## 4 ミニレクチャー

### ❶ケースメソッドを用いて思考する

ケース（事例）の登場人物の立場に自分を置き換えて考えることで、自分の現在のポジショニング<sup>★</sup>からは見えないこと、気づかないことが思いつき、思いもよらないアイデアへとつながる可能性がある。

ケースメソッドは、さまざまな立場に自分を置き換えて考え、他者との意見交換によりさらに多様なアイデアを出していく討議法である。一つの視点やポジショニングにとらわれずに、さまざまに思考する力が問われることとなる。

演習課題❶では、ケースメソッドにより立場を置き換えて考えてみることを課している。空き店舗が使えたらよかったのだが、それが叶わなくなった。方針を立て直すにあたり、単に空き店舗の代わりを探すのではなく、ニーズに合うものが何かを再検討する必要がある。自治会長の立場に自分を置き換えて考えてみると、地域はどのように見えるだろうか。あるいは、ほかの立場で考えてみたらどうだろうか。自治会長や地域住民の立場に置き換えて、この事例をもう一度読み直してみよう。

たとえば、自治会長であれば、「うちの地域には、空き家がいっぱいある」と場所の提案ができる人を知っているかもしれない。また、朝市や直売所のような形式での場所の提供をしてくれる人や組織を知っているかもしれない。

### ❷視野を広げる地域アセスメント

閉塞状況にあるときこそ、広い視野で地域にある社会資源などを眺め直し、地域活動の主体となりそうな者がどこにいるのか、再度地域をアセスメントすると、次のアクションにつながる突破口が見出せる可能性がある。

演習課題❷では、法人内やこれまでのプロジェクトにおける連携を越えた、広い立場の人たちとの連携が視野に入っているかどうかが問われている。地域アセスメントによって社会資源、地域集団、組織を洗い出し、検討する。地域の警察署や消防本部、各種学校、銀行、企業なども協力を求める先になるかもしれない。

### ❸社会資源の開発を理解し、その取り組みを把握する

地域における新しい課題に気づき、それを共有し、社会資源の修正や創出に取り組むのがソーシャルワーカーの役目である。その際、社会資源の開発をきちんと把握し、決して高いハードルではないことを理解しておく必要がある。また、さまざまな立場の人がもっている経験やネッ

---

★**ポジショニング**
ポジショニングとは、支援者が、どの地点に立って目の前のクライエントと相対するのか、そしてどのように支援していくのかを見定めるための考え方である。支援者がとるべきスタンディングポイントのこと（奥川幸子「実践を究める ポジショニング」『ケアマネジャー』第17巻第5号, p.68, 2015.）。支援者は、自分が置かれている状況の理解と、ほかの支援者が置かれている状況の理解が必要である。

トワーク、力などを組み合わせて、ニーズに対応するための社会資源を生み出していく柔軟な思考が求められるが、先駆的実例をどれだけ知っているか、それを参考にできるかが重要となる。

演習課題❸については、実際の買い物支援の取り組みには、たとえば、JA女性会との連携などの実例がある。朝市や直売所などの開催の手法をすでにもっており、ファーマーズマーケットや地元スーパーのインショップなどさまざまな形で事業を展開している実績がある。また、NPOや企業、社協などが連携し、移動型スーパーを展開している事例もある。

ソーシャルワーク実践のなかで、制度やサービス、政策の開発と実施における自身の役割を理解し、そのなかで効果的な変化に向けて試行錯誤することが求められる。

## 6 ▶ 事例演習3

### 1 事例の課題認識

●スーパーの店舗をみんなの就労の場とするためには

**事 例**

### スーパーの再生事業の情報を得る

後日、市の商業課が、T町におけるスーパーの再生事業を検討しているとの情報が、社協の荻野を通じて山田に入ってきた。

市の商業課の担当者が、社協のボランティアセンターの担当者に連絡をし、「地域の高齢者の買い物支援をしているボランティアさんがいたら、ヒアリングをしたい」と依頼してきた。社協のボランティアセンター担当者とT町担当の荻野は、市の商業課担当者に、T町では、「みんなの八百屋さんプロジェクト」が動いていることを情報提供した。

市の商業課担当者は、「どのような活動なのか、ぜひともヒアリングをさせてほしい」と、社協、自治会、山田のいる総合福祉センターらを対象にヒアリングを行った。

### スーパー再生事業としてプロジェクトを再開する

市の商業課、市社協と自治会、山田らの社会福祉法人、放課後児童デイサービスの卒業生の親の会などの間で協議が行われ、当初予定していたショッピングセンターからは少し離れるが、閉店したスーパーの場所を確保することができた。

山田は、事業を実現するプロジェクトチームに、市の商業課が入ったこと、T町における買い物支援が必要な状況であるという共通意識をもっていること、土地および店舗所有者への交渉は、市の商業課担当者が全面的に担うこと、用途変更手続きの心配がないことなど、実現に向けての利点を確認した。

　こうして、就労継続支援B型事業を活用したスーパー再生事業が立ち上がり、「みんなの八百屋さんプロジェクト」から「みんなのスーパープロジェクト」に変更されたプロジェクトが進められることとなった。

　山田が懸念していた、販売する商品に関しては、市の協力のもとに市場連合会が生鮮食品以外の仕入れを支援してくれた。鮮魚は山田の知人の漁師が直送してくれ、野菜は地元の農家から安く仕入れることができた。精肉の課題は残しつつも、何とかオープンにこぎつけた。

## みんなのスーパーと自治会、市場連合会との折衝を経験する

### ● プロジェクト内の意見の衝突

　「みんなのスーパープロジェクト」では、オープン後に、毎月1回、運営協議会を開催した。しかし、みんなのプロジェクトであるはずなのに、課題が出てくると、山田らの社会福祉法人に対して厳しい発言が飛ぶようになっていった。

　山田らは、まず売り上げについて責められた。スーパーの予算案については、一般企業で働いていた自治会員から「どのような商品を仕入れ、いつまでにどのくらいの売り上げを上げるかを明確にしないといけない。期間を決めて計画を立てないといけない。ちゃんと考えているのか。せっかくオープンしたのに、潰されたら困る」などと指摘を受けた。

　また、市場連合会は、非協力的な態度を示すようになった。スーパーの場所は、元は市場連合会が10年契約で借りていた場所で、それを山田らの社会福祉法人が借りることとなったという経緯がある。賃料は、山田らの法人が、借主である市場連合会に支払う流れとなっていた。借りた当初は、厨房エリアは汚くて使える状態ではなかったため、法人スタッフが休日返上で何日もかけて掃除をし、活用できるようした。すると、「家賃に加えて厨房使用料を追加で払ってほしい」と会議の場で主張したのである。

　さらに、放課後児童クラブの親の会のメンバーからは「ぎすぎすした人間関係のところでうちの子を働かせたくない。せっかく子どもたちの働く場ができたと思ったのですが、こんなところで働いても、周りの人たちから厳しい目で見られるだけで、かえって本人たちはつらい気持ちになってしまう」との意見も出てきた。

　せっかくオープンにこぎつけたのに、みんなの気持ちがばらばらになっていくような気がして、山田も不安でならなかった。

## 自分の考え・価値観をプロジェクトメンバーに示す

山田は「これは、うちの社会福祉法人だけがやっていることではないはず。プロジェクトチームを立て直し、真の意味での「みんなのスーパープロジェクト」にするにはどうしたらいいだろうか」と頭を悩ませ、プロジェクトメンバーを集めて自分の考えを伝えることにした。

● **山田のスピーチ**

皆さん、今、私たちは、やっとたどり着いた「みんなのスーパー」が開店したところで、ばらばらになろうとしています。実際に開店してみると、仕入れなどの裏方の仕事に慣れない、スピード感をもって接客や販売ができない、スタッフがそろわない、儲けがうまく上がらないなど、出てくる課題にばかり目がいってしまうのが現状です。

もちろん、課題を一つひとつ解決して、スーパーとして独り立ちできるのが目指すべき姿ではありますが、私たちの本当の目標は何だったのでしょうか。チームが崩れかけている今、あらためて、皆さんと、話しあっておきたいと思いました。

一つの社会福祉法人だけがこのプロジェクトを担当しているのではなく、私たちだけが儲けるのではなく、地域の皆さんにとっての「みんなのスーパー」にしていく。これが、私たちが目指していたものです。「みんな」が意味していることを、これまでも毎月の運営協議会で確認をしながら進めてきました。

スタッフは、まだ募集をしている時期でもあり、どのようなスタッフが集まるかによって、仕事内容は変わってきます。私たちは、スーパーとしての売り上げより、ここで働く利用者一人ひとりが自分らしく働けること、そのペースに合わせて仕事をつくっていくことを考えています。売り上げは、徐々に伸ばしていきたいと考えています。メンバーの支援計画なしに売り上げ目標は立てられません。

個々の事情に合わせた就労の場づくりが「みんなのスーパー」の将来につながるのではないでしょうか。高齢者の方、シングルマザーで思うように働けない方、さまざまな事情でこれから社会復帰を目指している方、そういった方のステップの場、自立支援のための中間就労の場としての役割をもたせることも可能ではないでしょうか。

たとえば、日本で暮らして間もない外国籍の人が、就労経験を積む場所であってもいい。刑余者が社会復帰する一つの機会となってもいい。

みなさん、今一度、「みんなのスーパー」の目指すべき未来を一緒に確認してほしいのです。買い物客が少なくても、利用者が働きに来てくれる限りスーパーは潰れません。私たちがまず大切にしたいのは、働きやすい環境であり、彼らが働き続けることができるスーパーづくりです。彼らのスピードに合わせて売り上げ計画はつくっていきたい。そのためにどうか1年間は猶予をもらえないでしょうか。

## 2 事例を検討するための知識

**❶コミュニティ・オーガナイジングのパブリック・ナラティヴの手法を確認しておこう**

コミュニティ・オーガナイジングとは、価値を共有し、社会問題に直面する当事者として仲間を集め、ともに課題解決に取り組んでいく手法である。集団やグループの力を活用し、価値や目的の共有をしながら、プロジェクトの実現を促す。仲間の資源を活用し、計画実行の役割を全員につくり、全員参加の計画をつくることが重要である。

コミュニティ・オーガナイジングは、課題解決に対して、「一人の強いリーダーがいることで成立するコミュニティをめざさない[6]」とされ、活動にかかわる全員がリーダーシップを発揮することとなる。

その前提として、ソーシャルワーカーには、なぜその課題に自分は関心があるのか、自分に何ができるのか（自分の資源の活用）など、常に自分のあり方を意識し、他者とつながる姿勢が求められる。

同じ志を抱く仲間を増やすためには、自分自身が大切にしている価値観を伝え、どのようにその価値観が育まれたのかのストーリーを交えて語ることが効果的とされている。コミュニティ・オーガナイジングにおけるパブリック・ナラティヴは、仲間を集める、価値を共有するための、プレゼンテーションの手法、リーダーシップの発揮の方法といえる。

パブリック・ナラティヴでは、自分自身が直面した困難、選択、結果の流れで、私のストーリー（なぜ私は行動するのか）、私たちのストーリー（なぜ私たちは行動するのか）、今行動するストーリー（なぜ今なのか）を織り交ぜたスピーチを行うことが重要となる[7]。

**❷コミュニティ・オーガナイジングにおけるチームの構築手法を確認しておこう**

コミュニティ・オーガナイジングは、同じ社会問題に直面している同志が集い、課題解決のために具体的な行動を起こし、社会変革という目標を達成するために、基盤づくりの手法や手順を踏んでいく。その手法や手順はいくつもある。

チームが機能するためには、三つの条件が必要とされている。❶境界があること、❷メンバーが定期的に会い、安定していること、❸チームが多様性に富んでいることである。さらに、チームは三つのことを決めなければならないとされている。❶共有する目的をつくる、❷チームの規則を設定する、❸役割を明確にするである。

こうして構築された強いチームが達成できる成果は、三つあるとされ

ている。❶ゴールを達成すること、❷チームワークがよくなること、❸
リーダーとして成長すること、である。<sup>8)</sup>

❸ソーシャルファームの価値・理念について確認しておこう

　ソーシャルファームとは、公的な補助に頼らず、通常の労働市場では
就業が困難な人の雇用を請け負う企業である。1970年代にイタリアの
トリエステで、精神科病院に入院中の患者たちの、通院治療に移行する
ための労働環境の提供を目的としたことが誕生の背景にある。

　ソーシャルファームの理念は、炭谷茂によれば、❶通常の労働市場で
は、仕事が見つかりにくい人を対象とすること、❷ビジネス的な手法を
基本とし、市場原理に基づくこと、❸利潤を外部に出さないことの三つ
が挙げられる。<sup>9)</sup>

　現在、雇用対象は、障害者、高齢者、ひとり親家庭の親、ホームレス、
ニート、引きこもりや刑余者に拡大している。

## 3 演習課題

❶　山田はチームを立て直すために、スピーチを決意している。あなた
　が山田の立場であったら、どのようなことを伝えるスピーチにするか
　考えてみよう。【SW6】【IP5】

❷　チーム再建に向けて「みんなのスーパープロジェクト」のチームメ
　ンバーに規則を設けるとしたら、どんな規則がよいか考えてみよう。
　【IP4】

❸　スピーチで山田が伝えた価値を共有し、プロジェクトを展開してい
　くうえで、求められる新たな協働先について考えてみよう。【IP5】

## 4 ミニレクチャー

❶価値の共有を目指す

　演習課題❶では、開店して課題が噴出するなかで、プロジェクトチー
ムが目標を見失い、分裂しそうになるなか、再度メンバー間において価
値の共有を目指すため、パブリック・ナラティブの手法を用いて、山田
がスピーチを決意し、関係構築に取り組もうとしている場面を確認して
ほしい。

　チームとしてまとまること、共通の目標を再度確認することを支援す
るのは、ソーシャルワーカーに求められる役割の一つである。

　山田は、山田自身の問題意識を示しながら、ソーシャルファームを実
現していきたいことも訴え、今まさに直面している課題からともに行動

していきたい意思を語りながらスピーチしている。

**❷チームの再構築を図る**

コミュニティ・オーガナイジングにおけるチームの構築手法では、共有する目的をつくったうえで、チームの規則を設定すること、メンバーの役割を明確にすることが必要とされている。

演習課題❷では、チームの再構築に向けて、チームの規則について考えてもらった。たとえば、「毎月運営協議会を開催する」ということは当初から決められているが、「多数決は用いない」など、意思決定の方法などについて決めておくのもよいだろう。時間管理の方法、具体的な議論の方法などを規則としておくのもよいだろう。

みんなの約束事（コミュニティ・オーガナイジングではノームという）があることで、メンバーの誰もが責任を放棄せずにプロジェクトに関与し続ける体制や雰囲気、文化が醸成されることとなる。

事例では、言い合いや葛藤関係はあるが、毎月の運営協議会の開催とそこへの参加が約束事となっており、実行されている。

**❸自らを振り返り、連携・協働に活かす**

ソーシャルワーカーには、常に自らの実践・感情・価値を振り返り、自分の限界を認識したうえで、他職種の実践能力を把握し、連携・協働による相互作用に働きかけることが求められる。

山田は、スピーチで自らの価値を語り、ソーシャルファームをも意図した実践の未来像を示している。しかし、現状の問題解決にあたっても、今後の実践の継続においても、自分だけ、また所属する法人だけでは限界があることを理解したうえで、話し合いや価値の共有を求めている。

演習課題❸については、まず、現在のプロジェクトメンバーのストレングスを把握することを経て、新たな目標の達成に必要な役割をメンバー間で検討し、それにはどのようなストレングスが求められ、それを備えている協働先はどこなのかと話し合いを進めていくこととなる。

まずは、表などで、メンバーのストレングス把握から始めてみることが大事になる。**表3-45**には、まだプロジェクトに参加していない小学校、中学校、高校なども加え、既存のプロジェクトメンバーとともにストレングスを挙げてみた。こういった把握をもとに話し合いを進め、小学校、中学校、高校の生徒たちもプロジェクトに参加することになれば、地域の活性化にもつなげていくことができる。

なお、ストレングスを把握するうえで重要なのは、能力や資質のほかに、本人の関心ややる気も考慮することである。能力や資質、経験、関

心ややる気を出しあい、それをプロジェクトの実行に必要な役割と結びつけていく。

　常に新たなニーズへの対応を目指してソーシャルワーク実践を進めていくなかで、必要なストレングスを備えた新たな協働先を模索していくことになる。メンバー構成の多様性を意識し、ふさわしい新たな参加者をリストアップし、仲間として迎え入れる準備を行い、計画的に勧誘していく視点も求められる。

　山田や山田の所属する社会福祉法人がすべてを担うのではなく、プロジェクトメンバーそれぞれが役割を理解し、役割を果たし、「みんなのスーパープロジェクト」運営協議会が、連携・協働のプラットフォーム★として機能していくことが求められていく（**図3-16**）。

**表3-45　メンバーのストレングス**

| 関係機関 | ストレングス |
|---|---|
| 市の商業課 | ・販売や経理などの経験者がいる<br>・地元の商工会議所などとのつながりがある<br>・市役所内のほかの部門との連携の窓口となる<br>・開店や営業活動にかかわる情報を入手できる |
| 社会福祉協議会 | ・小地域活動の担い手やボランティア団体等とつながりがある<br>・地域の民生児童委員やそのほかの専門職とのネットワークがある<br>・イベントやワークショップ開催のノウハウをもっている |
| 市場連合会 | ・生鮮食品以外の物販商品の仕入れができる<br>・スポット販売の手配ができる<br>・スーパー運営の備品の提供と助言ができる |
| 自治会 | ・地域ニーズの把握ができる<br>・毎年あるいは定期的に役職が交代となるので、さまざまな住民が活動に参加している<br>・自治会内の回覧板や掲示板など連絡が行き届く仕組みをもっている |
| 近隣の<br>福祉事業所 | ・宅配サービスの運営、配食サービスの運営ができる<br>・SNSやメールなどを活用した利用者や家族との交流のあり方や、家庭訪問やアウトリーチなどの見守り活動のノウハウがある |
| 社会福祉法人 | ・就労継続支援B型事業を運営することができる<br>・レストラン事業等の実績がある |
| 小学校<br>中学校<br>高校 | ・ボランティアができる<br>・企画力がある<br>・世代が多世代となり、活気が生まれる |

★**プラットフォーム**
さまざまな主体が対等な立場で参画し、話しあい、協働していく連携体のことを指す。プラットフォームは、多様で複雑化した地域の課題に対して、地域住民や行政、社会福祉法人、民間団体、専門家などの関係者が参画し、それぞれの強みを活かして解決に向けて話しあい、協力して取り組む場となる。

第**3**章　実践的にソーシャルワークを学ぶ

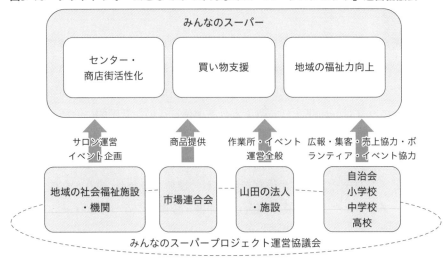

図3-16　プラットフォームとしての「みんなのスーパープロジェクト」運営協議会

**みんなのスーパー**

- センター・商店街活性化
- 買い物支援
- 地域の福祉力向上

| サロン運営<br>イベント企画 | 商品提供 | 作業所・イベント<br>運営全般 | 広報・集客・売上協力・ボ<br>ランティア・イベント協力 |
| --- | --- | --- | --- |
| 地域の社会福祉施設<br>・機関 | 市場連合会 | 山田の法人<br>・施設 | 自治会<br>小学校<br>中学校<br>高校 |

みんなのスーパープロジェクト運営協議会

## 7 多角的に考えてみよう
### ──別の可能性もないだろうか

　本項では、住吉総合福祉センターにおけるニーズ対応型の実践を、館長を務める原田の視点で事例として紹介する。

### ■1 事例の課題認識
●ニーズ対応型福祉サービスの開発と起業化を実践するには

**事 例**

### 既存の社会資源を活用して障害者の働きやすい環境をつくる

#### ●施設でラーメン店──べらしおラーメン住吉福祉店

　大阪市住吉区にある住吉総合福祉センター周辺は、駅前にもかかわらず、飲食店が少なく、お弁当を持ってきていない職員は、自転車に乗って買い出しに行くといった状況があった。

　あるとき、ハンバーガーの店の障害者就労に関する特集がテレビ番組で組まれていた。この企業では「マニュアルがあり、作業がルーチン化しているので障害者には働きやすい環境が整っている」と話されていた。

　「これならうちのセンターでもできるかも。センターの中に障害者の就労の場として飲食店をつくってはどうだろうか、それもフランチャイズで」という考えが生まれた。

　授産事業でパン屋を始めたとき、支援員であるスタッフがパン作りに苦戦し、「売れるパ

ンを作らないと工賃が払えない」という苦い経験をしていた。しかし、フランチャイズなら作り方はマニュアルがある。「餅は餅屋」にお願いするのが一番である。

　フランチャイズの店舗をセンター内に入れることで、障害者の就労の場、地域住民の飲食の場、そして地域住民と障害のある人との交流の場になり得ると考えた。

　では何を始めるか、「どうせなら自分たちが食べたいものにしよう」という理由で「べらしおラーメン」に決定した。

　「御社の障害者雇用のお手伝いをします」をキャッチフレーズとして、社会福祉法人がフランチャイズに入ることにメリットがあるという企画書を作成し、べらしおフード本社を訪ねた。応接室には障害者就労に関する本が何冊もあり、「一緒にやっていきましょう」ととんとん拍子に話は進んだ。フランチャイズの加入料は支払うものの、日々のロイヤリティは「障害者就労のお手伝い」であることから、必要なしという有難い条件が設定され、べらしおラーメン住吉東福祉店はオープンした。

　今では、家族連れや近所の工事現場の職人など、多くの地域住民が訪れている。

　以前、同じ法人内の障害者グループホームで消防システムの誤報があり、消防隊と警察官が駆けつけたときに、私が施設名を名乗ると「いつも食事させてもらっています。あそこで働いている方々が住まわれているのですね」と言われたこともあった。

　最近では、ラーメンが作れるキッチンカー（ラーメン号）も購入し、地域の催し物や大学の学園祭、大阪弁護士会のイベント等にも出店している。

## べらしおラーメンからの展開

　べらしおラーメンとのかかわりでは、ほかにも得たものがある。以前開業していたラーメン店の店主からの印刷機の寄付（作業指導つき）により、今では多くのラーメン店の作業着のプリント事業も行っている。これは、担当スタッフがラーメン祭り（らぁ祭）のイベントの実行委員会に自主的に参加し、さまざまなラーメン店の店主とつながった成果でもある。べらしおラーメン店では、「味が変わるから」という理由で、食材の消費期限が残っていても廃棄されることがあった。それを見た就労継続支援B型事業所で働くスタッフが「もったいない」と気づいた。

　そのスタッフが未資源利用の研修会に参加していたこともあり、廃棄前の材料を活用し喫茶店を始めることになった。麺は焼きそばに、ご飯はパンに、チャーシューはサンドイッチの具材に活用され、今では創作メニューも増え、ラーメン店と共存しながら喫茶店を運営している。

## ニーズをつなげて新たな社会資源開発を行う

### ● 端ぎれの再利用による障害者の就労支援

未資源利用の研修会の影響はほかにも活かされている。学生時代にユニクロでアルバイトをしていたスタッフが、ユニクロの店舗でズボンの裾上げをしたときに発生する端ぎれを思い出し、これを活用した障害者の就労支援として、商品の開発・販売の企画案を提案した。

思い切ってユニクロを運営するファーストリテイリングに連絡したところ、同社では、端ぎれを使ったプロジェクトをすでに海外で実施しており、日本でも実施したいと考えていることがわかった。

東京本社でプレゼンテーションをすることになり、一般企業と地域の社会福祉法人との連携というコンセプトのもと、ユニクロ店舗で出た端ぎれを活用して就労継続支援B型事業所で縫製したものを法人の店舗やなんばマルイで販売するという企画を提案した。

すると、「是非協力させていただきたい」と快諾してくれただけでなく、同社がこのプロジェクトを進めるために他企業にも声をかけてくれることとなった。同社の紹介でブラザー販売からミシンが寄贈され、クラボウから内布が、YKKからはファスナーが提供された。

その後、デザインや縫製指導は、大阪モード学園にお願いをした。ユニクロは全国で展開しており、福祉作業所も全国にある。東京・名古屋に姉妹校がある大阪モード学園と協働できれば、全国に広がる仕組みをつくることができると考えたのである。

大阪モード学園の学生にデザインを考案してもらい、先生には縫製指導をしてもらった。また、ユニクロ住吉我孫子店やユニクロなんばマルイ店の方々にもミシン指導を受け、製作者となる障害者や地域の子育て世代の意見も取り入れ、完成したのが写真の作品である。

商品は、法人が運営する授産製品のセレクトショップで販売しているが、なんばマルイでも、期間限定イベントで販売ができた。

なんばマルイとの御縁は、とある「街づくりフォーラム」が発端となった。フォーラムで実践報告をする機会を得て、参加者名簿に「なんばマルイ」の文字を見つけた。報告では「障害者が作る素敵な作品を、たとえばなんばマルイさんで売らせてもらえれば、もっと売れるし、工賃も上がる。なんばマルイさんが社会貢献として協力してくれないだろうか」等、「なんばマルイ」を連呼した。フォーラム終了後、当時のなんばマルイの次長が笑顔で

名刺を交換してくれた。

その半年後、なんばマルイの次長より「福祉のことをもっと知りたいので若いスタッフを連れて見学に行ってもよいですか？」と連絡があり、若いスタッフさんとつながりができ、その後、何度かイベントにボランティアで参加してくれるようになり（多いときは十数人の参加）、販売の件を相談してみたところ、ご快諾いただき、なんばマルイでの期間限定イベントが実現した。

現在では、主に春と秋になんばマルイで特設売り場を設けてもらい、ほかの授産製品（他事業所のものも含め）とともに販売している。

### ● 観光農園との連携による障害者の就労支援

それ以外にも、観光農園（南楽園）との連携も進めている。放課後等デイサービスの外出で市内の観光農園にみかん狩りに出かけたときに「半券持参で 12 月以降みかん採り放題」という看板を目にした。

みかん狩りのシーズンが終われば残ったみかんは廃棄されるという。以前、研修で果汁 100％ジュースを製造販売している福祉事業所を訪れたことを思い出し、後日あらためて廃棄するみかんを譲ってもらえないかと農園に相談を持ちかけ、快く了承をいただいた。

一口にみかんといっても種類は多く、また季節ごとに廃棄果実（みかんだけでも数種類、梨、ぶどうなど）が出る。それを元に、現在季節ごとの果実ジュースの製造を進めている。

なお、当法人に製造機などはないので、和歌山でジュース作りをしている社会福祉法人と相談しながら製造している。ジャムやマーマレード、ドレッシングの試作品作りも始め、各種果実ジュースは近隣の農産物直売所で地元の特産品として販売することになった。

摘果作業の仕事も受注できるようになり、事業所内での狭い室内での作業が苦手なメンバーには、取り組みやすい仕事環境が得られた。

各種果実ジュースを活用し、地域住民、近隣の特別養護老人ホームの入居者らが、ふらっと寄れる喫茶店などもつくれたらと夢は広がる。

第3章 実践的にソーシャルワークを学ぶ

## 2 解説

**❶自らの実践を振り返り、常に新たな協働先を探す【IP5】**

　ニーズに対応したサービスや資源が、原田の思考や活動を通してどのように生まれていくのかを確認してほしい。

　ニーズに対応するにあたって、自らがどうすれば対応できるかばかり検討するのではなく、自分や所属機関ができる限界も踏まえて、どういった社会資源をつなげたらよいか考え続ける姿がみえてくるだろう。また、一つのニーズに対応したらそれで終わりではなく、常に新しいニーズがあることを理解し、ニーズとニーズをつなぐことを意識することが、ソーシャルワーカーには求められている。

**❷効果的な変化に向けて積極的に働きかける【SW5】**

　ソーシャルワーカーには、制度・サービスの役割を理解・把握し、そのなかでの自分のポジションをわかったうえで、既存の社会資源を活用するにあたっても、新たな社会資源開発を行うにあたっても、効果的な変化に向けて積極的に働きかけることが求められる。

　社会資源は、必要なものが常に与えられるわけではない。既存の社会資源であっても、活用できない状況に置かれていたり、つながっていなかったりする。そういったものを活かし、つなげていくことも重要であり、そのためには、俯瞰し続け、クリティカルに考え、これまでのソーシャルワーク実践の範囲を超えた社会資源開発を模索していく姿勢が必要になる。

## 8 ▶ 解説（総括）

### 1 事例の展開と社会福祉士の実践能力

　これまでの事例の展開と社会福祉士の実践を踏まえ、どのような実践能力が発揮されたのか、事例演習を通してどのような実践能力が習得できるのかについて、ソーシャルワークのコンピテンシー【SW1〜9】・多職種連携コンピテンシー【IP1〜6】に分けて解説する。

　なお、**表3-46**では、社会福祉士が課題認識をもとにアクション（活動）した過程で発揮した実践能力について、【SW1〜9】【IP1〜6】を用いて一覧化した。加えて、「多角的に考えてみよう——別の可能性もないだろうか」での学びを通じて習得できる実践能力についても示している。

**表3-46 事例の展開と社会福祉士の実践能力**

| 事例展開 | 課題認識 | 社会福祉士のアクション（活動） | | コンピテンシー |
|---|---|---|---|---|
| 事例演習1<br>【第4項】 | どこに相談したらよいか<br>わからない相談に応える | 山田哲 | ・買い物に困っている情報をキャッチ<br>する<br>・社会福祉協議会の職員に相談を持ち<br>かけ、地域の状況を確認する<br>・住民の困りごとと障害をもつ子ども<br>の親のニーズを結びつけて考える | 【SW5】<br>【IP1】<br>【IP4】 |
| 事例演習2<br>【第5項】 | 住民の困りごとと障害の<br>ある人のニーズへの対応 | | ・地域住民と課題を共有し、事業提案<br>をする<br>・事業の実現を目指す──不動産登記<br>の問題発生<br>・地域の仲間と実状を共有する | 【SW5】<br>【SW6】<br>【IP3】 |
| 事例演習3<br>【第6項】 | スーパー店舗をみんなの<br>就労の場とするためには | | ・スーパーの再生事業の情報を得る<br>・スーパー再生事業としてプロジェク<br>トを再開する<br>・みんなのスーパーと自治会、市場連<br>合会との折衝を経験する<br>・自分の考え・価値観をプロジェクト<br>メンバーに示す | 【SW6】<br>【IP4】<br>【IP5】 |
| 多角的に<br>考えてみよう<br>【第7項】 | ニーズ対応型福祉サービ<br>スの開発と起業化を実践<br>するには | | ・既存の社会資源を活用して障害者の<br>働きやすい環境をつくる<br>・ニーズをつなげて新たな社会資源開<br>発を行う | 【SW5】<br>【IP5】 |

## 2 ソーシャルワークのコンピテンシーの習得

❶政策実践に関与することを意識し、社会政策とサービスの歴史およ
び現在の構造、サービス提供における政策の役割、政策開発におけ
る実践の役割を理解している。ミクロ、メゾ、マクロレベルでの自
身の実践現場のなかで制度やサービス、政策の開発と実施における
自身の役割を理解し、そのなかで効果的な変化に向けて政策実践に
積極的に取り組んでいる【SW5】

　事例は、ニーズ対応型福祉サービスの開発と起業化にかかわる過程に
おいて、関係者が主体性を発揮した活動を展開するようになっていく導
入部分である。その最初の段階で重要となるのは、地域課題を共有し、
その解決に向けたサービス・社会資源の創出という目標達成に向かって、
地域の人々が主体性や連帯性を発揮できるようになるかどうかである。

　ソーシャルワーカーには、地域住民が抱える生活のしづらさや困難な
どのニーズを発見・共有し、それに応えるプログラムやサービスを開発
し、事業化・起業化する実践が求められる。

　社会福祉士の山田は、Ｔ町における高齢化の実際、徒歩圏内に食料品

を購入する商店がないこと、場があれば働きたいと思っている障害者たちがいることに着目したことをきっかけに、地域住民との協働の場として住民懇談会を開き、地域住民とともに課題に取り組んでいく。また、ニーズとニーズを組み合わせる形で、この地域の社会福祉サービスの開発に取りかかることを決断していく。

この姿勢は、「第7項 多角的に考えてみよう——別の可能性もないだろうか」でもみえてくる。ニーズとニーズを組み合わせ、一般企業と社会福祉法人が協働する意義を示しながら、新たな社会資源開発に取り組んでいる。

❷ソーシャルワーカーはエンゲージメントが多様な個人、家族、グループ、組織、コミュニティとともに、またそれらに代わって行うソーシャルワーク実践の力動的で相互作用的なプロセスのなかの継続的な要素だということを理解している【SW6】

「みんなの八百屋さんプロジェクト」は、不動産登記の問題でとん挫することになったが、社会福祉士の山田は実情をプロジェクトメンバーと共有し、協力的な姿勢を引き出し、プロジェクトを継続・実現するために次回の協議へとつなげている。

山田は、市の商業課に直接交渉を行ったわけではないが、社協や地域住民との協働のなかでの相互作用により、「みんなのスーパープロジェクト」のきっかけが生まれている。演習課題で取り組んだように、閉塞的な状況にあるときほど、地域アセスメントなどにより視野を広げてほしい。

「みんなのスーパープロジェクト」が始まってから、山田はスーパーの経営的な視点だけではなく、地域づくりの視点をもち、事業を動かしながら、チームを立て直す働きかけをしている。想定していなかった困難に直面し、チームがばらばらになりかけるが、コミュニティ・オーガナイジングの手法を用いながら価値の共有を行い、チームの再構築を図った。

### ■3 多職種連携コンピテンシーの習得

❶生活者、患者、サービス利用者、家族、コミュニティのために、協働する職種で彼らにとっての重要な関心事や課題に焦点を当て、共通の目標を設定することができる【IP1】

協働するのは、ニーズを抱えている人々の存在があるからであり、ソーシャルワーカーは、その人たちのために、地域に顕在化したニーズだけ

でなく潜在的なニーズに焦点を当て、協働し、共通の目標を設定して取り組んでいく。

社会福祉士の山田は、社協の荻野らと協働し、住民懇談会でさらなるニーズの掘り起こしをし、課題の解決につながり得る買い物の場、障害者の就労の場の提案をし、住民と共通の目標を設定しようとしている。

「みんなのスーパープロジェクト」が始まってからのチームの再構築にあたっても、目標を再設定することで立て直しを図っていった。

❷互いの役割を理解し、互いの知識・技術を活かし合い、職種としての役割を全うする【IP3】

社会福祉士の山田は、総合福祉センターのセンター長であると同時に社会福祉法人の一員である。社会福祉法人は、地域住民とともに、地域福祉の推進主体とされている。近年、社会福祉法人に「地域における公益的な取り組み」が求められるようになり、施設の利用者だけでなく、地域の人々に寄り添い、地域との関係性を構築し、地域の課題に取り組むことがますます求められている。

山田は、コミュニティソーシャルワークの機能を理解し、地域の潜在的なニーズに目を向けた。またそれに応える問題解決の方法を探るため、住民懇談会を開催して地域住民を巻き込んだ。買い物の困りごとと障害者の就労ニーズを結びつけた社会資源開発に、社会福祉法人の一員という自らの役割を十分に理解しながら積極的に取り組んでいる。その結果、「みんなの八百屋さんプロジェクト」が動き始めた。

住民懇談会の場面で住民同士の対話が深まることにより、互いの立場や意見が明らかとなり、一人では解決できなかった難題があっても、ともに取り組む体制が維持されることとなった。さまざまな立場の人がニーズを表明することができる場をつくり、両者が一緒になってどうすることができるのかを建設的に考えることができる話し合いを進行できるように準備しておくことも必要である。

❸複数の職種との関係性の構築・維持・成長を支援・調整することができる。また、時に生じる職種間の葛藤に、適切に対応することができる【IP4】

住民懇談会の開催は、地域住民への新たな事業の提案の場であると同時に、地域住民との間に生じているコンフリクト解消を目指す働きかけでもあった。社会福祉士の山田は、地域住民との協働を意図し、社協の荻野と連携しながら関係性の構築を図っていった。

「みんなのスーパープロジェクト」が動き始めたあとも、開店とともに

新たに出てくる課題が増え、プロジェクトメンバーは目的を見失い、ばらばらになりかけた。山田は、こういったコンフリクトに対応していった。

　ソーシャルワーカーは、チームの関係性を維持するために、職種間や立場の違う人同士の間に生まれる葛藤や対立に介入し、調整することが求められる。

❹自職種の思考、行為、感情、価値観を振り返り、複数の職種との連携協働の経験をより深く理解し、連携協働に活かすことができる【IP5】

　ソーシャルワーカーには、常に自らの実践・感情・価値を振り返ることが求められる。それは、自らの問題意識を他職種・他機関と共有するためであるとともに、自らの（自職種の）限界を認識したうえで、他職種・他機関との連携・協働により効果的な実践につなげていくためである。

　社会福祉士の山田は、コミュニティ・オーガナイジングの手法を用いながら、自らの価値を共有し、チームの再構築を図り、新たな実践の展開を目指していった。

　「第7項　多角的に考えてみよう——別の可能性もないだろうか」では、自分たちの法人だけでは実現できなかった事業展開を、ほかの立場の人々や機関と連携・協働することで実現できた。自らの限界を知ることで、誰と手を組むべきかが明確となり、補いあうことができる。双方にとって win-win な関係を築くことにつながっていく。連携・協働によりさらによいアイデアがあるのではないかと探求し続け新たな価値を生み出すことが、ソーシャルワーカーに求められている。

◇引用文献

1）大橋謙策「求められる福祉ニーズの考え方・把握の方法とサービス開発」福祉マネジメント研究会『ニーズ対応型福祉サービスの開発と起業化——ケーススタディ方式によるアクティブラーニング教材』損保ジャパン日本興亜福祉財団，pp. 17-18，2018.

2）熊田博喜「住民主体の活動の諸形態」加山弾・熊田博喜・中島修・山本美香『ストーリーで学ぶ地域福祉』有斐閣，p. 254，2020.

3）加山弾「地域アセスメント」加山弾・熊田博喜・中島修・山本美香『ストーリーで学ぶ地域福祉』有斐閣，p. 194，pp. 198-199，2020.

4）中島修「社会資源開発」加山弾・熊田博喜・中島修・山本美香『ストーリーで学ぶ地域福祉』有斐閣，p. 217，2020.

5）渋谷篤男「これからの地域福祉の推進と社会資源開発」コミュニティソーシャルワーク実践研究会『コミュニティソーシャルワークと社会資源開発——コミュニティソーシャルワーカーからのメッセージ』全国コミュニティライフサポートセンター，p. 61，2013.

6）室田信一「地域共生社会とコミュニティ・オーガナイジング」『協同組合研究誌にじ』第660号，p. 33，2017.

7）鎌田華乃子『コミュニティ・オーガナイジング——ほしい未来をみんなで創る5つのステップ』英知出版，pp. 76-94，2020.

8）同上，pp.128-130

9）炭谷茂「わが国の雇用問題とソーシャルファームの広がり」コミュニティシンクタンクあうるず編『ソーシャルファーム——ちょっと変わった福祉の現場から』創森社，p. 30，2016.

◇参考文献

・加山弾・熊田博喜・中島修・山本美香『ストーリーで学ぶ地域福祉』有斐閣，2020.

・原田徹「地域課題を地域住民と一緒に解決——泉北ニュータウンのスーパー再生で町おこし」『月刊ヒューマンライツ』第333号，pp. 42-47，2015.

・コミュニティシンクタンクあうるず編『ソーシャルファームズ——ちょっと変わった福祉の現場から』創森社，2016.

・室田信一「地域共生社会とコミュニティ・オーガナイジング」『協同組合研究誌にじ』第660号，pp. 30-39，2017.

・森田ゆり『ダイバーシティ・トレーニング・ブック——多様性研修の手引き』解放出版社，2009.

・大橋謙策「地域包括ケアとコミュニティソーシャルワーク機能——新たな地平」『コミュニティソーシャルワーク』第17号，pp. 5-20，2016.

・福祉マネジメント研究会『ニーズ対応型福祉サービスの開発と起業』損保ジャパン日本興亜福祉財団，2016.

# 索引

最新 社会福祉士養成講座

松本 すみ子 （まつもと・すみこ） ──────────────────────────── 第 3 章第 3 節
東京国際大学人間社会学部教授

山田 真紀子 （やまだ・まきこ） ──────────────────────────── 第 3 章第 2 節
大阪府地域生活定着支援センター所長

渡辺 晴子 （わたなべ・はるこ） ─────────────────────── 第 1 章第 1 節、第 3 章第 1 節
広島国際大学健康科学部准教授

最新 社会福祉士養成講座

# 7 ソーシャルワーク演習[社会専門]

2021年2月1日　　　初 版 発 行
2024年2月1日　　　初版第2刷発行

編　集　　一般社団法人日本ソーシャルワーク教育学校連盟
発行者　　荘村明彦
発行所　　中央法規出版株式会社
　　　　　〒110-0016　東京都台東区台東3-29-1　中央法規ビル
　　　　　TEL 03(6387)3196
　　　　　https://www.chuohoki.co.jp/

印刷・製本　株式会社太洋社
本文デザイン　株式会社デジカル
装　　　幀　株式会社デジカル
本文イラスト　イオジン　小牧良次
装　　　画　酒井ヒロミツ